KB023104

입학사정관제의 정석

나만의 기통찬 자기주도학습법

입학사정관제의 정석
나만의 **기통찬 자기주도 학습법**

1판 1쇄 발행 ｜ 2010년 7월 12일
　 2쇄 발행 ｜ 2013년 4월 17일

지은이 ｜ 송태인

펴낸이 ｜ 김영선
기획·편집 ｜ 이교숙
디자인 ｜ (주)다빈치하우스- 이리라
펴낸곳 ｜ (주)다빈치하우스- 미디어숲
주소 ｜ 서울시 마포구 합정동 362-5 조현빌딩 2층 (우-121-884)
대표전화 ｜ 02-323-7234
팩스 ｜ 02-323-0253
홈페이지 ｜ www.mfbook.co.kr
출판등록번호 ｜ 제 2-2767호

값 15,000원
ISBN　978-89-91907-33-1 (13370)

＊ 이 책은 (주)다빈치하우스와 저작권자와의 계약에 따라 발행한 것이므로
　 본사의 허락 없이는 어떠한 형태나 수단으로도 이 책의 내용을 사용하지 못합니다.
＊ 미디어숲은 (주)다빈치하우스의 출판브랜드입니다.
＊ 잘못된 책은 바꾸어 드립니다.

이 도서의 국립중앙도서관 출판시도서목록(CIP)은 e-CIP 홈페이지
(http://www.nl.go.kr/cip.php)에서 이용하실 수 있습니다.(CIP제어번호: CIP2010002208)

나만의

입학사정관제의 **기통찬** 정석

글_송태인

자기주도학습법

미디어숲

입학사정관제는 21세기 실학이다

출판사로부터 '합격생수기'에 대한 책을 써보자는 제의를 받고 반가 우면서도 한편으로는 고민이 되었다. 반가웠던 것은 필자가 근 이십 년 가까이 우리 교육문제를 고민해 오면서 외롭고 지친감이 없지 않은 터에, 대학생들의 진지하고 생생한 자기공부 이야기를 읽으면서 동병 상련을 느꼈기 때문이다. 고민이 되었던 것은 합격생들마다 나름대로 완성도 높은 글을 썼는데 필자가 애써 끼어들 여지가 없다는 생각이 들었기 때문이다.

수기는 그 특징상 독자의 마음을 흔드는 묘미가 있다. 자기만의 독특 한 경험을 어필하기 때문이다. 이러한 장점을 충분히 살리면서 필자가 교육현장에서 고민했던 생각들을 가미한다면 독자들에게 좀 더 의미 있게 다가갈 수 있겠다는 판단이 들어 집필하기로 마음먹었다. 그렇다 고 해서 거창한 학문적 담론을 펴고자 하는 것은 아니다. 필자는 다만 학생들의 훌륭한 이야기가 일회성 감동에 그치지 않고, 그 이야기 뒤 에 숨어 있는 귀중한 정보를 꺼내 더욱 빛나게 하는 역할을 하고자 할 뿐이다.

이 책은 원래 공부에 대해서 고민하는 사람들에게 '대학합격수기'라는, 비교적 쉽고 누구나 공감할 수 있는 글 읽기를 통해 공부 잘하는 방법을 스스로 터득하도록 돕자는 의도에서 기획되었다. 그러나 필자는 여기에서 한 걸음 더 나아가 '나는 왜 공부를 하는가? 나는 무엇을 어떻게 공부하고 있는가? 나는 무엇을 안다고 하는가?' 등. 독자 자신의 공부철학까지 점검해 보길 권하고 싶다. 왜냐하면 현재 진행되고 있는 교육제도의 변화 추이를 고려한다면 이제 우리 교육문제는 지엽적인 기술의 문제로 접근하기에 한계가 있다고 판단되기 때문이다. 물론 이 주제는 기존의 '공부법'이나 '학습법' 관련 서적에서 다루어왔던 것에 비하면 지나치게 넓고 추상적이다. 그러나 우리 교육주체들이 공공연히 새로운 교육 패러다임을 운운하고 있는 현시점에서라면 이와 같은 보다 근원적인 질문은 자연스러운 현상일 것이다.

최근 교육계의 화두는 '입학사정관제'와 '자기주도학습'이다. 이 두 키워드는 표현만 다를 뿐 그 이면을 들여다보면 같은 줄기다. 기존의 점수 위주의 주입식 학습이 학생들에게 의존도를 키웠다는 지적에 따른 반성의 결과, 학생 스스로 학습하는 풍토를 만들어주자는 것이 자기주도학습의 출발이다.

기존교육의 정량평가는 결과주의에 치우쳐서 학생 개개인이 가지고 있는 잠재역량을 발굴하지 못한다는 지적이 많았다. 따라서 입학사정관제를 통해 눈에 보이지 않는 동기와 과정의 정성적 요소를 입시에서 평가하자는 것이다. 정리하자면 자기주도학습이 학습의 방법과 태도의 문제점을 개선하는 것이라면, 입학사정관제는 인재의 기준과 평가 방식을 선진화하는 것이다.

이러한 개념의 등장배경에는 여러 가지 원인이 있겠지만, 그 핵심은 주체적인 공부로 전환하는 것이다. 즉, 수동적인 개발도상국 교육모형에서 벗어나 능동적인 선진국 교육모형으로 교육의 패러다임을 바꾸자는 것이다.

주체적인 공부 즉, 주인 된 공부란 무엇을 말하는가. 그것은 '나'를 중심에 두고 공부하라는 이야기다. 기존교육에서는 지식, 성적, 입시 등의 외부환경에 지나치게 치우쳐 정작 공부의 주인인 '나'에 대해서는 체계적으로 공부할 기회가 없었다. 나의 꿈이 무엇인지, 내가 잘하는 것이 무엇이고, 무엇을 보완해야 사회에 나가 더 큰 일을 할 것인지, 그리고 각종 교과지식들은 나의 비전을 성취하는 데 있어서 어떠한 연관성을 갖는지, 우리 교육은 이러한 문제들을 가르치고 배우는 데 인색한 게 사실이다.

특수목적고의 자기주도학습전형과 대학의 입학사정관전형에서는 '나'를 제대로 파악하고 미래를 준비하는 인재를 찾는다. 자기주도적 학습자가 창의적이며 글로벌리더십을 발휘할 인재라는 것을 잘 알기 때문이다.

이러한 맥락에서 이 책은 변화하는 미래입시와 현실 사회에서 요구하는 주체적 자기주도학습에 무게를 두고 전개해 나갈 것이다.

이러한 목적과 취지에 맞추어 이 책은 3부로 구성했다. 1부에서는 나만의 '기통찬 공부동기 찾기'를 다루었다. '학습동기 부여'란 누구나 강조하지만 또한 쉽지 않은 게 이 부분이다. 아홉 가지의 공부동기 주제와 그에 맞는 수기를 실었다. 2부에서는 나만의 '기통찬 공부방법을 어떻게 개발할 것인가'를 열한 편의 수기와 함께 다루었다. 마지막으로 3부에서는 나만의 '기통찬 공부습관 기르는 법'을 다루었다. 열한 편의 수기와 함께 '스스로 하는 좋은 공부습관 기르는 방법'을 탐색해 보도록 했다.

19세기 실학實學은 당시의 허학虛學(앎과 삶의 괴리)을 극복하고자 동도서기東道西器를 주장했다. 인간내면을 통찰하는 동양전통의 학문을 지켜가면서, 동양보다 더 발전한 서양의 물질문명 지식을 수용해 정신과 물질의 균형을 유지하자는 것이다. 백여 년이 흐른 지금 우리는 또다시 허학虛學에 직면하게 되었다. 예전과 달리 이제는 물질문명에 치우쳐 '나'를 돌아보는 능력을 상실하기에 이르렀다. 따라서 현실의 실학은 인간내면을 공부하는 전통의 학문에서 그 균형점을 찾아야 하지 않을까 생각해 본다. 이런 점에서 21세기 실학은 최근에 회자되는 입학사정관제와 무관하지 않음을 예의주시할 필요가 있다.

부디 이 책이 이 땅의 청소년들에게 기氣가 꽉 막힌 답답한 공부에서 벗어나 자신이 세상의 주인공이라는 자존감을 일깨우고, 그 기상을 살리기 위한 과정이 참다운 공부임을 알게 하는 데 조금이라도 도움이 되었으면 하는 바람이다.

아침교육연구소 소장 송태인

차례

8

part 2

나만의 기통찬 공부방법 개발하기

part3

나만의 공부습관 다지기

Part
1

나만의 기통찬
공부동기 찾기

◉ 입학사정관제형 기통찬 공부법 멘토링
한눈으로 보는 나의 인생 그래프

'입학사정관제' 하면 무엇이 떠오르는가? 대개 봉사활동, 특기활동, 대회준비, 자기소개서, 학업계획서, 추천서, 포트폴리오, 면접 등이 떠오를 것이다. '공부의 목표 = 입시' 라는 인식이 보편화되어 있는 우리 교육문화에서 평가요소에 예민하게 반응하는 것은 당연한 현상일지 모른다. 그러나 곰곰이 따져보면 그 요소를 통해 어떠한 역량을 보고자 하는지 알아보는 것이 더 중요하다. 입학사정관제의 핵심은 '정성평가' 의 도입이다. 정성평가란 '정량평가' 에 대비되는 개념으로 성적을 수치로 서열화해 평가하던 기존의 방식에서 잠재력, 인성, 리더십, 창의성 등 계량화할 수 없는 요소까지 확대해 인재의 기준을 획기적으로 바꾸는 새로운 평가방식이다. 따라서 서류나 면접은 정량적으로 드러난 결과를 보고자 하는 것이 아니라, 그 이면에 담겨 있는 공부의 동기와 과정까지를 중점적으로 평가하기 위한 형식에 불과하다.

　당연한 이야기지만 평가방식이 달라지는 상황에서 앞서가는 길은 변화에 맞게 공부법을 바꾸는 것이다. 기존의 정량평가에서는 '지식의 양' 에 초점을 맞추어 공부하는 것이 유리했다면, 입학사정관제에서는 '자기성찰' 에 비중을 두고 공부하는 것이 유리하다. 정성평가는 같은 결과라도 공부의 동기와 과정에 따라서 평가를 달리하기 때문이다. 따라서 맹목적인 지식 획득보다는 '나' 를 중심에 두고 지식을 주도적으로 수용하는 공부가 필요하다. 같은 맥락으로 공부의 동기 역시 기존에는 외부에서 찾으려 했다면, 이제는 자기의 내부에서 발견하려는 태도가 바람직하다. 즉, 과거에는 타인의 시선을 의식해서 더 나은 대학이나 더 좋은 직업을 얻기 위한 외부조건에 따라 공부동기를 찾으려 했다면, 이제는 내 꿈과 적성을 살리고 내가 주도적으로 삶을 살아가기 위한 '내 안에서 우러나는 공부동기'를 찾아야 한다는 말이다. 이것은 이상적인 이론을 말하는 것이 아니다. 필자가 현장에서 지도해 본 경험으로 미루어 볼 때, 이처럼 공부동기를 밖에서 안으로 바꾸어 준비한 학생들이 좋은 결과를 얻었기 때문이다.

그렇다면 내 안에서 공부동기를 찾기 위해서는 무엇을 어떻게 해야 할까? 우선 기존공부의 통념을 깨는 '정신 차림'이 필요하다. 기존의 공부법은 무엇이 문제인지, 우리 교육은 자기주도적인 공부동기를 찾을 수 있는 환경인지 냉철하게 돌아보아야 한다. 현실문제를 정확하게 인식하는 것, 그것이 바로 정신 차림이다. 여기에 실린 수기들이 주는 메시지의 핵심은 정신을 차리고 보니 자기 모습이 제대로 보이고, 나의 현재모습을 똑바로 보니 내가 지금 할 일이 무엇인지 찾게 되더라는 이야기다. 공부의 동기는 우연이든 필연이든 스스로 정신 차림을 통해서 찾아야만 한다. 자신의 현재 공부상태는 자기가 가장 잘 알고 있기 때문이다. 정신을 차리지 않은 상태에서는 아무리 많은 공부의 기회가 주어져도 흘려버린다. 반대로 정신을 차리고 나면 주위의 모든 것들이 공부의 동기와 연관 된다.

그렇다면 문제는 어떻게 정신을 차리게 할 것인가이다. 그것은 의도적으로 '나를 제대로 보는 계기'를 만들고 '나를 제대로 보는 훈련'을 하는 것이다. 아래에 소개하는 아홉 가지 주제에 대해서 스스로 고민해 보고 또한 수기를 읽으면서 정신 차리는 방법을 터득해 보자.

입학사정관제형 공부동기의 정석

　'용기'란 무엇일까? 플라톤은 용기란 '정의를 지켜나가는 힘'이라고 했다. 그렇다면 우리 교육에서 정의란 무엇일까? 참 어렵고 당황스러운 질문이다. 그럴 수밖에 없는 것이 원래 이런 문제는 교육의 공공성이 살아있는 사회에서나 논의될 수 있는 주제이기 때문이다.

　우리나라 교육의 형태는 일반적으로 공교육, 사교육, 대안교육으로 분류한다. 그런데 필자에게는 그것을 가르는 기준이 무엇인지 확실하게 잡히지 않는다. 교육철학의 문제인지, 교육장소의 문제인지, 교육내용의 문제인지, 교육비용 지불방식의 문제인지 명확하지 않다. 필자가 그렇게 느끼는 것은 우리 교육의 정의관이 입장에 따라서 달라질 수 있다는 반증이기도 하다.

　입장에 따라서 교육의 정의관이 달라지는 사회는 혼란스럽다. 교육의 본래 목적과는 상관없이 자기이해적 차원에서 그 문제를 접근하기 때문이다. 그렇다고 해서 필자가 거창한 정의관을 가지고 있거나 논의하려는 것이 아니다. 다만 현실의 교육문제를 바라볼 때 학생의 관점에서 머리를 맞대고 고민하는 것이 아니라, 서로 자기집단의 이해적 입장만을 고집하느라 에너지가 낭비되고 있는 현실이 안타깝다고 느낄 뿐이다.

기존교육 패러다임의 가장 큰 문제는 '배우는 것'과 '생활하는 것'의 괴리가 너무 크다는 점이다. 이것은 모두에게 에너지를 낭비시키는 교육이다. 교육은 사람을 긍정적으로 변화시키기 위해서 존재해야 하기 때문이다. 윤리, 도덕점수는 백 점인데 사는 것은 비윤리적이라면 문제가 아닌가? 수학성적은 백 점인데 수학적 사고는 빈약하다면 문제가 아닌가? 영어점수는 백 점인데 기본적인 의사소통도 불가능하다면 문제가 아닌가?

이러한 우리 교육풍토에서 볼 때 아래 글의 김영우 학생은 참 용기 있는 학생이다. 기성세대가 만들어 놓은 달콤한 유혹에 빠지지 않고, 자신의 행복을 위해 남이 가지 않는 어려운 길을 스스로 선택했기 때문이다. 하지만 이 글을 '입학사정관제형 공부동기의 정석'으로 추천하면서, '자퇴'라는 극단적인 방법을 택한 데 대해 독자들이 어떻게 받아들일까 고민이 된 것도 사실이다. 입학사정관제는 특수한 학생들을 선발하려는 제도가 아니라, 학교생활을 충실히 수행한 학생을 뽑고자 하는 전형이기 때문이다. 그럼에도 불구하고 책 첫머리에 이 글을 추천한 이유는 입학사정관제의 본래 취지를 가장 잘 담고 있다는 판단 때문이다. 고정관념을 깨고 시대변화에 예민해지자. 그리고 스스로에게 '내가 입학사정관이라면 나를 선택할 것인가?' 라고 물어보자.

나만의 꿈을 위한 남다른 선택
미국 퍼듀대와 서강대 경영학부에 합격한 **김영우**

 얽매여 사는 것이 싫었다. 정말 내가 원하는 공부에만 전념하고 싶었다. 진정으로 내가 원하는 삶을 살면서 세상의 가치에 묶이지 않고 진리를 추구하겠다는 생각으로 나는 자유를 찾아 자퇴를 선택했다.

 그렇다고 학교성적이 그렇게 나쁜 편도 아니었고, 반장을 맡아 적극적으로 학교생활도 했던 성실한 학생이었다. 하지만 '이건 시험에 안 나오니까 안 봐도 돼.'라는 멘트가 교육현장에 자연스럽게 울려 퍼지고, 획일적이며 입시만을 강조하는 반강제성 교육제도에 반기를 품었던 나는 고등학교 1학년 때 결국 종지부를 찍었던 것이다.

 자퇴 후, 처음부터 바른 생활을 한 것은 아니었다. 처음 2개월 동안은 정말 말 그대로 먹고, 놀고, 자고의 연속이었다. 2개월쯤 놀기만 하다 보니 노는 것도 참 쉬운 일이 아니라는 걸 느꼈다. 사태의 심각성을 느낀 나는 그 즉시 자퇴 전 나의 다짐을 써두었던 노트와 미리 세워 두었던 계획표들을 꺼내 정리해 보았다. 각종 주제별·테마별 계획표들과 출처불문의 방대한 자료들로 40매 파일 한 권을 다 채운 계획표. 하지만 그렇게 타이트하게 계획을 세워 봐야 작심삼일이 될 것이라는 것은 그동안의 경험을 토대로 이미 알기에 다시 심플하게 정리했다.

 어느 정도 나를 제어할 틀은 필요하겠지만 명색이 자퇴생인데, 굳이 다람쥐 쳇바퀴 돌듯 돌아가는 어지러운 초딩용 피자계획표와 네모반 듯한 시간표에 나를 가두고 싶지는 않다는 생각이 들었다. 그래서 내가 공부해야 할 것들과 공부하는 데 걸리는 대략의 예상기간을 정리해 놓고 그에 맞는 대략적인 일별 시간만 분획해 두었다.(7.5시간 수면, 2시간 공부, 1.5시간 운동) 계획표는 상당히 유동적이라 굳이 무언가에 조바심을 내며 빡빡하게 생활하지 않아도 되었다. 하지만 추구하는 목표가 분명했기 때문에 어느 기간까지는 계획한 양을 채워야 했으므로 너무 풀어지는 생활은 아니었다.

 자퇴 후, 학교의 도움 없이 스스로 무언가를 배워나가는 데에 있어서 나는 늘 단순한 '지식'을 얻기 위한 공부보다는 '지혜'를 더불어 얻고자 힘썼다. 그리고 '머리'와 '마음'의 성장에 초점을 두고자 노력했다. 말이 너무 거창한 것 같지만 사실 그렇게 어려운 일이 아니다. 국어, 영어 등 언어를 공부하면서 논리적인 사고과정과 실질적인 의사소통 방법을 익히고, 수학을 공부하면서 창의성을 향상시키고자 했다. 사회를 공부하면서 우리 사회에서 일어나는 일들에 관심을 가지고 사회의 일원으로서의 정체성을 확립하고, 과학을 공부하면서 자연의 신비를 느끼며 합리적인 문제해결 방법을 터득하는 것이다. 단순하고 일방적인 '지식'만을 습득하려 하기보다는 '지혜'를 얻기 위해 늘 새로운 경험을 쌓으려 애썼다.

 굳이 무언가에 얽매여서 단순히 눈앞에 보이는 성취를 얻기 위한 공부가 아닌, 내가 정말 하고 싶은 공부, 내가 정말 평생을 놓고 보았을 때도 여러모로 쓸모가 있을 만한 공부. 내 시험점수가 아닌 나 자신을 발전시킬 수 있는 공부에 주력하고 싶었다. 그러므로 나에게 '공부'라는 것은 그저 책상에 앉아 책을 보거나 선생님의 강의를 듣는 것만을 뜻하는 게 아니었다. 내가 경험하고 느끼는 인생의 모든 것 자체가 공부였던 것이다.

청소년특별회의 및 모의유엔활동을 통해 사람들과 대화하고 타협하며 소통하는 방법을 배웠고, 가지각색의 다양한 사람들을 앞에서 이끌어주는 역할을 통해 실질적이고 균형 잡힌 리더십을 터득했다. 더불어 청소년정책을 연구·발굴하며 아젠다를 작성하고, 회의를 더욱 획기적으로 운영하기 위해 밤낮으로 고민하고 아이디어를 창안해 내던 일은 그 무엇과도 바꿀 수 없는 소중한 지적 성취경험이 되었다.

또한 호스피스병원과 아동센터에서의 봉사활동을 통해 나의 인격을 시험하고 완성할 수 있었다. 특히 아동센터에서 아이들을 가르치면서 나를 아이들의 눈높이에 맞추고, 반사회적이고 반항적이면서도 사랑과 관심을 필요로 하는 아이들을 이해해 나가는 과정에서 겸손과 사랑을 진심으로 가슴에 품을 수 있게 되었다. 이 경험을 토대로 자원봉사체험수기 공모전에 참가해 1등으로 입상하기도 했다.

자퇴로 인해 시간이 여유로워지니 가장 하고 싶었던 예체능활동을 마음껏 할 수 있어서 좋았다. 피아노연주나 작곡은 어려서 피아노를 처음 접하면서부터 좋아했던 취미로 교회에서 피아노연주 봉사활동을 시작했다. 성가대, 찬양대에서 피아노, 보컬 등의 역할을 맡아 활동하며 음악을 통한 내적 여유도 지닐 수 있게 되었다. 또한 체력증

진을 위해 운동도 게을리하지 않았다. 아침, 저녁으로 어려서부터 좋아하던 태권도와 수영을 했고 주말에는 가끔씩 친구들과 만나 농구를 하며 몸과 마음을 단련할 수 있었다.

이와 함께 직업경험은 나의 개인적인 자기계발에는 물론이고, 대학입시에도 그 효과를 톡톡히 해냈다. 처음 자퇴를 하고 재택근무로 토익문제개발과 중·고등학생용 영어교재 제작업무를 맡았었다. 그 일에 흥미가 붙은 나는 직접 과외도 하고 학원에서도 일하게 되었다. 그리고 최근에는 특허번역솔루션회사에 근무하면서 특허문서 번역업무를 맡기도 했다.

내가 학원이라는 곳에 처음 발을 들인 건 학교를 자퇴하고 걱정이 너무 크셨던 부모님의 등쌀에 의해서였다. 수학 단과학원이었는데 두 달치 프로그램에 등록해 딱 두 달을 다니고 그만두었다. 학원강사들은 정말 열성적으로 잘 가르쳐주셨다. 그런데 문득 '하나부터 열까지 다 그렇게 똑 부러지게 알려주는 공부에서 남는 게 뭘까?' 하는 생각이 들었다. 나는 내가 직접 찾아서 스스로 고민하고 내가 직접 해결해야만 내 것으로 소화할 수 있는 스타일이었다. 선생님이 알려주는 루트대로 시험만을 위해 하는 공부는 내키지 않았다. 그게 싫어서 자퇴를 한 건데, 자퇴를 하고서도 그렇게 공부한다면 그건 모순이었다.

수학 단과학원을 그만둔 후에 지인의 소개로 한 어학원에 간 적이 있었다. 그 어학원은 일찍부터 자기 목표를 가지고 자퇴 후 미국대학을 준비하는 학생들이 모여서 공부하는 곳이라고 했다. 그래서 나를 그 학원에 소개해 주고 싶었다고 한다. 학원에서는 나에게 미국대학에 합격할 때까지 무료로 모든 교육과정을 제공해 주겠다고 했지만, 난 그 학원을 하루 만에 그만두었다. 왜냐하면, 학원 강의내용도 내가 필요로 하는 내용이 아니었고, 강사분이나 학생들의 사고가 단지 한국에서 어정쩡한 성적으로 어정쩡한 대학엘 가느니, 차라리 미국대학을 간다는 식으로 생각하고 있는 것이었다. 목표하는 미국대학도 큰 노력 없이 영어시험에서 일정 수준의 점수만 따면 갈 수 있는 곳들이었다. 자신이 할 수 있는 역량이 더 높은데도 자신의 편의대로만 공부할 거라면 굳이 학원에 다닐 필요가 없다고 생각한다. 뚜렷한 목적도 없이, 그저 꼭두각시처럼 수동적인 존재로서 학원에 다니는 데에 동의하는 사람은 아무도 없을 것이다.

게다가 유치하기는 하지만 나는 나름대로의 환상이 있었다. 나중에 정말 성공이라는 걸 한다면 "교과서 위주로 공부했어요!"라고 당당히 말하는 나의 모습에 대한 환상. 교과서 위주로 공부했다는 건 정말 거짓말이 아니다. 나는 자퇴를 하고도 교과서를 구입해서 공부했다. 교과서 위주로 공부해서 검정고시도 보고, 미국대학입시도 준비했다. 시험 삼아 보았던 수능도 교과서 위주로 공부했다. 대부분 참고서는 간단히 요점만 정리되어 있고, 문제풀이 유형익히기 위주로 구성되어 있다. 설령 참고서가 매우 상세히 설명이 되어 있다고 하더라도, 교과서만큼 알기 쉽게 잘 풀어서 설명해 놓지는 않았다.

다시 말해, 교과서는 쉽게 풀이된 말들을 차근차근 읽어가며 자기 스스로 그 내용들을 정리할 수 있는 기회를 제공한다. 안타깝게도 요즈음은 학교에서조차 교과서는 찬밥신세를 당하는데, 그래서 학생들 스스로의 사고력과 창의력이 뒤처지고, 그로 인해 문제 중에 풀어보지 않았던 유형이 나오면 당황하고 헤매게 되는 거라고 생각한다. 참고서나 문제집 전에 항상 기본적으로 교과서 읽기가 선행되어야 한다.

대부분의 학생들이 혼자서 공부하는 걸 힘들어하고, 교과서 위주로 공부한다는 말을 쉽게 믿지 않는 가장 큰 이유는 스스로의 판단 능력의 부재라고 생각한다. 쉽게 말해 혼자 공부를 한다고 하면, 일단 자기에게 필요한 과목들에 대한 판단과 그 과목들에 알맞은 계획이 필요하다. 교과서로 공부를 할 때도, 글을 읽으며 큰 것과 작은 것, 포괄적인 것과 세부적인 것을 구분해 낼 줄 아는 판단력이 필요하다.

물론 집중력이 부족하다거나 혼자서는 도저히 오래 앉아 있지 못하는 성격 등의 다양한 이유가 있겠지만, 판단능력만 제대로 길러진다면 그런 것쯤은 상관이 없다. 자신의 집중력이 부족하다는 걸 인지하고 있다면, 그에 맞는 판단하에 계획을 세울 것이고, 공부를 시작하면 어느 정도 그 결점을 고려해 공부방향을 이끌 것이다.

책상에 오래 앉아 있다고 공부를 열심히 하는 게 아니다. 짧은 시간을 하더라도 집중적으로 공부하면 오래 앉아 있는 것 이상의 효과를 볼 수 있다. 여기서도 중요한 것은 바로 무엇을 중점적으로 봐야 하고 무엇을 훑어 짚고 넘어갈지에 대한 판단력이 필요하다. 그러한 판단력을 기르는 데에는 자신의 성격이나 스타일에 따라 여러 가지 방법이 있을 수 있어 딱히 왕도라는 것은 없다.

나 같은 경우, 일상의 사소한 것으로부터 뇌를 훈련한다. 가장 간단한 것으로는 인터넷기사를 읽고 그 기사에 달린 댓글들을 확인해 보고 입장을 정리해 보는 것이다. 인터넷 포털사이트의 기사섹션에는 대개 한 가지 주제에 대한 여러 가지 기사들이 묶여 있다. 같은 주제에 대한 여러 가지 기사를 읽어보고, 그 기사에 달린 댓글들을 읽으며 시사와 여론에 대한 습득과 함께 자신의 판단력을 기르는 것이다. 여기서 중요한 것은, 어느 한쪽으로 지나치게 치우치면 안 된다는 것이다. 이런 훈련을 통해 무언가를 하고자 할 때 아무리 복잡하게 얽혀 있더라도 한눈에 볼 수 있는 능력을 기르게 될 것이다.

또 어떤 글이든 각 문단마다의 주요내용을 요약해 보는 것도 또 다른 방법이다. 우리가 흔히 인터넷을 접속하면 읽게 되는 연예기사도 괜찮고, 소설이든 뭐든 여러 문단이 지닌 그 어떤 글에도 이 방법은 적용가능하다. 친구들과 놀고 나서 돌아오는 길에, 아니면 자기 전에 친구들과 지냈던 내용이나 수다 떨었던 내용을 머릿속에 순서대로 정리해 보고 그 순서별로 간단히 요약해 보는 습관을 기르는 것도 좋은 방법이다. 판단력 훈련이 어느 정도 뒷받침이 되었으면, 단기간 암기를 할 때에 확실히 효과가 있다. 내 눈에 보이는 것을 통째로 사진 찍듯 기억을 한다거나, 내 귀로 들리는 것을 통째로 녹음하는 것처럼 극적인 효과까지 기대할 수 있다.

자신이 뭘 어떻게 해야 할지 아무것도 모르는 극단적인 상황이 아니라면, 학원이나 과외에만 의존하기보다는 자신의 문제점을 스스로 파악해 그에 맞는 계획을 세운다. 처음 시작이 조금 어려울 뿐, 한번 시작해서 자신이 흥미로워하는 쪽으로 밀고 나가면 금세 자신이 원하는 능력이 길러질 것이다. 어떠한 목적을 이루고자 그 능력을 계속 사용하면 할수록 그 효과가 더욱 극대화되어 최대의 효율을 발휘할 수 있다.

유학준비는 일단 대학을 탐색하는 것으로 시작했다. 대학 홈페이지에 일일이 들어가서 그 학교의 역사나 학풍을 조사해 보고, 실질적인 마감날짜, 필수목록 등을 표로 간편하게 정리했다. 합격률도 비교하고 계산해서 지원할 학교를 선정했다. 그 학교 학생들의 Facebook(외국인학생들)이나 Cyworld(한인학생들)에 들어가서 공적으로 보이지 않는 개인적인 부분들까지도 살펴보았다. 정말 궁금한 것들은 염치를 무릅쓰고 학생들에게 무작정 쪽지를 보내거나 메일을 보내 물어보기도 했다.

원서제출에 필요한 양식과 증명서 및 자료들도 리스트를 뽑아서 순서를 정하고 차근차근 준비했다. 에세이의 경우 주위에 영어를 읽을 줄 아는 사람이라면 누구에게나 읽어보게 한 후 감상평을 말해 달라고 부탁했다. 이력서는 여러 번 써 본 경험이 있어서 작성하는 데에 큰 어려움이 없었다.

하지만 많은 것들을 미리미리 준비하지 못하고 촉박하게 준비했던 게 조금은 벅차고 힘들었다. 원서준비는 1, 2학년 때부터 해야 한다는 선배들의 충고는 역시 헛것이 아니었다.

내 꿈은 '사랑을 전달하는 사람'이 되는 것이다. 학부에서 국제관계학과 생물학을 중심으로 인문학적 소양을 쌓으며 세상에 대한 사고의 폭과 깊이를 확장하려 한다. 동시에 자연과학계통의 지식을 체득한 후, 대학원에 진학해 의학·보건을 공부할 계획이다. 그리고 장래에 WHO와 같이 의학·보건·과학 분야에 전문지식을 갖춘 국제기구를 설립해 빈곤, 질병에 대한 국제적 관심과 협력을 도모한다.

그리고 획기적인 의료봉사 체제를 구축해 세계오지에 학교, 병원 등을 세우고 나의 오랜 꿈을 실질적으로 이루어 나가는 것이 다음 계획이다.

참 어렵고 힘든 절차와 과정이 필요하겠지만, 한 가지 확실한 것은 내 가슴속에 많은 어려운 사람들에게 '사랑을 베푸는 꿈'을 지니고 있다는 것이다. 나는 그 꿈을 이루기 위해 넓은 세상과 만나 자신감을 얻어 용기, 열정, 배려 그리고 겸손의 옷을 입고자 부단히 노력할 것이다.

기통찬 공부법 멘토링

입학사정관제는 학생들이 행복할 수 있는 공부를 원한다. 학생에게 불행한 공부는 학생뿐만이 아니라, 학교와 사회 모두에게 손실이기 때문이다. 스스로 행복한 공부를 하기 위해 나의 꿈, 나의 도전, 나의 길을 스스로 점검해 보자.

내가 원하는 이상적인 공부란 무엇인가?

내가 원하는 공부를 하는 데 걸림돌이 되는 것은 무엇인가?

그 걸림돌은 누가 만든 것인가?

그 걸림돌을 제거할 수 있는 방법은 없는가?

나만의 공부동기를 일깨워주는
기통찬 고·전·한·마·디

원래 안다는 것은 반드시 행함과 일치하는 것이다. 알면서도 행하지 않는다면 그것은 알지 못하는 것이다. 가령 아름다운 색깔을 보는 것은 '아는 것'에 속하는 것이고, 아름다운 색깔을 좋아하는 것은 '행하는 것'에 속하는 것이다. 단지 그 아름다움을 보았을 때에 이미 저절로 좋아하게 되는 것이지, 보고 난 뒤에 또다시 결심을 하고 그것을 좋아하는 것은 아니다.

왕양명 『전습록』

인기보다는
내 꿈을 선택하라

    언론매체는 상징적 환경을 중요시한다. 프랑스의 어떤 사건을 소개할 때면 에펠탑을 보여준다. 한국의 부동산 이야기가 나오면 강남의 아파트를 비춘다. 교육 이야기가 나오면 화면에서는 서울대 정문이 뜬다. 딱히 그 내용과 관련이 없는데도 시청자들은 따지지 않는다. 상징적 환경에 익숙해져 있기 때문이다. 상징적 환경은 인간의 상상력을 자극시켜주는 긍정적인 측면이 있는 반면 자연적(현실적) 환경을 인식하는 데 방해가 되기도 한다. 드라마는 드라마일 뿐이다. 소수의 머리 좋은 사람들이 만들어 놓은 대본에 여러분들의 판단을 맡겨서는 안 된다. 판단에 대한 책임은 고스란히 여러분이 져야 하기 때문이다.

    인기대학, 인기학과, 인기직장, 인기스타 누구나 선망하는 대상이다. 그러나 인기는 상징적 환경에서만 영향력이 있을 뿐 자연적 환경에서는 바람처럼 사라진다.

우등생이지만 꿈을 위한 공고 선택

서울대 건설환경공학부에 합격한 **신경택** ✏

  광복절날 서울시 도봉구 4.19탑 입구의 4층 건물에서 태어난 나는, 서울 경京자를 써서 '경택'이란 이름이 지어졌다. 내가 태어난 후 아버지는 서울의 건설회사를 그만두고 할아버지 댁인 전라도 부안으로 삶의 터전을 옮기셨다. 그 덕분에 나는 끝없이 펼쳐진 호남평야와 갯냄새가 물씬 풍기는 바닷가를 배경으로 자연 속에서 마음껏 뛰놀면서 유년시절을 보낼 수 있었다.

  어린 시절의 대가족생활은 나의 든든한 버팀목이 되었고, 함께 뒹굴며 자랐던 사촌들과의 원만한 관계는 훗날 고등학교, 대학기숙사생활에 많은 도움이 되었다. 칠 년간의 부안생활을 청산하게 된 것은 아버지가 전주공업고등학교로 발령을 받았기 때문이었다. 부안에서의 생활은 국책사업인 새만금사업이 펼쳐지고 있는 중심부에서 내 꿈과 전공을 건설환경으로 인연을 맺게 하게 된 결정적 계기가 되었다.

  초등학교와 중학교는 전주에서 평범한 학생으로 학교생활을 했는데, 성적은 상위 10% 내를 유지했지만 최상위는 아니었다. 중학교 3학년이 되면서부터 나는 공부에 대한 새로운 눈을 뜨게 되었다. 나만의 '십오 분 단위의 학습성과 기록표'를 작성해 학습효과를 극대화한 것이다. 그러면서 집중력 또한 놀라울 정도로 좋아졌다. 3학년 1학기 중간고사 이후부터는 전라북도에서 상위 2% 이내의 성적을 유지하게 되었다.

  고등학교 진학을 앞두고 각 고등학교에서는 학교홍보에 열을 올렸다. 매일 집으로 배달되는 우편물들은 중3 학생들에게 유혹의 눈길이 멈추게 하는 부분이 많았다. 어학연수, 장학생 선발, 기숙사 우선 입소 및 기숙사비 면제 등 다양한 혜택들이 공부 잘하는 학생들의 눈을 현혹시켰다. 대부분 명문사학, 자립고, 과학고, 외고 등이었는데 맨 마지막에 도착한 우편물에는 색다른 내용이 눈에 띄었다.

"대나무의 기적을 아시나요? 전주공업고등학교에서 이공계의 선두주자가 되지 않겠습니까? 우수인재가 이공계로 발길을 돌릴 때 가능한 것입니다!"

이 문구가 내 마음을 흔들기 시작했다. 고등학교 진로 선택을 두고 갈등을 하던 당시, 아버지께서는 이리공업고등학교 건축과 교사이면서 교무부장이란 보직을 가지고 계셨었다. 나는 해마다 입시철만 되면 미달 사태를 걱정하던 아버지의 모습이 떠올랐다.

대나무는 씨앗을 심은 후 첫 사 년 동안은 죽순이 하나 올라오는 것을 빼면 아무것도 보이지 않는다. 사 년 동안 모든 성장은 땅 속에서 이루어진다고 한다. 오 년째가 되면 대나무는 한꺼번에 25미터 높이로 자란다는 전주공업고등학교의 홍보책자 문구에 매력을 느껴 나는 전주공업고등학교로의 진학을 결심하게 되었다. 어린 시절 꿈꾸었던 '새만금사업을 내손으로' 라는 꿈을 현실로 옮기기 위해 나는 토목과로 진로를 결정했다.

공부 잘하는 학생이 공업계 고등학교에 입학했다는 사실만으로 대한민국의 언론에서는 앞다투어 기사화했고, 나는 오기가 발동했다. 곱지 않은 시선과 인터넷에서의 악플 등은 나를 더 강하게 만들었다. 우리나라의 공업계가 더 발전할 수 있다면, 삼 년간 열심히 공부해

다시 한 번 스포트라이트를 받겠다고 나 스스로 굳은 다짐을 했다.

전주공업고등학교에 입학하던 날 나는 신입생을 대표해 입학선서를 했다. 480명 신입생 앞에서 전주공업고등학교의 명예를 드높일 것을 다짐하는 시간이었고 나는 몇 가지의 나만의 목표를 설정했다.

'기숙사에서 친구들을 많이 사귄다. 운동을 열심히 한다. 삼 년간 전 과목 1등급을 받는다. 다양한 경험을 한다. 가족과 함께하는 봉사활동에 꼭 참여한다. 주5일제, 나에게는 해당 없다. 서울대학교 건설공학과에 합격한다. 대한민국을 빛낼 인재로 인정받는다.'

전문계 고등학교생활은 대부분 나 스스로 해결해야 하는 것들로 처음에는 무척 힘들었다. 하지만 친구들과 선생님들의 배려로 적응기간이 그리 오래 가지는 않았다. 차츰 안정이 되면서 3월 수학경시대회 최우수상, 5월 청소년의 달 모범학생, 양성평등 글짓기대회 교육감상, 광주대학교 총장상, 경기대학교 총장상 등을 휩쓸며 나는 다양한 경험과 공부를 즐기는 법을 터득하게 되었다.

학교에서는 방과 후, 공부할 수 있는 공간을 마련해 줘 십여 명의 선배들과 스터디그룹을 만들어서 토론 및 모둠학습을 할 수 있었다. 독서실처럼 구성되어 각 책상에 인터넷 학습과 EBS교육방송을 청취할 수 있도록 배려해 준 덕으로 나는 인문계 친구들이 맛볼 수 없는 기쁨을 맛볼 수 있었다.

가족들과 함께하는 봉사활동도 열심히 참가했다 봉사활동은 재충전의 기회가 되었고 가족이 하나가 될 수 있는 끈끈한 원동력이 되었다. 지속적인 봉사활동으로 지방 일간지 전면에 봉사활동 내용이 소개되기도 했다.

1학년 여름방학 때는 우물 안의 개구리가 되는 것보다 더 큰 세상을 경험하기 위해 경기도에 있는 기숙학원에 입소를 했다. 전국에서 몰려든 인재들과 경쟁하며 공부를 더욱 열심히 해야 된다는 동기유발도 되었고 많은 친구들을 사귈 수 있는 기회도 되었다.

고등학교 1학년 때는 체육과 미술을 제외한 전 과목에서 1등급을 받았다. 입학 당시 세웠던 목표는 이루지 못했지만 덤으로 찾아온 것들이 너무 많아 나는 아주 만족스러운 1학년을 마칠 수 있었다. 2학년 때는 전공과목 수업시간이 많이 늘었다. 토질과 수질 그리고 역학을 배우면서 미래의 환경건설 분야의 진정한 기술자가 되기 위한 철저한 준비를 했다. 아침마다 기숙사에서 EBS영어듣기 방송을 삼십 분씩 청취했고 하교 후 저녁시간까지의 한 시간 자투리는 기숙사 학생들과 편을 나누어 족구를 했다. 저녁식사 이후에는 스스로 정해 놓은 과정을 충실히 이행해 나갔다. 주로 『EBS특강』, 『EBS파이널』 교재를 선택했고 일부 인터넷 강의를 듣기도 했다. 메가스터디에서 나에게 딱 맞는 강의를 찾은 덕분에 나는 2학년 1학기를 마칠 무렵, 수학 미적분까지 완전히 마스터할 수 있었다. 세상을 다 얻은 느낌, 혼자 해결해야만 했던 부족한 교육과정을 거침없이 해나갔다. 이런 원동력은 아버지께서 주신 무한한 격려와 관심 덕분이었다.

내가 할 수 있는 최고의 성적을 거두었다. 하지만 더 이상의 진전이 보이지 않아 마음이 초조해질 무렵, 극기훈련에 참가하면서 반전의 기회를 가질 수 있었다. 기숙사 후배들과 함께한 갯벌체험 및 영상편지 낭독시간에 나는 사감이신 아버지 앞에서 그동안의 고마운 마음을 담아 편지를 낭독했다. 그런데 갑자기 감정이 북받쳐 오르면서 뜨거운 눈물이 쏟아져 내렸다. 담임선생님은 손수건을 건네며 등을 따뜻하게 토닥여주셨다. 다 쏟아 부은 눈물. 함께했던 모든 사람들의 눈시울을 적시게 했던 편지낭독은 힘들었던 나에게 재충전의 기회가 되었고 아버지에 대한 사랑을 표현하는 계기가 되었다.

그 후 나는 대입을 일정대로 준비했고 삼 년간의 생활을 정리해 보니 목표한 것 이상의 결과를 맺을 수 있었다.

서울대학교 건설환경공학과 최종합격. 21세기를 빛낼 우수인재상 수상으로 교육부장관 표창, 노무현 대통령 메달, 장학금 300만 원. 기타장학재단 세 곳에서 장학금 수혜 등. 이로써 공업고등학교를 선택했을 때의 주위의 우려를 모두 잠재웠다.

즐기면서 주도적으로 공부한 것에 의해 덤으로 찾아온 것들 하나하나가 나에겐 너무 소중했다. 약속도 지켰다. 이공계 발전을 위한 학과 선택은 초지일관 건설환경공학과로 선택했다.

지방학생들에게는 가장 큰 문제가 숙소인데, 방배동에 있는 전라북도 인재 장학숙에도 선발되어 아주 저렴한 비용으로 학교생활도 할 수 있게 되었다. 장학숙생활을 하기 위해서는 B학점 이상을 받아야 하는 규정이 있다. 그래서 대학생활을 게을리할 수 없는 여러 여건 덕분에 고등학교 때부터 해왔던 자기주도적인 학습으로 하나하나 해결해 나가고 있다.

12월 17일 나는 다시 태어날 것이다. 대한민국의 진정한 남아가 되

기 위해 입대를 한다. 입대시기를 놓고 갈등도 있었지만 이젠 입영통
지서를 받은 상태다. 바람이 있다면 나의 전공을 살릴 수 있는 분야
의 군복무로 더 크게 국가를 위해 이바지하고 싶다.

 언젠가 아버지께서 "경택아, 남자는 군 복무를 마쳐야 한다. 아버지
가 훗날 대통령이 될지도 모르는데, 우리 아들은 남자답게 군대를 다
녀와야 하지 않겠어!"라고 하셨던 말씀은 물론 농담이라는 것을 알지
만 마음속 깊이 새기고 있다.

 어느 대통령 후보가 아들의 군 문제로 어려움을 겪었던 일화를 비유
했다는 것을 알고 있지만 나는 진정으로 아버지의 말씀을 새기고 있
다. 이제 그날이 온 것이다.

기통찬 공부법 멘토링

입학사정관제에서는 그 사람이 걸어온 삶의 진면목을 들여다보려 다양한 절차를 밟게
한다. 잠재 가능성은 깊숙한 곳에 숨어 있기 때문이다.

나는 나 자신에 대해서 정직한가?

내가 정한 꿈은 나의 행복을 위한 것인가?

내가 정한 목표대학이나 전공학과는 내 몸에 맞는다고 보는가?

나는 내 길을 선택할 때 다른 사람의 눈치를 본 적은 없는가?

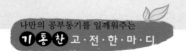

학문이란 진실로 폭넓게 해야 하는 것이므로 지름길로 가서는 안 된다. 다만 배우는
사람이 나아갈 방향을 정하지 못하거나 마음을 견고하게 세우지 않은 채 오직 넓히는
데만 힘을 쏟는다면, 마음이 흔들려 취사선택을 정밀하게 하지 못하거나 또는 갈피를
잡지 못해 진실을 잃을 수가 있다. 그러므로 반드시 먼저 요점을 찾고 확실하게 방향
을 정한 다음에 널리 배우면 종류에 따라서 성장하게 될 것이다.

이이 『성학집요』

자포자기 상태에서는
주위에 도움을
요청하라

 유혹이 많은 세상이다. 여러분들은 유혹에 어떻게 대응하는가? 정도의 차이가 있을 뿐, 사람은 누구나 시시각각 유혹과 싸운다. 생리적 욕구로부터 고차원적인 명예의 욕구에 이르기까지 우리의 마음과 생각과 몸은 잠시도 쉬지 않고 유혹에 노출되어 있다.

 문제는 '유혹을 부릴 것인가, 유혹에 부림을 당할 것인가' 이다. 유혹을 부리는 사람은 자기를 살리는 선택을 한다. 먹는 것, 입는 것, 자는 것, 노는 것, 직업, 꿈, 사랑, 공부 등을 선택할 때, 마음과 정신과 몸이 지속 가능한 만족이 되도록 선순환을 고려한다. 그러나 유혹에 부림을 당하는 사람은 이런 것들을 선택할 때 순간의 만족에 국한하려 애를 쓴다.

 유혹을 부리는 훈련도 중요한 공부다. 유혹에 푹 빠져 있을 때에는 보이는 게 없다. 술에 취하면 인사불성인 것과 같은 이치이다. 그때의 처방은 '혼내주기'다. '혼'을 꺼내준다는 말이다. 술독에 푹 빠져 있는 상태에서 정신이 바짝 들도록 찬물을 껴안는 격이다. 정신을 차렸을 때 우리는 '혼났다'라고 한다. 즉, 깊숙이 들어가 있던 '혼'이 밖으로 '나왔다'는 말이다.

게임중독, 방황 딛고
경찰대 합격한 **이광현** ✏️

초등학교시절, 나는 정말 평범한 학생이었다. 그런데 중학교 첫 중간고사 때 전교 3등을 한 것이었다. 부모님뿐만 아니라, 주위 모든 학생들도 놀라고 나 스스로도 무척 놀란 등수였다.

하지만 이때부터 나는 불행해지기 시작했다. 첫 시험에서 좋은 성적을 받았기 때문에 다음 시험도 잘 봐야 한다는 강박관념이 나를 사로잡기 시작했고, 나는 조금씩 점수에 얽매이기 시작했다. 그때부터 수행평가 1~2점에 스트레스를 받으며 내신관리를 해야 했고 즐겁게 학교생활을 할 여유가 없어졌다. 집에서 멀리 위치한 유명 학원에 등록해 학교수업을 마치자마자 학원에서 밤늦게까지 공부하는 것이 나의 일과가 되어버렸다.

나는 축구도 하고 싶었고, 기타도 배우고 싶었으며 친구들과 여행도 가고 싶었다. 하지만 나는 남들보다 뒤처질 것 같은 두려움에 이 모든 것을 포기해야만 했다.

그러던 어느 날, 큰 위기가 찾아왔다. '리니지'라는 온라인게임이

선풍적인 인기를 끌 때였다. 친구들은 둘 이상만 모이면 리니지게임에 대한 이야기를 했고 게임 이외의 다른 얘기는 거의 하지도 않았다. 게임을 하지 않으면 친구들과 대화할 수 없었기에, 나는 친구들과 어울리고 싶어서 처음엔 억지로 게임을 했다. 게임을 하면서도 학교와 학원은 꼭 가야 했기 때문에 그 시간을 제외하고 아침 일찍 혹은 늦은 밤에 게임을 할 수밖에 없었다. 그런데 부모님 몰래 친구들과 어울리기 위해 시작했던 게임에, 나는 점점 중독이 되어가는 것이었다. 항상 게임 생각만 났고 게임에서 좋은 아이템을 획득하면 온종일 기분이 좋고, 게임에서 안 좋은 일을 당하게 되면 우울해했다. 그러면서 슬슬 학원도 몰래 빠지기 시작했고 학교 수업시간에는 졸기 일쑤였다.

그렇지만 그 시절 나는 행복했다. 현실 속에서는 어떤 즐거움도 없이 다람쥐 쳇바퀴 돌듯 학교와 학원만을 오가며 사는 불쌍한 학생에 불과했지만, 게임 속에서는 한 길드를 대표하는 군주로 남들로부터 인정받고, 성을 정복하겠다는 뚜렷한 목표가 있었기 때문에 확고한 목적의식을 가지고 사는 의미 있는 존재가 될 수 있었다. 즉, 나는 현실이 아닌 게임 속에서 존재의 가치를 발견하고 그로 인해 더욱 깊이 게임 속에 중독되었던 것이다.

그런데 어느 날, 리니지게임 길드의 믿었던 사람으로부터 사기를 당하고 말았다. 게임 속에서 모든 행복과 만족감을 느끼고 살던 나는 한순간 암흑 속으로 떨어져 버린 것이다. 배신당한 상처와 두려움, 나는 더 이상 게임에 접속할 수가 없었다. 게임을 하면서 느꼈던 즐거움, 삶의 의미, 사람들과의 신뢰 등이 허구에 불과하다는 것을 명

징하게 깨달은 것이다.

　그렇게 좋아하던 게임을 떠났다. 그리고 나는 허전한 시간과 마음을 친구들에게 집착하는 것으로 대신했다. 더 이상 사람들로부터 버림받는 상처를 받기 싫어서, 목숨까지 내놓을 수 있는 정을 얻고 싶어서 나는 정성을 다해 친구들과의 진실한 우정을 쌓으려 노력했다. 많은 시간을 친구들과 보내며 진실한 우정을 얻기 위해 노력했지만, 어쩐 일인지 시간이 갈수록 나의 마음 한 구석에는 채워지지 않은 무엇인가가 있었다.

　방황을 하면서 결국 학원을 끊게 되었고 당연히 성적도 떨어졌다. 삶의 의미를 잃어버린 채 아무것도 하지 않으며 무기력하게 하루하루를 보냈다. 고등학교 입시를 준비해야 할 중학교 3학년이 되었지만 남들이 다하는 고등학교 선행학습 같은 건 나와는 너무나 먼 남의 일이었다. 이런 내 모습에 당연히 부모님은 걱정과 간섭으로 잔소리가 이어졌다. 나는 점점 구속당하는 집이 싫어졌고 일종의 반항심으로 공부와는 더 멀어졌다.

　나는 무작정 집을 떠나 나를 아는 사람들이 아무도 없는 지방 소도시 진주로 숨어들었다. 아무도 없는 곳에서 혼자 생활하고 싶었다.

　낯선 도시의 삭막한 환경, 말투부터 너무나 생경한 지방 사투리를 들으며 표준어를 구사하는 기생오라비 같은 내가 헤쳐 나가야 할 산은 너무나도 높게만 보였다. 서울이 대한민국의 전부인 줄 알았던 나에게 지방의 모습은 대단한 충격이었다. 그러면서 나는 조금씩 우물 밖으로 나와 좀 더 넓은 시각으로 상대방과 내 자신을 그제야 바라볼 수 있게 되었다.

 그저 떠나기만 하면 좋을 것 같았던 집이었는데, 막상 완전하게 혼자가 되니 견딜 수 없는 외로움과 두려움이 찾아왔다. 하루하루 외로움과 두려움을 견디는 것이 나에게는 커다란 과제였다.

 나는 홀로서기를 하고서야 가정의 소중함뿐만 아니라, 그동안 느끼지 못했던 사소한 것들에 감사하고 싶다는 마음이 들기 시작했다. 따뜻한 집으로 돌아가고 싶다는 마음이 간절하게 들었지만 큰소리 탕탕 치고 나온 집, 그냥 이룬 것 하나 없이 다시 돌아갈 수는 없었다.

 진주에서 생활하던 중 우연히 자립형사립 고등학교인 '거창고등학교' 입시 설명회를 듣게 되었다. 거창에 있는 기독교 학교였는데 부모님의 종교가 기독교여서 나에게는 왠지 친숙하게 느껴졌다. 그리고 혼자 타지에서 생활하면서 밥해 먹는 일이 가장 고역이었는데 기숙사에서 친구들과 함께 생활하며 식당에서 편히 밥을 먹을 수 있다는 사실이 무엇보다 좋았다.

 거창고등학교 진학은 이렇게 자연스럽게 이루어졌다. 고등학교에 입학 후, 첫 모의고사를 쳤다. 한 학년의 전체인원이 120명이었는데 106등. 충격적인 등수였다. 비록 공부를 열심히 하지는 않았지만 이런 낮은 성적을 받을 것이라고는 생각도 하지 못했었다. '실수였을 거야.' 스스로를 위로했다.

 하지만 다음 시험에서도 성적은 아무런 변화가 없었다. 나는 점점 좌절감에 빠져들고 있었다. 이제는 내세울 것이 아무것도 없었다.

 공부를 더 열심히 해야 하는 시점이었다. 그런데 엉뚱하게도 나는 공부와는 담을 쌓고 그동안 공부 때문에 하지 못했던 다양한 활동들을 하기 시작했다. 운동을 좋아하는데다 달리기에도 소질이 있었던 나는 거창군 육상부 대표로 뽑혀 활동했다. 그리고 밴드부에서 기타 연주도 하고 학생회활동도 했다. 이런 공부와는 별개인 활동들이 정말 하고 싶었던 활동들이었기에 나는 너무 즐겁기만 했다.

그런데 시간이 흐르면서 슬슬 나도 모르게 지쳐가는 활동들. 여러 가지 활동에 너무 푹 빠져 지내다 보니 신경 써야 할 것이 너무 많아 정신적으로 피곤해졌다. 뿐만 아니라 체력적으로도 많이 지쳤던 것이다. 그만 쉬고 싶었다. 그러면서 내가 그렇게 즐겁게 열심히 활동했던 것들에서 더 이상 의미를 찾지 못하고, 그만두고 싶어 하는 나 자신에 대해서 혼란스러워졌다.

이제는 무엇을 하며 살아야 할까? 너무 답답하고 힘들어서 학교를 자퇴해야겠다고 결심했다. 아무 일이나 하면서 돈을 벌며 살고 싶었다. 하지만 주변 친구들과 선배들, 선생님 그리고 부모님의 간곡한 부탁에 차마 학교를 그만둘 수는 없었다.

살아갈 이유를 찾아야 했다. 내가 이 세상에서 무엇을 해야 하는지, 무엇을 잘할 수 있는지 그리고 많은 사람들이 하는 공부의 목적도 알고 싶었다. 나의 방황에 대한 답을 찾기 위해 친구, 선배, 선생님, 목사님 등 여러 사람들과의 상담을 자청했다. 궁금한 것을 여쭤보기도 하고 책을 읽으면서 생각할 시간도 많이 가졌다. 유명한 사람들의 강연이 있으면 멀리까지 귀찮아하지 않고 찾아다녔다.

노력하는 사람에겐 길이 보인다고 했던가! 조금씩 삶의 의미를 찾기 시작했다. 쌓여 있는 모래더미에 모래알이 한 알 한 알 떨어져 쌓여도 금방 어떤 변화의 조짐은 보이지 않는다. 하지만 어느 순간 작은 모래 한 알로 인해 갑자기 모래더미가 무너져 내리는 변화가 일어난다. 나 또한 이런저런 노력을 할 때에는 전혀 감을 잡을 수 없었지만, 작은 노력들이 점차 쌓이면서 어느 순간부터 내가 무엇을 좋아하는지, 무엇을 위해 살아야 하는지, 어떻게 그 꿈을 이룰 것인지에 대한 답이 조금씩 보이기 시작했다. 현실적으로 오늘날 사회에서 공부를 열심히 해야 내 꿈에 좀 더 가까이 다가갈 수 있다는 사실도 깨달았다. 목적의식이 생긴 후로는 정말 스스로도 놀랄 만큼 열심히 공부에 매달리기 시작했다.

깨달음을 얻고 주변을 둘러보니 시간이 턱없이 부족했다. 수학능력시험까지는 겨우 일 년 반의 시간이 남아 있었다. '해야 할 것은 너무 많은데 과연 남들이 삼 년 동안 노력해서 이루는 성과를 내가 이 짧은 기간 안에 해낼 수 있을까? 라는 의문도 들었지만 고민하는 시간도 나에게는 아까웠다.

통학하는 시간에는 영단어를 외웠고, 쉬는 시간에는 수학문제를 풀었다. 친구들과 놀고 싶다는 유혹도 느꼈지만 스스로를 절제했다. 자기 전에는 항상 영어듣기를 들으며 잠에 들곤 했다. 내가 할 수 있는 최선의 노력을 다하고 싶었다. 그래야만 결과에 후회하지 않을 것 같았다.

그렇게 나는 내 꿈에 한걸음 다가갔고, 드디어 경찰대학 1차 시험날. 나는 너무나 긴장되고 떨려서 전날 한숨도 잘 수 없었다. 하지만 최선을 다했고 아슬아슬하게 1차 시험을 통과했다. 이에 자신감을 얻어 끝까지 열심히 공부했다. 수학능력시험을 치른 후에 시험을 잘 치렀다는 생각보다 포기하지 않고 할 수 있는 최선의 노력을 다했다는 사실에 내 자신이 너무 기특했다.

인생에 한 번쯤은 모든 것을 희생하고 자신의 꿈을 위해 몰두하는 것이 필요하다. 스스로 최선의 노력을 다할 때에 인생은 더욱 가치 있고 자기 자신을 더욱 사랑할 수 있게 되기 때문이다.

최종합격자 발표 날. 마음을 졸이며 좋은 소식을 기다렸다.

그런데 확인 결과는 불합격.

'공부한 시간이 짧았잖아. 너무 큰 기대를 하면 그건 교만이야.'

최선을 다했기에 후회 없이 결과를 받아들이고 다시 한 번 박차를 가해 열심히 공부하고자 마음을 다잡았다.

그런데 이럴 수가!

며칠 뒤, 전화 한 통이 걸려왔다. 추가합격자가 되었다는 것이다. 하늘을 날아오를 것 같은 기분이었다. 결국 해냈다는 성취감으로 나 스스로에게 잘했다는 칭찬을 하고 싶었다.

되돌아보면 참 힘든 시간이었다. 그 시절로 돌아간다면 어떻게 그 모든 시련을 감당해야 할지 다시 두려워진다. 하지만 그 시간을 당당히 이겨냈기 때문에 더 크게 성장할 수 있었고, 앞으로의 모든 일에 자신감을 가지고 나아갈 수 있는 믿음이 생겼다.

'결과'에 크게 집착하지 마라. 다만 '과정'을 통해 삶의 중요한 가치들을 깨닫고 인생의 교훈을 얻어 더 크게 나아갈 발판을 마련하길 진심으로 바란다.

기통찬 공부법 멘토링

입학사정관제에서는 실패와 좌절도 중요한 경험으로 평가해 준다. 실패를 모르는 자는 크게 성공할 수 없기 때문이다. 나의 인생 스펙트럼을 확장할 수 있는 변화의 기회를 스스로 만들어 보자.

절망한 경험이 있는가?

절망하게 한 원인은 무엇인가?

절망을 극복하게 한 것은 무엇인가?

나의 최대능력을 100%라 할 때 몇 퍼센트까지 사용해 보았는가?

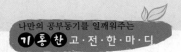

나만의 공부동기를 일깨워주는
기통찬 고·전·한·마·디

사실 악보다 더 경멸당할 것은 없는데도, 나는 경멸당하지 않으려고 더욱더 많은 악행을 저질렀다. 내가 친구들보다 더 많은 악행을 자행하지는 않았지만, 종종 내가 하지 않은 일을 한 척하기도 했다. 순진함이 겁쟁이로, 순결함이 유약함으로 비칠까 두려웠기 때문이다.

아우구스티누스 『고백록』

잉여인생이라고
판단되면
환경을 과감하게 바꿔라

　요즘 주위를 둘러보면 못된 사람과 못난 사람들이 많다.
　'못된 사람' 은 어떤 이를 말하는가? 글씨 그대로 '못이 되어버린 사람' 을 말한다. '못난 사람' 은 어떤 이를 말하는가? '못이 나온 사람' 이다. 못은 어떤 성질을 가지고 있을까? 단단하다. 끝이 뾰족하다. 자기보다 약한 것을 뚫고 들어가 내 집처럼 차지한다. 한 번 박히면 쉽게 빠지지 않는다.
　이것으로 미루어 생각하면, 못된 사람은 단단하게 틀어박혀 주변을 보지 못하는 사람이요, 못난 사람은 필요 이상 튀어나와 주변을 어지럽히는 사람이다. 못된 사람과 못난 사람의 공통점은 변화하는 환경을 인식하지 못하는 사람이다. 환경은 시시각각 변한다. 그 속도에 맞추어 자신도 변화해야 한다. 그래야 주변을 바로 볼 수 있으며 내가 현재 이 시점에서 무엇을 해야 하는지 알게 된다.

현재 여러분들이 생활하고 있는 환경을 둘러보라. 글로벌 시대에 걸맞은 가정환경인지, 학교환경인지, 사회 교육환경인지를. 아니라고 판단되면 우선 박힌 못을 빼어내야 한다.

즉, 닫힌 환경에 길들여진 자신의 모습을 냉철하게 인식하라는 말이다. 깊이 박힌 못일수록 힘과 고통과 시간이 많이 필요하다. 그 다음은 갑옷처럼 단단하게 굳어 있는 기존의 닫힌 환경을 깨고 시대가 요구하는 열린 환경으로 옮겨 가야 한다. 인간과 환경의 관계는 수레의 양 바퀴와도 같아서 건강한 환경 없이는 건강한 공부를 할 수 없기 때문이다.

50점대 열등생, 인도네시아 이민으로
경희대 영어학부에 합격한 **최재미** ✏

아무런 행동의 변화 없이 아침에 졸린 눈을 비비며 일어나, 세수하고 밥 먹고 학교로 출발한다. 첫 수업의 설렘은 입속에 넣은 솜사탕처럼 덧없이 사라진지 오래다. 수업을 마치고 사람들로 붐비는 퇴근길 지하철 안에서 다이어리를 읽어보니 빽빽하게 적힌 글자들이 과제와 공모전 내용을 일러주고 있다. 학교로 가는 길에 보이던 집 앞의 나무마저 고마웠던 생활이, 이제는 지루하다 느낄 만큼 시간은 머나 먼 거리를 달려왔다.

과거의 추억을 찾고 싶은 충동으로 오랜만에 고등학교시절에 받은 편지를 한 가득 담은 상자를 열었다. 스프링 노트에서 뜯어 낸 하얀 종이 위에 나의 필체와 닮은 글씨들이 한 면 가득 쓰여 있다.

"공부를 하는지, 안 하는지 연습장은 왜 이렇게 깨끗한 거니? 학교에서 졸지는 않는지, 앞자리에 앉아서 졸면 우습지. 대학은 네가 편한 학교와 편한 과를 생각해 보렴. 엄마랑 아빠는 재미를 믿는단다."

자식이 잘 되길 바라는 부모님의 마음이 담긴 쪽지였다.

내가 태어났을 때 부모님은 행복보다는 슬픔을 먼저 느끼셨다. 심장이 좋지 않은 채로 태어났기에 의사선생님은 부모님께 마음의 준비를 하라고 하셨단다. 하지만 부모님은 포기하지 않고 나를 꾸준히 병원에 데리고 다니셨다. 부모님의 정성 덕분인지, 나는 의사선생님이 놀라워하실 정도로 기적적으로 자연치유가 되었다고 한다. 지금은 어려서 심한 병을 앓았다고는 상상도 되지 않을 만큼 일 년에 감기 한 번 안 걸릴 정도로 매우 건강한 삶을 누리고 있다. 어려서부터 내가 병약했기 때문이었는지 부모님께서는 다른 분들과 다르게 나에게 전혀 공부를 강요하지 않으셨다. 초등학교 때도 남들 다 몇 군데씩 다니는 학원을 한 번도 다녀본 적이 없다. 성적은 엉망이었지만 나는 아무런 걱정이 없었다. 내 성적은 부모님의 관심권 밖이었으니까.

중학교에 입학하고서도 성적은 별반 나아지지 않았다. 중학교시절에도 학원은커녕 학습지도 시켜주지 않았다. 그래도 첫 중학교 1학년 1학기 중간고사 성적은 대견스럽게 평균이 50점대는 되었다. 시험을 잘 봐서 평균이 60점까지 올라가고 어쩌다 70점대가 되는 성적표를 받을 때면 난 내가 하버드대학이라도 갈 줄 알았다. 대체로 평균 50~60대를 유지하면서 중학교생활을 보냈다.

그런데 어느 날, 갑작스럽게 우리 가족은 인도네시아로 이민을 가게 되었다. 삶의 터전 변화는 내 인생 변화의 전환점이 되었다.

인도네시아라는 새로운 환경에서 적응이 어려울까 봐, 부모님께서는 나를 한국학교인 Jakarta International Korean School(JIKS)로 입학시켜 주셨다. 하지만 말이 한국 학교이지 수업의 상당수가 영어로 진행되었다.

전학 첫 날, 첫 수업부터 원어민과 함께하는 영어수업. 아이들은 아무런 막힘없이 외국인 선생님과 대화하며 능동적으로 수업에 참여하고 있었다. 하지만 나는 부끄러워서 말 한마디 못 하고 조용히 앉아 있기만 했다. 그때 나는 Hello의 스펠링도 정확히 몰랐고, b와 d를 혼동하기까지 했다.

그런 내가 영어의 한 가운데에 서 있다니! 그것도 너무 갑작스럽게! 하늘이 노랬다. 영어문법 중 가장 기본적인 S+V. 하지만 S가 무엇인지 V가 무엇인지도 모르고 무조건 수업을 열심히 듣기만 했다. 서둘러 알파벳부터 완벽히 익히고 나니 단어공부는 그리 어렵지 않았다. 문법은 교과서에 나온 예문을 무조건 노트에 쓰면서 외웠다. I am Jane에서부터 I was meant to be pacifier라는 난해한 문장까지 무조건 썼다. 이해가 되지 않는 것은 맹목적으로 외웠다.

그제야 영어의 중요성을 깨달은 어머니는 나를 학원에 보내주셨지만 그곳에서도 꿀 먹은 벙어리이기는 마찬가지였다. 이제 겨우 알파벳을 떼었는데 학원에서는 9학년(중3)학생들에게 토플을 가르치고 있었던 것이다.

하루는 선생님께서 True&False를 가려내는 문법 문제를 풀라고 하셨다. 한 문제당 맞출 수 있는 확률은 50%였다. 그런데 이게 무슨 날벼락인지 나는 빵점이었다. True에 False를 쓰고 False에 True를 쓴 것이었다. 그날 이후 나는 아이들에게 놀림거리가 되었다. 빵점 맞기도 힘들다면서 비웃는 것이었다. 그런데 오히려 나는 놀리는 아이들의 자극으로 오기가 생겼다. 더더욱 열심히 공부했다. 학교에서도 영어, 학원에서도 영어, 집에서도 영어. 마치 나를 떠나려는 연인의 다리를 잡고 매달리듯이 영어공부에 매달렸다. 하지만 나름대로 공부한다고 열심히는 했지만 시간이 흐를수록 같은 반 아이들의 월등한 영어실력을 보면서 열등감이 생기는 것은 어쩔 수 없었다.

'영어는 뒤질지라도 다른 과목을 잘해 보자.'

나는 새로운 각오로 모든 과목을 파고들었다. 내 공부방법은 무식했다. 무조건 외우기였으니까. 그래도 이것만큼 효과적인 방법은 없다고 믿었다. 이해가 되지 않던 내용들도 외우고 나면 그 내용들이 이해가 되었기 때문이다. 사회나 국사 같은 과목들은 무조건 열 번 이상 읽으면서 외웠다. 국어는 사회관련 과목보다 더 공을 들여서 이해가 안 되는 부분은 몇 번이고 다시 읽었다. 하지만 수학은 내가 굉장히 싫어해서 그다지 열의 있게 공부하지 않았다. 아는 것만이라도 확실히 하자는 마음으로 이해가 된 문제만 반복해서 풀고 정 이해가 안 되는 것들은 과감히 포기했다. 수학은 아는 부분에서 확실한 점수를 얻자는 전략을 택했다.

이런 내 노력에 대한 보상이라도 하듯이 처음으로 치른 중간고사에서 영어점수는 80점대. 평균도 순식간에 80점대로 올랐다. 평생 받지 못할 줄 알았던 꿈의 점수가 나의 성적표에 찍힌 것을 보고 기쁨의 눈물을 흘렸다. 부모님은 무척 놀라워하며 기뻐하셨다. 그때부터 부모님은 나에게 희망을 걸기 시작했다.

하지만 첫 수저에 배부를 수 없듯이, 과거에 비해 일취월장한 나의 영어실력이지만 여전히 다른 친구들에 비하면 형편없었다. 그래도 내가 맛본 성취감은 공부를 더더욱 열심히 하면 된다는 동기를 심어주기에 충분했다. 확실히 이전 수업시간에 비해서 더욱더 선생님의 말씀에 집중하기 시작했다. 부끄러움 따위는 갖다 버리고 원어민 선생님과의 대화를 시도했다. 물론 완벽한 의사소통은 되지 않았다.

하루는 내가 원어민 선생님께 무언가를 얘기하자 선생님께서는 "What? Speak in English!"라며 웃으셨다. 그러자 주변의 친구들도 와자하게 웃어 대는 것이었다. 그때 아마도 내가 영어를 못해서 이런 굴욕적인 일을 겪었다고 수치스러워했다면, 지금쯤 나는 이 자리에 없었을 것이다.

영어건, 공부건 가장 중요한 것은 배우고 싶어 하는 열정이다. 그런 유명한 말도 있지 않은가. '모르는 것은 죄가 아니고 배우지 않으려는 게 죄'라고. 그런 굴욕적인 사건을 겪고 나니 내 마음은 오히려 더 편해졌다. 스스로가 영어를 못한다고 인정을 하고 나니 못하는 영어로 말을 해도 부끄러움이 없어졌다. 이후, 더 자연스럽게 원어민 선생님들과 대화도 많이 하게 되고 실력도 단연 향상되었다.

전쟁터에 나갈 때 총이 필수이듯, 전자사전은 영어 에세이를 써야 하는 내겐 필수였다. 영어 speaking을 극복하니 이번에는 writing이 문제였다. 다행히 학원에서 에세이를 써보라며 토플 에세이 주제를 많이 내주었다. 그것을 토대로 글을 열심히 썼다. 최소 일주일에 한 편씩은 썼다. 처음 한 달간은 문법과 표현이 너무 한국적이고 내용 구성도 굉장히 부실했지만 꾸준히 하다 보니 문장 구성력도 점점 탄탄해졌으며, 어느 순간 나도 모르게 전자사전 없이 글을 쓰고 있었다. 교내 영어 Speech Competition에도 나갔다. 그동안의 노력이 빛을 발하듯 3위에 입상까지 할 수 있었다.

대입을 눈앞에 두고 진로를 결정해야 할 12학년이 되었다. 나는 정치외교학과로 진로를 결정했다. 각 대학교의 정치외교학과와 수시 2학기 전형 정보를 찾기 위해 인터넷을 주로 이용했다. 인도네시아의 인터넷은 너무 느려서 자료 찾기가 쉬운 일은 아니었다. 그래서 하루에 한 학교의 정보를 찾는 것으로 만족해야 했다.

내 목표 대학은 한국외대, 중앙대, 성균관대, 경희대, 서강대, 경기대였다. 각 대학의 정치외교학과 정보를 찾다가 우연히 영어교육과를 알게 되었다. 영어를 잘하지 못했던 내가, 영어관련 전형을 준비하는 만큼 나의 경험을 토대로 학생들을 가르치고 싶다는 생각이 갑자기 솟구쳤다. 그래서 내가 진학하고 싶은 희망학과에 영어교육과도 추가시켰다.

대학은 수시에서 결판을 내겠다고 다짐한 나는 영어공부만 열심히 했다. 부모님께서는 학원에 의존하지 않고 혼자 공부하기를 원하셨기 때문에 스스로 공부할 수밖에 없었다. 인도네시아에서는 문제집 구입부터 쉬운 일이 아니다. 그래서 학교나 학원선생님들께서 만든 교재 위주로 공부를 하고 어쩌다 운 좋게 한국에서 친척이 놀러올 때면 문제집을 사다 달라고 부탁해 풀었다.

공부는 새벽 다섯 시 반에 일어나 학교에 도착하면 일곱 시. 수업시작 전에는 영어지문을 읽고, 쉬는 시간에는 단어를 외웠다. 점심시간에는 또 영어지문을 읽었다. 영어선생님 또한 영어공부는 답이 없다며 무조건 읽으라고 하셨다.

12학년 2학기 마지막. 기말고사를 치고 늘 꿈꿔 왔던 고국으로 돌아왔다. 원서를 쓴 곳은 서강대 사회과학부, 중앙대 정경계열, 한국외대 영어교육과, 경희대 영어학부, 공주대 영어교육과였다.

처음으로 나에게 합격소식을 전해 준 곳은 공주대학교 영어교육과였다. 그리고 이어 중앙대도 합격의 기쁨을 안겨주었다. 사실 내가 그리 공부를 잘한 편은 아니어서 여러 선생님들은 내 결과를 낙관적으로 바라보지 않으셨다. 하지만 난 해낸 것이다. 그 동안 내가 느꼈던 열등감과 부모님의 불안해하던 모습들. 모두 뜨거운 태양 아래 한 조각의 얼음처럼 녹아내렸다.

친구에게 문자가 왔다. 경희대 영어학부에 합격했다고 축하한단다. 과거에 평균 50점대였던 열등생이 이제는 전교 10등 안에 드는 우수한 성적으로 학사모를 날릴 수 있게 되었다.

나는 열등생이었다. 다른 또래 친구들이 가지고 있는 목표도 없었고 그냥 잉여인간처럼 하루하루 시간에 떠밀려 살았었다. 이루고 싶은 목표가 없으니 공부를 할 이유도 없었고 하고 싶지도 않았다. 그 누구도 나에게 강요하지 않았다. 내가 공부를 하겠다고 다짐한 때에도 강요에 의한 것이 아니었다.

열등생인 내가 자연스럽게 변하기 시작한 것은 '욕심'과 '열등감'이 있었기 때문이라고 생각한다. 사람들은 욕심과 열등감을 부정적인 단점으로 생각하지만 나에게는 그런 단점이 장점이 되었다. 목표를 세워 계획을 수립하고, 실행에 옮길 수 있게 해주었고 결국 목표를 이루게 해준 것이다.

결국, 주위에서 힘들 거라는 충고에도 흔들리지 않고 내가 정한 것은 끝까지 이루고야 말겠다는 독기, 남들보다 뒤처지는 게 싫다는 욕심, 뒤처진다고 느낄 때 가지게 되는 열등감이 지금의 내 모습을 만들어주었다고 나는 믿어 의심치 않는다.

기통찬 공부법 멘토링

입학사정관제에서는 용기 있는 사람과 도전하는 사람에게 가산점을 준다. 그들은 환경을 주도적으로 이끌어갈 가능성이 있다고 판단하기 때문이다.

새로운 환경에 도전해 본 경험은 있는가?

있다면, 그 과정에서 무엇을 느꼈는가?

없다면, 나는 왜 기회를 만들지 않았는가?

공부하는 데 환경이 문제인가? 나의 의지가 더 큰 문제인가?

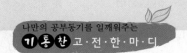

나만의 공부동기를 일깨워주는
기 통 찬 고·전·한·마·디

가까운 들에 나가는 사람은 세 끼 밥만 챙겨 가지고 가도 배를 불릴 수 있다. 백 리 길을 가는 사람은 밤을 새워 방아를 찧고 그것으로 먹을 것을 마련해야 하고, 천 리 길을 가는 사람은 석 달치 먹을 것을 마련해야 한다.

장자 『장자』

열등감을
자기성장의 동력으로
활용하라

　살다 보면 자기의지와 관계없이 어쩔 수 없는 어려운 상황을 종종 만나게 된다. 그럴 경우 여기에 대처하는 방법에는 세 가지 마음이 있다.

　첫 번째는 '핑계'를 찾는 마음이다. 핑계는 나의 입장에서 어려운 환경을 회피하려는 생각이 담겨 있다. 그런 점에서 핑계는 나쁜(오직 나만 생각하는 ─ 나뿐인)마음이다.

　두 번째는 '합당한 이유'를 찾으려는 마음이다. 이유는 핑계와는 다르다. 동일한 행위의 결과라 하더라도 핑계는 나쁜 마음으로 변명한다면, 이유는 상호주의를 전제로 변명하기 때문이다. 그래서 어쩔 수 없는 상황이라고 하더라도 핑계는 반쪽의 설득에 그치고 만다. 그러나 이유는 설령 정당한 방법이 아니더라도 그 상황이 타당하다고 판단되면 인정한다. 왜냐하면 그 특수 상황에 대해서 상대방에게 설득하려는 배려가 전제되어 있기 때문이다.

　세 번째는 핑계와 이유를 거부하고 그럼에도 불구하고 어려운 상황을 '선택'하는 마음이다. 오늘날처럼 이재에 밝은 사람들의 눈으로 보면 이들은 분명 바보다. 그러나 바보에게는 희망이 있다. 그들은 기회를 맞이할 준비를 하고 있기 때문이다.

선천성 말판증후군과 싸우며
강남대 행정학과에 합격한 **조혜민** ✎

　찬바람이 매섭게 불던 겨울, 저에겐 닥치지 않을 것만 같았던 대학수학능력시험 날. 저는 긴장감과 떨림으로 조마조마한 마음을 감출 수가 없었습니다. 하지만 제 책상 위에 육 년 내내 붙어 있었던 "피할 수 없다면 즐겨라."라는 말처럼 어차피 거쳐야만 하는 시험이라면, 또한 그동안의 준비로 최선을 다했다면, 그 결과가 어떻든 뿌듯함을 느낄 수 있다고 생각했습니다. 그리고 저는 당당히 강남대학교 행정학과에 합격했습니다.

　저는 수차례 죽을 고비를 넘기며 살아온 장애가 있는 학생입니다.
　제가 어렸을 적에는 부모님은 가게일로 바쁘셨고, 단짝처럼 놀아주던 오빠가 학교에 가고 나면 저는 늘 혼자 책을 보며 조용하게 시간을 보냈습니다. 어머니는 유난히 손과 발이 가늘고 잔병치레를 많이 하는 저를 업고 생활이 바쁜 중에도 병원을 제집인양 드나들었습니다.

그저 몸만 약한 줄 알고 소아병원에 다니던 어느 날, 담당 의사선생님은 유난히 오목한 흉부에 이상 소견서를 써주며 대학병원에서 검사를 받아보길 권하셨습니다. 대학병원에서는 외형상 가슴만 기형인 줄 알고 앞 가슴뼈를 절단하고 봉합하는 교정술을 받았습니다. 하지만 유치원에 들어가면서 칠판의 글씨와 책을 읽을 수 없게 되었고, 수정체 탈구현상과 동반되는 신체조직에 결함이 있다는 걸 재발견하게 되었습니다. 그 결과 여러 신체의 결체조직에 영향을 주는 유전적 질환인 '말판증후군'을 앓고 있다는 사실을 알게 되었습니다.

중학교시절부터 키가 크는 성장기에 갑작스럽게 척추에 기형 병변이 생기고 탈구현상으로 물체가 잘 보이지 않게 되었습니다. 그러면서 차츰 저는 친구들 앞에 서는 자리를 피하게 되고, 공부도 놀이도 또한 웃음조차도 잃게 되었습니다. 하루하루를 보내는 것이 저한테는 정말 힘든 나날이었습니다.

학교공부는 의욕상실로 초등학교 때부터 꼴등을 도맡을 정도로 기초가 엉망이었습니다. 책을 두 시간 이상 보면 머리가 어지럽고 구토가 났습니다. 그래도 이젠 중학생인데 공부가 하고 싶어졌습니다. 남들처럼 앉아서 자유롭게 온종일 공부를 해보는 것이 소원일 만큼 간절했습니다. 그래서 컨디션이 좋을 때는 기회를 놓치지 않고 지속적으로 틈틈이 공부했습니다.

고등학교 진학을 앞두고 사람들은 실업고등학교를 추천했지만 저는 전혀 신경 쓰지 않고 인문계를 택했습니다. 고등학교생활은 조금씩 공부하는 즐거움을 느끼게 해주었고 행복감을 안겨주었습니다. 공부를 할수록 제 꿈과 함께 부모님의 행복한 미소가 눈에 아른거렸기 때문입니다. 어려운 과목과 씨름을 하다 보면 학원에 다니고 싶다는 생각도 들었지만, 집안형편도 어렵고 무엇보다 몸이 약해 체력이 학원을 다니기에는 벅찼습니다. 어쩔 수 없이 저는 혼자서 교과서 중심으로 공부해야만 했습니다. 가끔씩 오빠가 모르는 문제를 가르쳐주는 것 외에는 과외도 받아보지 못하였기에 학교수업을 따라가기가 힘들었습니다.

가끔씩 정말 힘들고 지쳐서 포기하고 싶었던 날들도 있었습니다.

'도대체 수능 때문에 내가 이렇게까지 해야 하나.'

하지만 그럴 때마다 부모님의 얼굴과 십 년 후의 제 모습을 떠올렸습니다. "몸은 약하지만 열심히 공부해서 사회에 꼭 필요한 사람이 되었으면 좋겠구나."

부모님의 말씀은 모든 걸 다 그만두고 싶다가도, 좌절감으로 넘어졌다가도, 다시 한 번 일어설 수 있게 하는 힘이 되었습니다.

모든 수험생들이 그렇겠지만 저 또한 눈을 뜨고 있는 시간 동안에는 최대한 공부를 많이 하려고 노력했습니다. 새벽까지 공부하고 나면 코피가 쏟아지고 어지러워 등교가 힘들기도 했습니다. 남들보다 약한 체력 때문에 공부시간이 부족해 자투리 시간 하나 허비하지 않고 틈틈이 공부했습니다. 문제에 대한 적응력을 길러두는 것도 중요하다고 생각되어 최대한 시간을 아끼고 활용했습니다.

대학에 입학한 후, 지금의 제 목표는 공무원이 되는 것입니다. 가족들과 사회에, 그리고 제게 정말 많은 도움을 주셨던 분들에게 제가 받은 사랑과 정성을 돌려드리고 싶습니다.

저는 공부에 대한 압박감으로 힘들고 지칠 때마다 스스로 정해 놓은 '도전', '목표', '의지', '관계' 이 네 가지를 생각하면서 마음을 다잡았습니다.

😊 도전

고등학교 생활은 끊임없는 '도전의 연속'이라고 생각합니다. 수험생의 길은 저에게 최초의 도전이며 가치 있는 도전입니다. 이미 도전은 시작되었고 헤쳐 나가야 하는 관문은 너무도 많습니다. 한 계단 한 계단 올라서면서 쌓여가는 저의 실력을 믿습니다. 물론 저를 뒤에서 지지해 주는 가족을 믿습니다.

수험생활은 끊임없이 '도전을 받는 시기'라고 생각합니다. 외부의 유혹에 대해 스스로 관대해지려 하겠지만 이겨내야 한다고 생각합니다. 유혹을 흔쾌히 받아서 즐길 수 있는 시간은 그 시간이 아니더라도 수능 후에는 모래알처럼 정말 많을 것입니다. 지금은 그저 자신에게 집중하는 게 최선의 선택이라고 생각합니다.

😊 목표

저는 수리영역에 취약했기 때문에 처음 목표는 '수리영역 때문에 수능을 망치지 않겠다.'라는 것이었습니다. 그리고 그 목표를 위해 저는 수리영역 기본기부터 공부를 시작했고 수리영역 점수를 만회하기 위해 언어, 외국어, 탐구영역을 더 열심히 공부했습니다.

또 끊임없이 목표를 부여하는 것이 필요하다고 생각했습니다. 목표를 정하기도 전에 자신의 한계를 설정하는 것은 자신이 정한 목표마

저도 저버리는 것이라고 생각합니다. 그렇게 조금씩 이루어 나갈 때 목표는 자연스럽게 성취될 것입니다.

의지

선생님께서 가장 많이 해주셨던 말이 있습니다.

"누구에게 배우고 어디서 공부하는가가 중요한 게 아니라, 누가 얼마나 의자에 오랫동안 붙어 앉아 있느냐."

그렇습니다. 똑같이 주어진 시간, 얼마나 끈질기게 물고 늘어지느냐, 이런 마음가짐은 강한 의지에 기반을 둔다고 생각합니다. 의지와 그것에 대한 열정을 중요하게 생각하고 실천한다면 좋은 결과가 나올 것입니다.

관계

수험생활은 힘들고 외로운 시간입니다. 하지만 이 시간들도 살아가는 삶의 일부입니다. 피할 수 없다면 즐겨야 합니다. 너무 힘들다면 주위에 있는 부모님과 친구들, 그리고 승리를 기원하는 선생님들을 둘러보세요. 어쩌면 공부만 하는 시간이 아니라는 것을 느낄 수 있을 것입니다. 함께 수험생이 되어 가슴 졸이시는 부모님, 수험생의 고통을 함께 나누는 친구들, 대학합격을 위해 애쓰시는 선생님들. 수험생활이라는 긴 터널을 지나며 느낄 수 있는 사람의 소중함, 관계의 소중함을 알아가는 시간이라고 생각합니다.

기통찬 공부법 멘토링

입학사정관제에서는 공부의 출발점을 확인한다. 땀 흘린 만큼 기회를 주는 것이 교육적 차원의 평등이라 여기기 때문이다.
현재의 자기 처지와 위치를 수용하고 자신의 역량을 당당하게 발휘해 보자.

나의 핸디캡은 무엇인가?

나의 핸디캡을 극복하기 위해 어떤 노력을 하고 있는가?

나의 주변에 핸디캡을 극복한 사람들의 이야기를 들어보자.

나는 내 길을 선택할 때 다른 사람의 눈치를 본 적은 없는가?

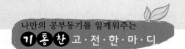

나만의 공부동기를 일깨워주는
기·통·찬 고·전·한·마·디

곤경은 사람을 향상시키는데, 정신은 분명해지고 행동은 빨라진다. 맹자가 이르기를 "사람에게 있어서 덕행과 지혜 그리고 재주와 기술이 탁월해지는 것은 어려운 환경을 겪음으로써 그렇게 될 수 있는 것이다."라고 한 것은 이를 두고 한 말이다.

주희 『근사록』

흥미분야를
빨리 찾아라

지식과 정보의 홍수 속에서 여러분은 무엇을 믿고 따르는가?

맹자는 '양심'을 권한다. 양심은 결코 배반하지 않는다는 확신 때문이다. 언제부터인가 우리는 누가 그렇다고 하더라에 예민하게 반응한다. 우리나라 학부모들이 좋아하는 입시설명회가 대표적인 사례이다. 물론 시시각각 변화하는 입시제도하에서 정보는 오류를 줄일 수 있는 중요한 역할을 한다.

그러나 한번 정보에 맛들이면 쉽게 빠져나오기 어렵다. 정보는 그 속성상 전문성이라는 포장과 희소성이라는 자극을 무기로 집요하게 당신의 사고회로를 교란시키기 때문이다. 따라서 정보의 의존도가 높으면 높을수록 자생적 판단력은 흐려지게 된다. 비유하자면 과거에는 자연환경을 보고 스스로 기후를 예측했던 것과는 달리 현대인들은 기상청에 날씨정보를 의존하게 되면서 차츰 예측력을 잃어가는 것과 같은 이치이다.

내 마음의 소리를 들어보자. 나는 누구인가. 나는 무엇을 위해 어디로 가고 있는가. 나의 심장은 나의 머리와 손발이 무엇을 해주기를 간절히 원하는지 귀 기울여 보자. 마음을 설레게 하는 것, 심장을 뛰게 하는 것, 손발을 뜨겁게 하는 것, 그 속에 나만의 공부동기가 은밀하게 숨겨져 있다. 그 소리를 듣는 것이 공부동기를 찾는 포인트다.

좋아하는 경제공부의 힘으로
서울시립대 경영학부에 합격한 **김경빈** ✏

나의 꿈이었던 경영학. 고등학교 때부터 경제수업을 가장 좋아했다. 비록 고등학교 경제수업은 수능에 필요한 얕은 지식만을 전달하고 암기 수준의 공부에 머물러 있었지만 경제수업은 늘 기다리던 시간이었다. 선생님께서 해주시던 기업과 시장에 대한 이야기는 언제나 흥미로웠기 때문이다. 실질적으로 경제 전반을 이끌어 나가는 것은 기업이며 그 역할의 중요성과 시장상황에 따라 유기체처럼 움직이는 기업에 대해 나는 좀 더 깊게 알고 싶었다. 더 나아가 경영자가 되고 싶다는 꿈을 품게 된 것이다.

고등학교 때의 교육은 넓지만 얕게 배우기 때문에 어쩌면 자신이 진짜 하고 싶은 분야에 대해 생각해 보지 못한 학생들이 대부분일 것이다. 나 또한 내신과목 공부에 치중하느라 그런 생각을 깊게 해보지 못했었다. 하지만 대학진학은 내 진로를 명확히 만들어 걸어가는 첫 걸음이기 때문에 이 문제에 대한 진지한 고민은 필수적일 것이라고 생각한다.

　공부는 분명 힘들다. 누군가는 "공부가 제일 쉬웠어요!" 라고 외치며 심지어 그런 제목을 가진 책도 냈다고 들었는데, 오랫동안 책상에 앉아 엉덩이 씨름을 하고 있기란 결코 쉬운 일이 아니다. 그것도 작은 글씨들이 빼곡히 새겨진 교과서들을 보면서 말이다. 한 시간이 채 안 되어 답답한 마음이 들고 끝이 정해지지 않은 씨름을 정신력으로 승부해야 하니, 더군다나 신체 활동이 왕성한 십대의 학생에게는 여간 버거운 일이 아닐 것이다. 그러나 학생의 본분으로서 해야 할 최선의 일이 공부인 것도 분명하다. 나는 이 깨달음을 좀 일찍 깨우쳤는데, 결론은 피할 수 없다는 것이다. 또한 다른 특기나 장기가 딱히 없었던 나로서는 더욱 그랬다.

　"당신은 공부를 억지로 하고 있는가? 공부가 하기 싫다면 대체할 수 있는 다른 재능을 가지고 있는가?"

　이 두 가지 질문은 기본적으로 중고등학교시절 나에게 공부를 하게 하는 동기부여가 되었다. 특별한 분야에 자신의 적성이 맞거나 재능을 가지고 있다면, 과감히 학업을 포기하고 그쪽으로 나아가도 상관이 없다. 하지만 대다수의 학생들은 자신이 좋아하는 것이 무엇인지 잘 모르거나 어느 것 하나 뛰어나게 할 수 있는 분야를 가지지 못한 나와 같은 지극히 평범한 학생들일 것이다.

　어차피 해야 하는 공부, 즐겁게 하는 것이 낫지 않을까? 그래서 나는 공부방법을 즐길 수 있는 즐거움으로 바꾸었다. 달달 외워야 하는 암기식 과목은 노래형식으로 외우거나 입에 착착 달라붙는 음을 붙여서 기억에 남도록 했고, 국사 같은 과목을 공부할 때는 친구들에게 선생님처럼 가르치면서 공부하기도 했다. 실제로 친구들은 쉬는 시간만 되면 나의 국사수업을 듣기 위해 모였다. 내가 말하고 싶은 것은 공부할 때의 즐거움을 스스로 찾으라는 것이다. 즐겁게 공부해야 동기부여도 훨씬 강해지고 이러한 태도가 바로 점수로 직결되기 때문이다.

지금도 좀처럼 오르지 않는 성적 때문에 고민하고 스트레스받는 많은 학생들이 잠 못 이루고 있을 것이다. 답답한 마음에 서점에 가서 내로라할 만한 대학을 간 일명 '공부의 신'들이 집필해 놓은 책을 펼쳐들며 그들의 공부방식을 따라해 보려고도 했을 것이다. 하지만 나는 과감히 말하고 싶다. '공부의 신'들이 적어 놓은 공부방식을 그저 따라 하려고만 한다면 아예 보지 않는 게 낫다고.

나는 고등학교 때 좀처럼 오르지 않는 점수가 고민이었다. 그러다가 공부의 신들이 집필한 책을 읽고 그들이 한 것처럼 똑같이 하면 성적이 오르지 않을까 하는 생각에 그 당시 공부비법 도서를 골라서 읽었다. 그러고서 따라 하기 시작했는데 결과부터 말하자면 참담한 실패였다. 점수 향상에도 빛을 발하지 못했을 뿐더러 주로 새벽에 공부하는 내 패턴과도 맞지 않아 몸은 늘 피곤했다. 남이 하는 공부방식을 똑같이 해서 성공한 사람들도 있을 것이다. 하지만 그들은 분명 똑같이 따라 했던 것이 아니라 '책에 나온 방법을 바탕으로 자신에게 맞는 공부방법'을 터득한 사람임이 틀림없을 것이다.

사람마다 자신에게 맞는 공부방식은 다르다. 자신이 생활하는 패턴이 다르고 좋아하는 과목이 다르고, 제공받는 수업의 질이나 각각의 과목별 공부방식이 다르기 때문에 누굴 따라 한다는 것 자체가 오류를 가져올 수밖에 없다. 실로 자신에게 잘 맞는 공부방식을 찾는 것은 어려운 일이다. 많은 공부방법을 직접 해보지 않고서는 잘 모르고, 또한 잘 되는 방식인데도 자신이 깨닫지 못하고 있는 학생들도 있을 것이다.

　그렇기 때문에 공부할 때 먼저 '자신에 대한 깊은 관심과 관찰'이 필요하다. 나는 중학교 때부터 과목별로 공부방식을 다르게 했다. 이는 각각의 과목에 따라서 가장 잘 되는 방식을 취했다는 이야기이다. 물론 어떤 사람은 한 가지 방식으로 전 과목을 똑같이 하는 사람도 있지만 나 같은 경우는 과목별로 분명하게 공부가 잘 되는 방식이 달랐다. 그것은 내가 내신성적에서 남보다 좀 더 나은 성적을 받을 수 있었던 나의 강점이기도 했다. 입으로 말하면서 공부하는 것이 더 잘 될 수도 있고, 돌아다니면서 외우는 것이 잘 될 수도 있다. 혹은 교과서를 중심으로 하는 친구가 있고 문제집의 문제를 먼저 푸는 방식이 잘 되는 사람도 있을 것이다.

　자신의 공부방법을 찾아야 한다. 찾을 수 없으면 만들어야 한다. 답답한 말일지도 모르나 열쇠를 가진 것도 자기 자신이라는 것을 빨리 깨달을수록 점수는 향상되게 되어 있다.

　나는 서울시립대에 내신점수로 1차 합격을 했고 2차 논술시험에 최종합격해 입학하게 되었다. 고등학교 1학년 때부터 내신관리를 잘해

왔던 터라 1차 합격까지는 비교적 수월한 편이었다. 물론 그 후에 치러지는 논술이나 면접은 자신의 역량을 발휘해야 한다. 그러나 서울에 있는 대부분의 명문 대학들이 정시가 아닌 수시로 학생을 뽑는 비중이 높은 편이기 때문에 내신관리가 필수적이라는 이야기를 꼭 해주고 싶다. 수시에서는 0.5점 차이로도 합격과 불합격이 갈리는 것이 바로 내신점수이기 때문이다.

　나는 내신점수를 따기 위해 학원을 다닌 적이 없다. 물론 학원에서 해주는 공부방식이 나와 맞지 않기도 했지만, 학원에 다닐 정도로 집안이 넉넉하지도 않았기 때문이었다. 언니와 동생까지 있는 환경에서 내 학원비까지 대는 것은 쉽지 않은 일이었다. 다행히 나는 혼자 스스로 공부했지만 항상 전교 1, 2등을 다투었다. 그래서 그런지 나는 학원이 꼭 도움이 된다고 생각하지 않는다. 실제로 학원을 다녀도 점수가 오르지 않는다면 학원은 그만두는 게 좋다. 중학교 때 친한 친구를 따라 학원을 한 달 다닌 적이 있는데 그 후로는 학원 근처에도 가지 않았다. 정말 나에게는 맞지 않았고 학원과 집을 왕복하는 그 시간조차도 나에겐 굉장히 버거운 신체적 스트레스로 다가왔기 때문이었다. 실제로 학원에서 공부했던 그때의 중간고사 성적은 그 전 시험에 비해 평균 2~3점 정도가 떨어졌었다. 참으로 안타까운 경험이었지만 그 덕분에 내가 스스로 공부할 수 있는 방안을 찾을 수 있었던 계기가 되었다.

　요즘 학생들은 '공부는 학원에서, 자습은 학교에서' 라는 이상한 생각이 머릿속에 잡혀 있는 듯하다. 그러나 그것은 절대 아니다. '학원을 못 다녀서, 과외를 못 받아서' 라는 것이 낮은 점수의 핑계거리로는 절대로 작용할 수 없다. 물론, 혼자서는 도저히 공부가 안 되고, 공부할 마음을 잡지 못하고 방황하는 학생들에게 학원은 분명 도움이 될 수 있다. 그러나 학원수업 두 시간 듣는다고 성적이 오를 거라 생각하면 큰 오산이다.

공부는 결국 자기 자신의 몫이다. '나는 왜 성적이 안 오르지? 나름대로 학원 다니면서 한다고 하는데 왜 점수는 제자리인 거지.' 라고 생각하는 학생이 있다면, 방과 후 하루에 한 시간만 매일매일 복습해 보라. 복습하다가 모르는 문제가 생기면 학교선생님께 여쭤 보고, 문제풀이는 시중의 다양한 문제집을 풀면 된다. 학원에 맹목적으로 매여 사는 학생들을 보면 안타깝다. 본인이 공부의 주인이 되어라.

고3이 되면 초조해지기 시작한다. 공부해야 할 양은 폭발적으로 늘어나는 것 같은데 시간은 요상하게 두 배로 빠르게 지나가는 것 같다. 수능에서 D-100이 되면 이는 점점 심해진다. 그래서 학생들은 초조한 마음에 최대한 많은 문제를 풀어보려고 이 문제집 저 문제집에 욕심을 갖기 시작한다. 하지만 이는 오히려 역효과를 불러온다. 이것도 풀어봐야 할 것 같고 저것도 풀어봐야 할 것 같고 막상 제대로 마스터한 문제집은 한 권도 없을 수 있기 때문이다.

하지만 수능을 코앞에 둔 학생들이 무엇을 해야 하는지 갈피를 못 잡고 있다면 서점에 가서 『EBS』문제집을 들어라. 『EBS』는 모든 수능생들의 기본 지침서와 같다. 국가에서 학생들을 위해 지원해 주는 문제집이기 때문에 수능과 방향성도 가장 비슷하다고 볼 수 있다. 특히나 수능이 코앞에 다가오는 10월 정도에는 『EBS 수능특강

FINAL』이 나오는데 이것은 거의 필수로 보아야 한다. 마지막 정리의 의미를 가질 수도 있고 그 해의 수능문제의 출제유형과 형식을 파악할 수도 있기 때문이다.

나 또한 대학에는 수시로 합격했지만 수능시험 외국어영역에서 『EBS』에서 내가 공부했던 지문과 거의 흡사하게 출제되어 효과를 보았었다. 가뜩이나 수능은 시간싸움이라고 할 정도로 시험시간 안에 문제를 푸는 것이 중요한데 두세 문제가 풀어보았던 문제로 출제된다면 매우 성공적이라고 할 수 있다. 나도 고등학교 1,2학년 때까지는 내 마음에 드는 문제집을 풀었지만 고3이 된 후에는 거의 모든 『EBS』문제집은 다 풀어보았던 것 같다. 『EBS』는 학기 초부터 시작해 방학기간, 『EBS 수능특강 FINAL』까지 기간별로 수능대비를 할 수 있고, 더 세부적으로는 파트별로 문제집도 나눠져 있어 효과적으로 활용할 수 있다. 이제 막 예비 고3이 되었거나 수능을 앞둔 학생들이 어떻게 공부해야 할지 모르겠다면 『EBS』의 문제집을 일 년 커리큘럼에 따라 공부를 진행해 나가는 것도 좋은 방법이 될 것이다.

중요한 것은 『EBS』문제집을 풀고 난 후 오답노트를 만드는 것이다. 오답노트를 만들다 보면 틀린 부분에 대해 자세히 짚고 넘어갈 수 있다. 이렇게 오답노트를 만들고 나면 수능 전 간단히 오답노트만 펼쳐서 마지막 정리를 할 수 있는 좋은 자료가 된다. 친구 중에 『EBS』사탐문제집 다섯 권을 풀며 오답노트를 만든 결과, 9월 모의고사에서 4등급이었던 사탐이, 두 달 만에 1등급으로 오르는 것을 본 적이 있다.

똑같이 공부를 해도 그 결과는 사람마다 엄청난 차이가 난다. 내가 남보다 좀 더 잘한 점이 있다면, 좋아하고 흥미가 있는 분야를 일찍 찾았다는 것이다. 나에게 있어 고등학교 1학년 때는 무엇에 관심이 있는지 대해 탐색하는 과정이었다면 2, 3학년 때는 경영학부에 가서 공부하고 싶다는 목표가 있었다. 목표를 가진 공부와 그렇지 않은 공부에는 분명 차이가 있다.

  아직도 아무 생각 없이 공부하는 기계처럼 책상 앞을 지키고 있다면 펜을 잠시 내려놓아라. 그리고 진지하게 생각해 보라. 내가 공부를 하는 목표가 무엇인지에 대해서. 대학에 왜 그렇게 가려고 하는지. 어떤 진로를 가고자 하는지. 목표가 분명해지면 자기가 가야 할 길이 보이고, 그 길을 가기 위해서 얻어야 할 학업의 정도와 위치도 분명해진다. 그러면 자연스럽게 자신이 가고자 하는 대학과 학과에 대한 '맞춤공부'를 할 수 있을 것이다.

기통찬 공부법 멘토링

입학사정관제에서는 꿈과 전공적성을 소수점 셋째 자리까지 평가한다. 왜냐하면 이것
은 인생의 내비게이션이기 때문이다.

나는 나에 대한 정보를 어느 정도 알고 있는가?

초등학교시절에 가장 크게 기억나는 사건을 상기해 보자.

중학교시절에 흥미 있었던 분야가 무엇인지 되돌아보자.

고등학교시절에 자랑하고 싶은 나만의 끼가 무엇인지 살펴보자.

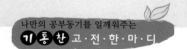

나만의 공부동기를 일깨워주는
기 통 찬 고·전·한·마·디

모든 사물은 선하며 그중에서도 이 세계가 가장 선하다고 말하는 사람들을 나는 좋아
하지 않는다. 나는 이러한 부류를 무엇에나 만족하는 사람들이라고 부른다. 모든 것을
음미할 줄 아는 완전한 만족, 그것은 최선의 입맛이 아니다. 나는 '나'와 '그렇다', '아
니다'를 말할 줄 아는 완고하고 까다로운 혀와 위를 존경한다.

니체 『짜라투스트라는 이렇게 말했다』

용의 꼬리가 되기보다
뱀의 머리가 되어라

　핸드폰을 사려고 '마음을 먹게 되면' 핸드폰이 달리 보이기 시작한다. 똑같은 핸드폰광고를 하나 보더라도 머릿속에서는 내 입장에서 자세하게 따져 계산하게 된다. 길을 걸을 때에도 핸드폰 가게 앞에서 발걸음을 멈추게 되고, 매장에 들어서면 마음에 드는 것에 손이 간다. '마음'도 먹으면 소화가 되어 에너지로 쓰인다.

　공부도 마찬가지다. 어떤 마음을 먹느냐에 따라 소화되어 나오는 에너지가 다르다. 독기毒氣를 먹으면 독기가 나온다. 양기良氣를 먹으면 양기가 나온다. 독기 품은 공부란 나의 적성을 해치는 공부다. 양기 품은 공부란 나의 소질을 살리는 공부다. 독기의 공부는 시간이 지날수록 자신의 에너지를 고갈시킨다. 양기의 공부는 시간이 지날수록 에너지가 충만해진다.

똑같이 주어진 에너지를 어떻게 사용할지는 전적으로 마음먹기에 달려 있다. 그래서 마음은 보이지 않는 성적이다. 두 눈을 부릅뜨고 나만의 잠재가능성을 찾아보자.

놀던 아이, 정보산업고 자존심 걸고
경희대 시각디자인과에 합격한 **허예린** 🖊

중학교 때부터 공부보다는 놀기 좋아하고 멋 부리기 좋아하던 말괄량이었다. 친구들과 몰려다니며 사고를 쳐 매번 부모님은 학교에 불려 오셔야 했고, 학교와 공부에 흥미를 붙이지 못한 나는 늘 학교 밖으로 맴돌았다. 친구들과 밤새 노는 것이 좋아 가출을 하고, 학교에 가기 싫어 결석을 하고, 늘 뭐든지 제멋대로인 말 그대로 불량학생이었다.

중학교 3학년이 되니 친구들은 외고니 특목고니, 하는 고등학교 시험을 준비하기 위해 애를 쓰고 있었다. 그런데 철없는 나는 그저 친하게 지내던 친구들과 헤어져야 한다는 사실만 서운해하며 고등학생이 되는 것 자체를 부담스러워했다. 부모님은 하나뿐인 딸이 남들처럼 인문계 고등학교에 진학해 공부도 하고 대학엘 가길 원하셨다. 하지만 나는 야간자율학습이 없고 좀 더 자유로운 실업계 고등학교에 입학하겠다며 부모님을 졸랐다. 부모님은 완강하셨고, 나는 내 의지를 관철시키기 위해 가출까지 불사했다. 나는 그랬다. 정말이지 학교란 곳에서 늦은 밤까지 야간자율학습을 하며 공부를 할 자신이 없었다. 사실 대학을 가기 위해 공부를 해야 하는 그런 고3 시절이 나에게는 없길 바랐는지도 모른다.

결국, 부모님은 나의 뜻에 따라 실업계 고등학교에 원서를 내주셨고, 나는 평촌정보산업고등학교 디지털 디자인과에 입학하게 되었다. 이렇게 진로를 선택한 것이 나의 인생에 커다란 터닝 포인트가 되었다는 것을 그때는 몰랐다.

학교생활은 재미있었다. 생각보다 실업계 중에서는 높은 내신을 자랑하는 학교라 나보다 내신이 훨씬 높은 아이들도 많았다. 새로운 친구들을 사귀고 학교생활에 적응하다 보니, 어느새 첫 중간고사 기간이 다가왔다.

고등학교에 가면서 나에게는 큰 변화가 있었다. 새로운 모든 환경들은 나에게 다시 시작할 수 있다는 느낌을 주었다. 마치 새로운 스케치북이 내 앞에 펼쳐져 있는 느낌이었다.

'지금부터 내가 잘 하면 이 스케치북에 멋진 그림이 탄생할 수도 있겠구나.'

새로운 설렘에 가슴이 두근거리기도 했다.

지난 중학교시절의 내 생활을 돌아보니 정작 나는 날 위해 무엇을 한 것이 없었다. 친구들은 학원에서 열심히 공부하고 있을 때 나는 신나게 내가 하고 싶은 일들만 찾아다니며 놀기에 바빴던 것이다.

첫 중간고사시험 기간이 일주일 앞으로 다가왔다. 첫 장 스케치북을 멋있게 장식하고 싶었다. 그리고 부모님께 보여주고 싶었다. 부모님의 기대를 저버리고 실업계에 왔지만 이곳에서 나도 무언가 할 수 있다는 것을 보여주겠다는 생각이 든 것이다.

'그래, 한번 열심히 공부해 보자!'

나는 수업시간에 필기한 노트들을 챙겨 들고 동네의 동사무소 공부방을 찾았다. 그런데 한 번도 제대로 공부를 해본 적이 없어 어떻게 공부를 시작해야 할지 난감했다. 그래서 무조건 노트에 필기한 내용을 외우기로 했다. 그리고 교과서를 읽고 또 읽었다. 그러다 보니 차츰 중요한 내용이 무엇인지, 겹치는 내용이 무엇인지 눈에 보이는 것이었다. 중요한 내용들을 내 노트에 옮겨 적으면서 적은 내용들을 다 외웠다.

첫 시험. 지금까지 보았던 시험들과 달리, 긴장이 되었다. 잘 봐야 한다는 부담이 생겼기 때문이다. 시험지를 받아들었는데 내가 공부했던 문장이 출제되었고, 답이 보였다. 나는 처음으로 시험 보는 내내 시험지를 손에서 놓지 않고 열심히 풀었다.

와우! 결과는 반에서 1등, 디지털 디자인과에서도 1등. 성적표를 받았는데 믿을 수 없는 일이 일어난 것이다. 중하위권이던 내가 1등이라니! 우리 과는 네 반으로 140명 정도가 한 과를 이루고 있다. 더구나 과에서도 1등이라니! 처음 받은 자랑스러운 성적표를 부모님께 보여드렸다. 부모님은 무척 놀라워하셨다.

이후 나는 자신감이 생겼다. 나도 하면 할 수 있다는 생각이 들었기 때문이다. 하지만 부담도 컸다. 갑자기 찾아온 나의 변화에 주위에서는 시선이 집중되었다. 같은 중학교를 나와 나의 과거를 아는 친구들은 술렁이기 시작했다.

'그래, 우연일 수도 있어. 그렇지만 다시 도전해 보자!'

한 번 일등을 해보니 조바심이 생겼다.

'성적이 떨어지면 어떡하나? 실기에서 성적이 깎이면 어쩌지?' 라는 고민과 부담으로 더 열심히 노력했다. 우선 수업시간에는 무조건 수업에 집중했다. 그때그때 이해하고 넘어간 것은 나중에 시험공부를 할 때 기억이 한번에 나서 좋았다. 공부를 하다 집중력이 흐트러지거나 산만해지면 무조건 필기를 했는데 이 방법이 내게는 기억력을 향상시켰다. 글씨를 예쁘게 쓰려고 하지도 않았다. 선생님의 설명이 어려울 때는 나만의 해석으로 풀어서 필기를 하기도 했다. 그날그날의 공부를 미루지 않고 수업내용을 따라갈 수 있었다.

내게 찾아온 변화는 성적뿐만이 아니었다. 중학교 때 선생님과 교무실이란 두 단어는 가장 무섭고 두려운 단어였었다. 사고를 쳤다든지, 잘못을 해서 혼날 때에만 가는 곳이었기 때문이다. 하지만 고등학교에 와서는 달라졌다. 선생님께 질문하고 함께 얘기하고, 이런 변화 속에서 선생님이란 말은 말 그대로 나에게 지식과 인생을 알려주는 선생님으로 다가왔던 것이다.

고등학교 2학년이 되면서 전공수업인 디자인수업을 듣게 되었다. 컴퓨터그래픽, 색채와 디자인, 디자인 일반 등 이름만 들어도 낯선 과목들이 시간표에 있었다. 사실, 어려서부터 디자이너가 되고 싶었지만 구체적으로 공부를 해본 적은 없어 생소한 과목들이었다. 전공과목들은 거의 실기 60% 필기 40% 정도의 비율이었다. 내가 주력해온 필기시험을 아무리 잘 본다 해도 실기점수가 나오지 않으면 소용이 없는 일이었다. 그래서 2학년 때부터는 미술학원을 다니기 시작했다. 디자인과 친구들은 이미 1학년 때부터 입시미술학원을 다니고 있었다.

미술학원생활은 생각보다 재미있었다. 잘 그리지는 못하지만 선생님과 친구들에게 배워가며 열심히 학원을 다녔다. 학교공부가 끝나면 바로 미술학원으로 달려가 여섯 시부터 열 시까지 네 시간 동안 입시미술인 발상과 표현을 준비했다. 물론 학교에서 하는 디자인 실기와는 달랐지만 도형감각과 구도, 색채감에 많은 도움이 되었다.

그렇게 미술실기도 함께 준비하며 고3 수험생이 되었다. 지금은 실업계 고등학교 학생들도 90% 이상이 대학에 진학하는 추세이다. 모두들 대학이라는 커다란 관문 앞에서 고민하고 걱정하고 있었다. 예전 같으면 대학 같은 건 생각도 못했겠지만 나는 4년제 대학엘 가고 싶었다. 디자인 분야의 일이 적성에 맞았고 앞으로 멋진 디자이너가 되고 싶다는 간절한 생각이 든 것이다.

그런데 나는 그동안 내신관리 외에는 준비한 것이 없었다. 수능이란 단어는 사실 생각해 본 적이 별로 없었다. 갑자기 두려워졌다. 내가 1차 2차 수시에 붙지 못하면 수능을 봐야 할 텐데. 난 준비가 전혀 되어 있지 않았던 것이다.

'그래, 무모한 도전일지 몰라도 나는 수시에 올인하겠다.'

위험한 결정이었지만 그 방법밖에 없었다. 고3이 되자마자 여러 학교의 수시전형을 찾아보기 시작했다. 매일 즐겨찾기를 해놓고 대학홈페이지에 들어갔다. 하지만 아무리 내신이 좋고 1등급이라 해도 실업계학교 학생이 갈 수 있는 대학의 폭은 넓지가 않았다. 성적우수자 전형이라고는 하지만 학교 측에서는 조금이라도 좋은 학교의 성적우수자를 뽑으려 할 것이다.

그래서 나는 전형별로 준비하기로 했다. 경기대학교에서는 디자인과에서 1차 수시로 한 명을 뽑았다. 인하대학교에서는 세 명, 경희대학교에는 13명이었다. 이 학교들은 모두 1차 수시로 '성적과 인적성 검사'를 보았다. 인적성검사는 일종의 시험이다. 정해진 시간 내에 150문제를 풀어야 한다. 한 문제당 주어진 시간은 불과 몇 초다. 순발력과 기초상식을 테스트하는 시험인데, 그 속에는 언어영역 수리영역 문제 등 각종 문제들이 섞여 있다.

우선 인적성 공부부터 해야 했다. 방과 후, 미술학원에서 그림을 그리고 집에 오면 다시 인적성공부를 했다. 사실 1차 수시에 떨어지면 미술실기로 대학을 가야 하기에 미술과 인적성, 그리고 학교 내신까지 어느 것도 손을 놓을 수 없는 상황이었다. 고3 시절은 나에게 대학에 꼭 가야 한다는 조바심과 어떤 하나의 전형만을 준비해도 안 된다는 불안함에 두려운 시기였다.

드디어 대학들은 1차 수시모집을 시작했다. 나는 1차 수시에 인하대, 경기대, 경희대에 지원했다.

"예린아, 축하한다! 경희대 합격이야!"

믿을 수 없는 순간이었다. 내 이십 년 인생에 이리도 행복한 날이 있었던가! 그래 내가 삼 년 동안 꿈꿔온 일이 일어난 것이다. 내가 원하던 대학에 수시로 입학이 확정된 것이었다.

선생님은 직접 합격통지서를 뽑아주셨다. 내 두 눈으로 합격을 확인하는 순간, 비로소 마음이 놓였다. 지난 삼 년간의 고등학교생활이 생각났다. 내 인생의 가장 큰 행운이자 변화가 있었다면 그것은 평촌정보산업 고등학교에 입학한 것이었다. 그곳에서 선물 받은 새하얀 스케치북에 내가 삼 년 동안 그린 그림은 경희대학교 시각디자인과 입학이라는 큰 선물이 되어 나에게 돌아왔다. 이것은 나에게 일어난 작은 기적과도 같았다. 나를 쭉 지켜봐온 사람들은 말한다.

"네가 경희대에 간 것은 정말 기적이야!"

그렇다. 누구에게나 인생에 크든 작든 기적이 일어난다.

나는 운이 좋은 케이스라고 말할 수도 있겠다. 실업계학교에 간다고 해서 좋은 대학에 갈 수 있는 것은 아니다. 하지만 실업계학교에 갔다고 해서 모두 꿈을 접어야 하는 것 또한 아니다. 어느 곳에 있든지 그것은 중요하지 않다. 자신의 목표와 꿈, 그리고 의지가 있다면 누구든 원하는 것을 얻어낼 수 있을 것이다.

지금에 와서 부모님은 '그때, 네가 실업계에 간 것은 잘한 거 같다.'라고 말해 주셨다. 물론 내가 철저한 계획을 바탕으로 그곳을 선택한 것은 아니지만 내 자신을 위해 열심히 노력했고 그 결과 나의 선택을 인정받은 것만 같아서 너무 기쁘다.

이룰 수 없는 꿈은 없다. 어느 위치에 있더라도 자기 자신이 하기에 달렸다. 아무리 힘들어도 다시 못 올 인생의 한 순간일 뿐이다.

기통찬 공부법 멘토링

입학사정관제에서는 풍부한 스토리텔링을 원한다. 평범한 사람보다는 우여곡절이 많은 사람이 리더로 성장할 가능성이 더 크기 때문이다.

내가 살면서 가장 힘들었던 일은 무엇인가?

내가 살면서 가장 후회스러운 일은 무엇인가?

터닝 포인트는 어떤 상황에서 어떻게 찾아지는가?

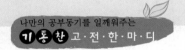

나만의 공부동기를 일깨워주는
기·통·찬 고·전·한·마·디

"땅에 넘어진 사람은 땅을 짚고 일어선다."라는 말이 있다. 땅이 있기 때문에 넘어졌지만 다시 일어나기 위해서도 땅에 의존하지 않을 수 없다는 말이다. 그와 마찬가지로 내 마음 안에 있는 '얼'을 몰라서 끝없는 번뇌를 일으키는 이는 보통사람이고, 그 '얼'을 알아 갈고 닦아서 한없는 지혜와 능력을 드러내는 이는 깨달은 사람이다. 대인과 소인은 이 '얼'을 알고 모르는 데에서 갈리는 것이므로 모든 공부의 출발점은 바로 이것이다.

지눌 『정혜결사문』

이유 있는 선택은
배반하지 않는다

여러분은 프러포즈를 하고 싶은가, 받고 싶은가? 프러포즈를 하든 받든 알콩달콩 잘살면 그만이지 무슨 상관이냐고 되물을지 모른다. 그러나 이것은 대단히 중요한 일이다. 프러포즈는 자기주도적인 선택을 의미하기 때문이다. 자기주도적인 선택은 책임감으로 이어지며 더 나아가 열정으로까지 연결된다.

공부도 사랑과 마찬가지다. 내 마음이 동요해서, 내가 좋아하는 것을 성취하기 위해서 스스로 선택한 공부는 열정을 가지고 책임을 다할 가능성이 크다. 공부를 하다 보면 흔들릴 때가 많다. 그때 마음을 잡아주는 것이 이것이다. 힘들 때 포기하고 싶은 상황에서 초심으로 돌아가게 하는 힘도 이것이다.

공부도 사랑도 일도 '프러포즈를 하자.' 행복은 받는 데보다 주는 데에 더 많이 들어 있기 때문이다.

한비야의 『중국 견문록』을 읽고 무작정 중국행

북경대 합격한 **이소림** ✎

전쟁 같았던 입시시절의 마침표를 찍고 어느덧 일 년이라는 시간이 훌쩍 지나가 버렸습니다. 대부분의 이들이 지난 힘들었던 나날들을 되새김질할 때면 의례히 그렇듯, 저 또한 지금에 와서 지난 수험생시절을 돌이켜보니 '그래도 할 만 했다.' 라는 생각이 많이 드는 건 어쩔 수 없나 봅니다.

중국 이우義烏를 시발점으로 유학생활을 시작했습니다. 한국과 달리 중국은 9월에 1학기가 시작되어 한국에서 중학교 2학년 1학기를 마치고 온 저로서는 6개월을 손해(?) 보며 2학년 과정을 다시 배워야 했습니다.

중국에 오기 전 학교에서 배운 수많은 중국어 단어 중 기억나는 것은 '니 하오 마', '이 얼 싼 쓰' 밖에 없었습니다. 심지어 '부 쯔 따오 (모른다는 뜻의 중국어)' 라는 말도 모르고 무작정 중국학교에 입학했습니다. 현지에서 크고 작은 난관에 부딪히고 나서야 '한국에서 중국어 학원이라도 다니다가 올걸.' 하는 아쉬움이 들었습니다.

저는 평소 존경하던 한비야 선생님이 쓰신 『중국 견문록』을 읽고 북경대학교, 청화대학교 학생들의 숨이 막히는 경쟁에 엄청난 자극을 느껴 무작정 부모님께 중국에 가자고 졸라댔습니다. 제 선택에 저희 가족은 힘들게 결정을 내리고 멀다면 멀다고 할 수 있는 이국타향 중국으로 온 것입니다. 무작정 제 결정에 따라 중국에 온 것이라 어린 저는 참으로 무거운 책임감과 사명감을 느껴야 했습니다. 하지만 이 계기로 이후 자신의 선택에는 책임을 지는 좋은 습관이 되었습니다.

중국학교에서의 생활은 즐겁기도 하고 고달프기도 했습니다. 하지만 너무나도 명확한 저의 목표 덕분에 시행착오를 경험하지 않고 오로지 공부에만 매진할 수 있었습니다. 다행스러웠던 것은 엄한 담임선생님 밑에서 죽어라고 공부만 하는 반 친구들을 만나 나도 덩달아 정말 열심히 공부에만 열중할 수 있었다는 것입니다.

중국 기숙사생활에서의 추억들도 새록새록 떠오릅니다.

당시 우리는 새벽 다섯 시에 기상을 하고 저녁 아홉 시 삼십 분에 취침을 하는 그야말로 새 나라의 어린이식생활을 해야 했습니다. 우선 기상시간부터 파헤쳐 보자면, 다섯 시에 기상 벨이 울립니다. 그러나 문제는 십 분 후에 집합 벨이 울린다는 점입니다. 만약에 지각을 하게 되면 그 반은 벌점이 주어져 반에 큰 불이익을 안겨다주기 때문에 지각한 학생은 호되게 혼이 납니다. 점심 휴식시간도 예외는 아닙니다. 그 시간도 결코 편안하게 휴식할 수가 없습니다. 왜냐하면 오전 수업을 마치고 나면 선생님들이 엄청난 양의 숙제를 안겨주기 때문입니다. 특히 시간을 많이 소비하는 수학숙제라도 있는 날에는 수업 후 십 분도 쉬지 못하고 숙제를 하는데 온 정신을 쏟아야 합니다. 그렇게 점심시간을 보내고 나면 또 오후수업이 시작됩니다. 오전수업과 마찬가지로 오후수업도 만만치 않은 양의 숙제를 떠안겨줍니다. 점심시간을 아껴가며 숙제했던 친구들은 그나마 괜찮지만, 피곤에

찌들어 숙제를 미루어 두었던 친구들은 정신을 잃을 지경이 됩니다. 왜냐하면 숙제는 당일 저녁 여섯 시에 각 과목의 과대표들이 일제히 걷기 때문입니다. 그러고 나면 저녁 자습시간이 아홉 시까지 주어집니다. 저녁 자습시간은 하루에 딱 세 시간. 숙제를 다 못 끝낸 아이들은 그나마 자유 공부시간도 없어지는 것이죠. 그렇게 아홉 시까지 학교에서 자습을 하고는 또 서둘러 기숙사로 돌아가야 합니다. 기숙사 소등시간이 아홉시 삼십 분이라 삼십 분 만에 조급증 환자처럼 바삐 걷고, 바삐 씻고, 바삐 하루를 정리해야 합니다. 그렇게 아홉 시 삼십 분이 되면 기숙사의 불은 일제히 꺼집니다.

이때부터 세 시간의 자습시간이 턱없이 부족한 저와 친구들은 마치 전쟁에 나간 병사가 적군에게 들킬 새라 조심스레 총을 겨누는 것처럼 손전등을 책에 겨누고 이불 속에 엎드려서 공부를 시작합니다. 하지만 깜박하고 철통 방어를 하지 않아 빛이라도 새어나가는 날에는 야속하게도 사감선생님께 발견되어 혼쭐이 나기도 합니다. 그래서 어떨 때는 유일하게 소등이 되지 않는 화장실에서 지독한 냄새를 견디며 공부합니다. 그렇게 힘들게 공부하며 고등학교생활을 마쳤습니다. 이렇게 자세하게 에피소드를 늘어놓은 건 여러분들은 그래도 마음껏 공부할 수 있는 환경이라는 것입니다. 편안한 환경에서 마음껏 공부하기 바랍니다.

고등학교 1학년 2학기가 끝날 무렵 북경대학교를 직접 찾아가 북경대학교가 자체 출판한 입시서적을 구입해 2학년 1학기 때부터 개황, 역사과목(2009학년도부터 없어짐.)을 혼자 공부하기 시작했습니다. 지리, 역사 선생님들께는 미리 양해를 구하고 수업 중에도 홀로 개황과 역사를 공부했습니다. 그러나 그렇게 공부하는 것도 두어 달. 슬슬 방향이 잡히지 않고 지겹기 시작했습니다. 결국 공부방향이 잡히지 않는 개황과 역사과목으로 인해 북경에 있는 한인 학원에 다니기로 결정했습니다. 그곳에서 저는 북경대 시험의 마지막 정리를 했습니다.

하지만 지금에 와서 돌이켜보니, 학원수업으로 얻은 것은 반도 채 되지 않았던 것 같습니다. 중국인 현지학교에서 중간 정도 따라갈 수 있는 수준이면, 저의 경험으로 미루어 보아, 학원은 그다지 필수적인 요소가 아닌 듯 싶습니다.

4월 중순 무렵 북경대학교 외국인전형 입학시험을 치렀습니다. 제가 참가했던 시험은 예상외로 무난한 난이도여서 응용에 약하고 기초에 강했던 저는 500점 만점에 405.5점이라는 괜찮은 점수로 1지망이었던 국제관계학원에 무리 없이 입학할 수 있었습니다.

기통찬 공부법 멘토링

입학사정관제에서는 지원학교, 지원학과의 지원동기를 중요시한다. 첫출발이 좋아야
과정과 결과가 좋기 때문이다.

지원학교를 선택하는 기준은 무엇인가?

지원학과를 선택하는 기준은 무엇인가?

좋은 학교의 기준은 무엇인가?

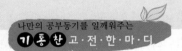

나만의 공부동기를 일깨워주는
기통찬 고·전·한·마·디

그대들은 지금 몇 살이고, 배움은 이제 어느 정도인가? 서녘 산의 해가 지금 거의 지
려고 하는구나. 옛날 사람들은 책 상자를 지고 천릿길을 마다하지 않고 찾아 배우려
애썼는데 하물며 스승이 있어서 쉽게 물을 수 있음에랴! 글을 곰곰히 읽지 않으면 아
무리 생각을 해도 얻는 게 없고, 생각이 지극하지 못하면 이치를 드러낼 길이 없으며,
부지런히 글을 짓지 않으면 붓이 무뎌지고, 붓이 무뎌지면 아무리 좋은 생각이 있어도
표현하지 못한다. 천 길이나 되는 단단한 바위를 뚫으면 좋은 옥이 반드시 나올 것이
고, 만 길이나 되는 깊은 못을 파면 맑은 샘이 기필코 펑펑 솟아날 것이다. 게을러서는
이루어지는 일이 없을 것이니 힘쓰고 또 힘쓸지니라.

이황 『이황선집』

격렬한 충격에서
터닝 포인트를 찾아라

어린이는 '얼' 이 아직 이르다(얼 이른)해서 붙여진 이름이고, 어른은 '얼' 이 든(꽉 찬)상태를, 그리고 어르신은 '얼' 이 신의 경지에 다다랐다는 의미라 한다. 그런가 하면 '얼' 이 담긴 동 '굴' 을 얼굴이라고 하고, 어리석다는 말은 '얼' 이 썩었다는 의미를 담고 있다. 이처럼 우리 말에서 '얼' 은 사람의 정수精髓를 표현하는 최고의 언어이다.

초 · 중 · 고학생들은 '얼' 을 기준으로 보면 아직 '어린이' 다. 따라서 '어른' 이 되기 전까지는 부모님과 함께 산다. 함께 산다는 것은 단순히 의 · 식 · 주의 문제 해결만을 뜻하지 않는다. '얼' 이 성숙하도록 '얼차려(잔소리)' 도 함께 준다. '얼차려' 는 원래 군대에서 정신 줄을 가다듬게 하기 위한 목적으로 강도 높은 훈련을 시키는 행위를 말한다. 즉, 육체적 고통이라는 자극을 통해서 '얼' 을 '바로 세우도록' 도와준다는 의미이다.

이런 의미에서 공부동기 찾기의 핵심은 얼차려를 잘 받는 데 있다. 얼차려를 주는 대상은 늘 주변에 널려 있다. 부모님이나 교사일 수도 있고, 선배나 동료들일 수도 있으며, 어떤 사건이나 책일 수도 있다. 다만 얼차려에 예민하게 반응하는 사람과 그렇지 않은 사람과의 차이가 공부동기를 찾는 성패의 포인트다.

"물이 흐르는 방향으로 떠내려가는 것은 죽은 물고기뿐이다." 명언이다. 이은혁 학생은 타이밍을 잘 잡았다. 누구나 후회는 하지만 그것을 기회로 삼는 것은 쉽지 않기 때문이다. 잔소리 속에 기회는 숨어 있다

상산고 동기 졸업식에서 정신 차려
서울대 생물교육과에 합격한 **이은혁** ✏

남부터미널 부근의 독서실 앞, 터미널을 빠져 나가는 버스들과 내 좌우로 달리는 차들을 보며 난 거의 텅 빈 머리에서 습관적인 생각들을 하고 있었다.

'유학을 어떻게 가볼 방법이 없을까? 재수를 해야 하나? 그냥 아무 대학이나 가서 대학원을 잘 가볼까?'

내 인생은 항상 이런 식으로 흘러왔다. 치열함도 없고 강한 의지나 무언가를 얻어내려는 의욕도 부족했다. 또한, 미래에 대한 터무니없

는 자신감은 나에게 있어 독毒이었다.

그 당시, 나는 고려대 수시를 준비하며 마지막 무모한 희망을 가진 채 알 수 없는 회의감과 후회로 하루하루를 보내고 있었다. 물론 나는 그해, 대학 입학식에 설 수 없었다.

나는 중학교시절 공부를 꽤 잘해 자립형 사립고인 상산고등학교에 입학했다. 그런데 고등학교 첫 시험에서 전교 360명 중에서 330등이라니! 내가 그동안 그렇게 자신 있었던 공부에서 패배한 느낌이었고, 각 지방에서 모인 나보다 우수한 아이들이 넘을 수 없는 벽처럼 느껴졌다. 점점 공부는 내 관심사에서 멀어져갔고, 밴드활동이나 친구들을 만나는 일에 더 열심을 내게 되었다.

결국, 고등학교 2학년 여름방학을 마치고 나는 학교를 자퇴했다. 자퇴 후, 학원에서 공부를 하면서도 내 모습은 전혀 변한 것이 없었다. 성적은 그대로였고, 지금 회상해 보면 정말 한심한 수험생이었다. 당시 하숙집에서 살았던 나는 주변 PC방에서 하루 네 시간 이상씩 게임을 했다. 학원에서 보는 모의고사는 거의 대부분 핑계를 대고 빼먹었다. 그때는 인식하지 못했지만 자신의 현재상황이 드러나 버릴까 봐 두려웠던 것 같다.

불성실한 수험공부의 결과로 입시는 당연히 실패였다. 대입수학능력시험에서 수리는 3등급, 외국어와 과학탐구는 모두 4등급을 넘기지 못했다. 더 이상 미룰 수도 도망칠 수도 없었던 수학능력시험에서 드러난 내 실력은 내가 생각했던 것 이상으로 참담했다. 수능을 망치고 나니 갑자기 현실이 보였다. 마지막 희망이었던 모든 수시에서도 떨어졌고, 서울권에 내가 지원할 수 있는 대학은 거의 없었다.

그렇게 몇 개월을 힘들게 보내던 때, 나는 자퇴를 했던 상산고등학교에 친구들 졸업식을 구경하러 갔다. 이미 원하는 대학에 합격해 기대에 부푼 마음으로 환하게 웃으며 졸업사진을 찍는 친구들의 모습들. 갑자기 가슴 싸한 통증과 함께 격한 자극이 나를 흔들어 깨웠다. 책에서 읽었던 한 구절이 떠올랐다.

"물이 흐르는 방향으로 떠내려가는 것은 죽은 물고기뿐이다."

어찌 보면 지금의 내가 있을 수 있게 도와준 글귀였다. 나는 항상 흐르는 물에 떠내려가는 죽은 물고기처럼 의욕 없이 살아왔었다. 그때까지 나는 단 한 번도 무언가를 이루기 위해 열정적이었던 순간이 없었던 것이다. 그 순간, 한 번 내가 할 수 있는 모든 노력을 해보자는 생각이 들면서 재수를 결심하게 되었다.

재수학원 선행반으로 들어갔다. 아침 일곱 시에 학원에 도착하면 식사 시간 외에는 밤 열 시까지 학원에서 공부했다. 화장실 가는 시간도 아까웠고, 문구점 가는 시간도 아까워서 뛰어다녔다. 몸이 아파 병원을 가야 하는 상황에는 병원까지 달려갔으며, 진료를 기다리는 시간에도 정리한 노트를 읽으며 시간을 아꼈다. 일 년 전만 해도 병원은 수업이나 모의고사를 빼먹기 위한 곳이었는데 깜짝 놀랄 변화였다. 학원이 끝난 열 시 이후에는 곧장 독서실로 갔다. 혹 친구들과 같이 귀가하면 운동을 하거나 얘기를 하면서 시간을 허비할 것 같아 항상 학원을 나올 때는 혼자 나오려 애썼다.

하지만 이렇게 내가 할 수 있는 최대한의 노력을 기울였지만 성적은 좀체 오르지 않았다. 그래서 공부방법을 좀 더 효율적으로 개선해야겠다는 생각이 들었다. 새벽 다섯 시에 일어나 학원 앞 편의점에서 김밥을 사서 다섯 시 삼십 분까지는 학원에 도착했다. 화장실 가는 시간을 제외하고는 자리에서 일어나지 않았으며, 수업시간에 졸지 않도록 젖은 물수건을 책상 옆에 걸어두고 공부했다. 그래도 졸릴 때는 종이컵 물에 휴지를 적셔 조금씩 찢어서 귓바퀴를 물로 적시며 잠을 쫓았다.

공부를 하면서도 항상 이 방법이 가장 효율적인지 고민하며, 필기를 깔끔하게 한다거나 밑줄을 똑바로 그어야 하는 비효율적인 습관들을 고쳐 나갔다. 드디어 지겹게도 안 오르던 성적이 6월 평가원 때 갑자기 쑥 오르는 것이었다. 재수 초기, 반에서 23등이던 성적은 3등까지 올랐고, 학원 빌보드에 내 이름이 오르기 시작했다. 언어와 수리, 외국어는 모두 1등급이었고, 과학탐구는 한 과목이 1등급, 나머지는 2등급이었다. 성적이 오르기 시작하자 자신감이 붙었다. 나도 내가 부러워했던 그들처럼 성공할 수 있을 것이라는 생각이 들었다.

그동안의 무리한 공부패턴으로 체력이 많이 떨어졌다. 그래서 자는 시간을 여섯 시간으로 늘리고, 스스로 의욕이나 쌓아온 노력이 무너지지 않도록 노력했다. 결국 마지막 모의고사에서 나는 전국 160등이라는 좋은 성적을 받을 수 있었다.

수학능력시험을 보던 날, 수험장에서 후배들의 응원을 받으며 들어가는 고3 학생들과 달리 재수생이었던 나는 어머니와 가벼운 인사만 나눈 뒤 학교로 들어섰다. 지나온 시간들이 스쳐가며 뭔가 울컥하면서도 동시에 초연해졌다. 이제는 일 년 전과 같이 운이나 요행을 바라는 것이 아니었다. 대신 시험 전에 보려고 준비해 온 것들을 펼쳐

보며 마음을 다잡았다.

수능 시작 전에 미리 준비해 간 언어지문 한 부분을 분석하며 읽었다. 언어시험에서는 감이 아닌 최대한의 논리를 통해 풀기 위한 준비였다. 수리는 그동안 내가 자주 실수했던 부분을 훑어보며 실수하지 않기 위해 스스로를 긴장시켰고, 외국어는 성문종합에서 찢어간 한 페이지의 긴 지문을 보며 영어지문을 만나도 적응시간 없이 문제를 풀 수 있도록 했다. 과학탐구는 평소 자주 실수한 부분들을 정리해 간 것을 쭉 읽어 내려가며 실수하지 않겠다고 다짐했다.

수능시험 결과, 평소보다 수리와 외국어에서 실수를 많이 했지만 서울대 1차에는 합격할 성적이 나왔다. 등급제였기 때문에 서울대가 수능이 변별력이 없음을 알고 1차에서 이과의 경우, 정원의 3배수를 뽑았기 때문이다. 그러나 그해 비교과 성적산출 방식이 바뀌었다는 소식을 접했고 나는 자퇴생이었기 때문에 수업시간 수가 부족해 상당한 점수가 감점이 되었다. 이로 인해 나는 논술로 뒤집어야 한다는 일념으로 치열하게 논술을 준비했다. 수능이 끝나서 자칫 풀어질 수도 있었지만, 내게는 일 년 남짓의 힘겨운 싸움이 결실을 맺을 수 있는 마지막 기회였기 때문에 여유가 없었다. 조금이라도 의문이 생기는 것은 질문을 했으며, 남들과의 다른 답안, 다른 방식으로 생각하려고 애를 썼다.

재수라는 긴 수양의 시간은 내 인생의 전환점이었다. 나는 누구보다 치열했다고 자신할 수 있고, 그때의 기억은 지금도 너무나 자랑스럽다. 지금 나는 이 글을 서울대학교 기숙사 휴게실에서 쓰고 있다. 눈덮인 관악산은 그토록 가고 싶어 했던 곳이었기에 이 년을 보냈지만 지금도 너무나 아름답게 느껴진다.

내 경험을 통해 한 치의 과장도 없이 나는 말할 수 있다. 모든 사람들은 변할 수 있다. 그리고 모든 사람들은 그들이 꿈꾸는 것을 이룰 가능성이 있다. "꿈을 이루는 힘은 이성이 아닌 희망이며, 머리가 아닌 가슴이다."라는 도스토예프스키의 말을 마음에 새기자.

지금 내 수기를 읽는 누군가가 '나도 혹시 할 수 있지 않을까?' 라는 생각이 들었다면 이에 대해 결코 의심하지 않기를 바란다. 내가 예전에 합격수기를 읽으며 나도 나중에 대학에 들어가 다른 사람들에게 희망이 되는 글을 쓰고 싶다고 다짐했던 것과 같이, 당신 역시 몇 년 뒤 예전의 기억을 차근차근 회상하며 벅차오르는 감정으로 활자를 치고 있을 것이다.

지금 상황이 좋지 못하다고 낙담하지 말기를 진심으로 바란다. 죽은 듯 보이던 겨울나무에서 꽃눈을 비집고 잎과 꽃이 새로 나게 될 무렵의 봄, 당신 역시 그토록 원하던 대학 입학식에 벅찬 가슴으로 서 있게 될 것이라 믿는다.

기통찬 공부법 멘토링

입학사정관제에서는 학생 개개인들의 공부동기를 세밀하게 관찰한다. 그 속에서 발전 가능성 정도를 가늠해 볼 수 있기 때문이다.

나는 공부동기를 어디에서 찾는가?

나의 공부 경쟁상대는 누구인가?

"물이 흐르는 방향으로 떠내려가는 것은 죽은 물고기뿐이다." 이 말이 주는 의미를 나의 공부동기와 관련지어 생각해 보자.

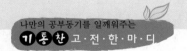

나만의 공부동기를 일깨워주는
기 통 찬 고·전·한·마·디

"태어나면서부터 공부의 필요성을 알아 스스로 공부하는 사람은 최상이고, 배워서 그 것을 알고 행하는 사람은 그 다음이며, 늦었지만 자신의 부족함을 채우려 공부하는 사 람은 그 다음다음이다. 그러나 주위에서 보기에 그 부족함이 심해 답답한데도 배우려 하지 않은 사람은 최하위의 사람들조차도 그를 무시한다."

공자 「논어」

◉ 입학사정관제형 기통찬 공부법 멘토링

한눈으로 보는 나의 인생 그래프 👀

하고 싶은 것, 가고 싶은 곳, 성취하고 싶은 것, 되고 싶은 모습, 만나고 싶은 사람, 배우고 싶은 것 등 자기평생의 꿈의 목록을 한눈에 들어오도록 작성해 보자.

	15세	16세	17세	18세	19세

	20세	21세	22세	23세	24세

25세	30세	35세	40세	45세	

50세	55세	60세	65세	70세	

75세	80세	85세	90세	95세	

나만의 기통찬
공부방법 개발하기

⊙ 입학사정관제형 기통찬 공부법 멘토링
나만의 공부계획 노트, 공부방법 노트

입학사정관제는 수동적인 교육구조의 틀을 깨고 자율적이고 능동적인 교육문화를 만들어가려는 선진교육모형이다. 그동안 우리 교육은 양적 팽창 면에서는 성장했을지 모르지만 질적인 면에서는 퇴보라는 지적이 많다. 가장 큰 이유는 소모적인 입시경쟁 구조이다. 이것은 개인과 사회 모두에게 시간과 돈 그리고 에너지를 낭비하게 한다. 입시만을 위한 공부는 자기역량을 키울 기회를 빼앗아가기 때문이다. 입학사정관제의 도입배경에는 이 문제를 극복하고자 하는 의지가 깃들어 있다. 이 제도에서는 '인성'과 '창의성' 그리고 '전공 적합성' 등 자기주도적인 공부역량을 평가하기 때문이다. 결국 입학사정관제는 시대가 요구하는 실용인재를 길러내기 위한 방안이라 할 수 있다. 따라서 입학사정관제에 적합한 '나' 중심의 공부동기가 있듯이 공부의 방법 또한 자기주도적으로 접근할 필요가 있다.

　기존의 수능식 평가제도에서는 기계적이고 반복적인 '공부의 달인'이 인정받았다. 문제은행 형식의 수능체제 교육은 유형화가 가능하기 때문이다. 그러나 입학사정관제에서는 유형화가 통하지 않는다. 공부의 동기가 저마다 다르듯이 공부의 방법도 각기 달라야 하기 때문이다. 입학사정관제에서는 내 꿈을 성취하기 위해 공부방법을 다양하게 시도해 보는 것, 그 자체를 높이 평가한다. 즉, 수능에서는 실패를 인정하지 않지만 입학사정관제는 실패도 평가의 대상이 된다는 것이다. 또한 기존교육은 '머리'의 능력만 평가의 대상이었다면 새 제도는 '가슴'과 '머리'와 '몸'의 균형과 조화를 평가한다는 것도 잊어서는 안 될 것이다.

이러한 관점에서 볼 때 자기주도적인 공부방법이란 독학을 의미하는 것이 아니다. 이해와 암기의 차원을 넘어서서 그 지식에 대해서 '왜 그런가'를 묻고 '지식을 자기실현에 어떻게 창조적으로 적용할까'에까지 인식의 범위를 확장하는 창의적 실용공부법을 말한다. 이렇게 볼 때 혼자 하는 공부방법은 도리어 위험하다. 창의성은 소통과 교감에서 형성되기 때문이다. 따라서 바람직한 공부방법은 나의 꿈을 중심에 두고 그 꿈을 이루기 위한 새로운 길을 스스로 개척해 나가는 것이다. 이렇게 할 때 선택과 집중 그리고 일관성과 지속성을 유지해 공부의 효율성을 높일 수 있을 것이다. 즉, 내신과 수능과 논술 그리고 창의적 체험활동을 별개로 공부하지 않고 이들을 주도적으로 이끌어갈 수 있다는 말이다.

아래의 글들은 학생들 개개인들이 처한 환경과 처지에 맞게 스스로 걸어온 공부방법들이 소개되어 있다. 글을 읽고 그들의 방법을 모방하려 들지 말고 어떤 공부동기에서 어떠한 공부방법들이 다양하게 나올 수 있는지 다각도로 모색하는 데 심혈을 기울여 보자. 이들의 생각과 함께 여행하면서 나만의 독창적인 공부방법을 개발해 보자.

입학사정관제형
공부방법의
정석

우리나라 학부모님들이나 수험생들의 불만 가운데 하나는 잦은 입시제도의 변화다. 적응할 만하면 바뀌고, 정권이 바뀌면 또 바뀐다. 그러다 보니 정부에서 새로운 정책을 발표해도 믿지 않는다. 언제 바뀔지 모르기 때문이다. 그러나 교육주체들은 잘 생각해 봐야 할 것이 있다. 왜 제도를 자주 바꾸려 할까?

입학사정관제는 앞으로 나아가야 할 진화된 입시제도인 것만은 틀림없다. 그러나 교육주체들은 신뢰성과 공정성을 들어 아직은 시기상조라고 말한다. 여기서 교육주체들은 두 가지를 고민해 봐야 한다. 첫째는 현행 입시제도가 우리 아이 장래에 얼마나 도움이 되는가? 아니라면 입학사정관제보다 더 나은 새로운 방안이 있는가? 이다.

제도개혁은 늘 말썽이 뒤따르기 마련이다. 당사자 사이의 이해차가 있기 때문이다. 그러나 우리가 최우선으로 고려해야 할 문제는 학생들이 행복한 공부를 하도록 도와야 한다는 것이다. 입학사정관제가 학생들이 행복한 제도라고 판단이 되면 신뢰성과 공정성 문제는 사회구성원들이 지혜를 모아 합의해 나아가야 할 문제다. 기성세대들의 이해문제로 아이들의 행복추구권을 박탈할 권리는 없다고 판단되기 때문이다.

발 빠른 입시준비로 17세에
카이스트와 연세대 동시 합격한 **이민우** ✏

초등학교 때부터 나는 과학자가 되는 것이 꿈이었다. 5학년 때 담임선생님 또한 나에게 과학자가 되었으면 좋겠다고 하셨다. 중학교시절 내 꿈은 보다 구체화되어 과학고등학교 입시를 준비하는 계기가 되었다. 내신관리와 여섯 개의 올림피아드입상 실적을 바탕으로 경기과학고등학교에 입학하면서 나는 대학입시라는 또 다른 관문을 향해 나아가기 시작했다.

현재 대학입시의 추세는 수능 등 평가위주의 선발에서 '개인의 역량과 특성을 잘 개발했는지'를 평가하는 선발로 넘어가고 있다. 즉, 공인된 성적 외에도 '자신의 꿈에 맞는 활동을 하는 것'이 큰 변수로 작용한다는 것이다. 이에 나는 고등학교에 입학해 교육부 주관 R&E(Research and Education) 활동을 했다. 선생님 한 분과 함께

2~4명의 학생이 연구활동을 하며, 실질적인 과학 연구는 어떻게 하고, 논문은 어떻게 쓰는 것인가 등을 배울 수 있는 프로그램이다.

나는 R&E 활동의 주제로 '폐 광산의 생태학적 복원'에 관한 연구를 진행했다. 연말에는 일 년간의 활동을 바탕으로 논문을 한 편 쓰는데, 여기서 쓴 논문은 상당히 비중 있는 입시자료가 된다. 고등학교시절 논문을 써본 경험이 있다는 것은 대학에 진학한 뒤, 실질적인 연구활동을 훨씬 수월하게 할 수 있다는 것을 의미하고, 각 대학에서도 이런 학생들을 선발하려고 하기 때문이다.

여기서 중요한 것은, 이런 연구활동을 할 때 일관성이 있어야 한다는 것이다. 같은 기간 연구를 하더라도, 한 가지 주제로 오랫동안 연구를 해서 점차 좋은 성과를 내는 것이 전문성을 높이는 효과를 낸다. 나의 경우 폐 광산에 관한 연구를 일 년 이상 진행했다. 첫 해는 R&E 활동에 참여해서 논문을 한 편 쓴 정도였지만, 이 연구를 다음 해까지 연결시켜 진행한 뒤 '국제환경탐구올림피아드'라는 대회에 참가했다. 국제환경탐구올림피아드는 세계 각국의 환경학회들이 국내환경탐구올림피아드를 통해 대표단을 선발한 뒤, 매년 터키 이스탄불에서 개최하는 것으로, 올해로 십칠 년째를 맞고 있다. 국내대회에서 일 년이 넘는 연구 성과를 인정받은 우리 팀은 한국 대표로 국제대회에 참가해 금메달을 수상했다. 국제올림피아드의 수상실적은 다른 무엇보다도 입시에서 강력하게 작용하는 요인이 되기 때문에 결국 꾸준한 연구가 나의 입시를 이루어준 셈이 된 것이다.

나의 경우가 아니더라도, 각종 올림피아드는 수시에서 당락을 좌우하는 가장 큰 변수 중 하나이다. 최근 사교육 조장을 이유로 몇몇 대학에서 올림피아드를 반영하지 않겠다고 선언했지만, 여전히 올림피아드는 학생의 가장 중요한 수상경력으로 인정된다. 물리, 화학, 생물, 천문, 수학 등 여러 분야의 올림피아드가 있으며, 이과 계열의 학생들은 이 대회를 적극적으로 준비하는 것을 많이 볼 수 있다. 올림피아드의 준비는 주로 강남 대치동의 학원가에서 대규모로 이루어지는 것이 일반적이다. 고등학교 올림피아드 내용은 대학 과정의 학문적 지식을 요구하기 때문에 전문적인 선생님들에게 배우는 것이 낫다고 판단되기 때문이다. 물론 스스로 대학 과정의 책을 독파해서 올림피아드 성적을 내는 경우도 많다. 물리는 할리데이나 벤슨 일반물리학, 화학은 옥스토비 일반화학, 생물은 LIFE 일반생물학으로 공부하는 것이 일반적인 경우다.

　나는 수시로 대학에 합격했고, 수시를 목표로 한 학교의 교육과정으로 교육받았기 때문에 수시 이외의 입시에 대해서는 잘 알지 못한다.
　고등학교 2학년이라는 시기는 수능 준비를 시작할 시기이지만 과학고 학생들에겐 입시생의 삶이 시작되는 시기이다. 대부분이 2학기 수시로 진학하는 상황에서, 나는 연세대학교 인재육성전형, 즉 1학기 수시에 지원했다. 10월에 시작되는 2학기 수시와는 달리, 7월에 원서 접수가 시작되고 8월에 결과를 발표하는 빠른 전형이다. 연세대학교 인재육성전형은 연세대학교가 미래에 한국을 이끌어 나갈 인재라고 생각되는 학생을 선발해 학비 전액지원, 기숙사 제공, 매달 교재비지원, 1:1 담당교수 선정 등 전폭적인 지원을 해주는 프로그램이다. 나는 40:1 이상의 경쟁률을 뚫고 이 전형에 합격했다. 합격까지의 과정을 되돌아보면, 이 전형이 원하는 학생 상에 맞춰서 나의 모습을 지원서에 녹여 넣은 것이 합격의 가장 큰 요인이 되었던 것 같다.

먼저 여느 지원서와 같이 자기소개서와 함께 고등학교시절의 활동을 기록해 제출해야 한다. 자기소개서는 모든 대학의 입시에서 평가되는 항목이므로, 심혈을 기울여 작성해야 한다. 많은 학생들이 자기소개서를 작성할 때 자신이 한 일을 나열식으로 작성하는데, 이는 좋은 작성법이 아니다. 추천하는 방법은, 자신이 지금까지 한 일을 몇 가지 큰 주제별로 분류한 뒤, 인과관계 또는 시간 순서에 따라 항목별로 작성하는 것이다.

예를 들어 나의 경우는, '연구활동', '학업', '여가 및 기타 활동', '봉사활동' 등으로 항목을 나눠서 작성했다. 먼저 연구활동의 경우 고등학교에 입학한 뒤 미래의 과학자로서 연구를 해본 것이 결국 국제대회 금메달에 이르기까지의 과정, 또 앞으로의 계획을 차례차례 설명했다.

다음은 내가 연세대학교에 지원하는 자기소개서에 실제로 기입한 내용이다.

〈작년 봄, 신문에서 우리나라 폐 광산이 야기하는 환경 문제의 실태에 관한 기사를 읽은 적이 있습니다. 900개가 넘는 금속 광산이 대책 없이 버려져서 주변 주민들에게 중금속 오염의 피해를 가져다준다는 내용이었습니다. 그 기사를 읽고, 제가 이 문제를 해결하기 위해 할 수 있는 일이 무엇일까 생각하였습니다. 때마침 R&E 프로그램의 연구주제를 찾던 중이어서, 저는 폐 금속광산의 복원에 관한 연구를 시작하였습니다. 폐 광산이 문제가 되었던 독일 등 선진국의 선례를 찾아서, 그것을 우리나라 식생에 맞게 생태학적으로 적용시키려고 시도하였습니다. 저는 이 연구를 일 년 넘게 진행해서 국제환경탐구올림피아드에 한국 대표로 참가, 금메달을 수상하기도 하였습니다. 환경에 대한 관심이 저의 연구를 더욱 흥미롭게 했습니다.

대학에 진학하면 폐 광산뿐 아니라, 보다 광범위한 영역의 환경 문제를 과학적으로 해결하고 싶습니다. 귀교의 생명공학과에 진학하여, 제가 진행했던 연구와 같이 생태학적인 환경 복원에 관한 연구를 한다면 제가 나중에 과학자로서 환경 문제 해결에 기여하는 데 큰 도움이 될 것이라 생각합니다.〉

자기소개서는 항목별로 지나치게 길게 쓰면 안 된다. 요점만 뽑아서 자신의 활동을 간결하게 전달하는 기술이 필요하다. 연구활동 항목을 부각시킨 뒤에는 자신의 인간적인 면을 보여줄 필요가 있다. 연구활동, 학업, 성적 관리 등의 항목을 연이어 서술하면 자칫 건조한 소개서가 될 수 있기 때문이다. 즉, 자신의 특기와 취미를 번갈아 쓰는 것이 좋다. 나는 연구활동 글에 이어 고등학교시절 동아리활동을 기재했다. 물론 이런 내용을 잘 쓰기 위해서는 동아리활동, 과외활동 등 많은 활동을 해두는 것이 도움이 될 것이다. 나는 교지편집동아리, 사진동아리, 종교동아리 등 세 개의 동아리활동을 했는데 이는 면접 시 중요한 경험으로 인정되었다.

지원 봉투에는 자기소개서와 함께 자신의 경력을 적는 종이가 있다. 수상 실적, 영어성적을 포함한 자신을 나타낼 수 있는 사실상의 모든 자료를 첨부하면 된다. 나는 지원 시점까지 쓴 논문 세 편, 국제대회에서 수상한 뒤 조선일보와의 인터뷰기사, 영어성적, AP(미국대학 학점 선 이수시험)성적, 또 동아리에서 만든 학교 교지 등을 첨부했다. AP시험은 나의 실력을 검증해 보고자 물리, 화학 두 개의 시험을 봤다. 그런데 생각보다 시험이 쉬웠고, 두 과목 모두에서 만점을 받았다. 이러한 성적 역시 입시에서 나의 경력 중 하나로 인정되기 때문에, 최대한 많은 시험에 응시해 볼 것을 권장한다.

자기소개서를 포함한 여러 서류를 제출하면 서류전형은 끝난다. 서류전형에 합격한 뒤에는 면접이 뒤따른다. 면접방식은 대학마다 다르다. 수학, 과학에 관한 전문적인 내용을 물어보기도 하고, 인성을 평가하는 면접을 하기도 한다. 대부분의 대학이 두 가지를 복합적으로 질문하고, 때로는 창의력을 요하는 질문을 던지기도 한다.

앞에서도 말했듯이 이런 형태의 입시가 확대될 것으로 보이는 현 상황에서, 시험관과의 면접은 앞으로 당락을 좌우하는 가장 큰 변수가 될 것이다.

참고로 연세대학교에서 시행되었던 인재육성전형의 나의 면접 경험을 소개한다.

면접으로 20명 이내의 학생을 선발하는데, 서류전형을 통과한 40명을 대상으로 진행되었다. 면접 시 복장은 교복이 좋지만 학교명에 따른 불리한 면접 진행을 이유로 교복 착용을 금지하는 경우도 있다. 교복 착용이 어렵다면 최대한 단정한 복장을 착용하는 것이 좋다.

40명 가운데 거의 마지막으로 면접에 응한 나는 긴장된 마음으로 시험지를 받아들었다. 각각의 학생에게 십오 분의 질문지 풀이 시간이 주어진 뒤 면접이 시작되었다. 시험지에는 과학의 전 분야를 복합적으로 사용해서 유추해야 하는 문제가 출제되었다.

예를 들면, '대기권에서 공기 분자가 자유롭게 움직일 수 있는 거리는 높이에 따라 어떻게 변할까?' 라는 문제가 있었다. 얼핏 보기에는 단순한 문제 같지만 실제로는 물리의 중력장, 지구과학의 대기 이론, 화학의 평균자유행로 등 여러 개념을 이해하고 있어야 접근이 가능한 문제다. 이런 문제에서는 자신의 지식을 나타내기 위해서 수식을 사용하는 것이 좋다. 즉, 정성적인 설명보다는 정량적인 설명이 면접관에게 신뢰를 줄 수 있다는 것이다. 모르는 내용이더라도 자신이 아는 최대한의 수식을 사용해서 문제의 답을 근사하는 것이 중요하다. 때론 정확한 정답보다는 접근 과정을 더 중요시하기 때문이다. 더불어 한 문제에 대해서도 여러 가지 접근 과정을 보여주는 것이 더 좋다. 자신이 자유로운 사고를 할 수 있는 사람이라는 것을 면접관에게 보여주는 것이다.

십오 분의 시간이 지난 뒤 면접실로 들어갔다. 면접관에게 내가 푼 문제에 대해 간략하게 설명한 뒤, 풀이과정에 대한 면접관들의 질문이 시작되었다. 면접관은 전문가이고 학생은 학생일 뿐이다. 자신의 풀이과정이 옳다고 고집하는 일은 절대로 하지 말아야 한다. 다만 자신의 의도를 논리적으로 설명하고, 면접관의 지적을 받아들이는 자세가 필요하다.

면접에서 가장 중요한 것은 순발력이라고 할 수 있겠다. 면접실에서 "태양에너지는 운동에너지냐, 위치에너지냐?"라는 질문을 받았을 때 순간적으로 사고를 진행해야 한다. 면접관도 태양에너지가 운동에너지나 위치에너지 같은 역학적 에너지가 아닌 빛에너지, 즉 전자기파라는 것을 알고 계시면서 질문하는 것이다. 그런데 "둘 다 아닙니다."라는 것은 면접관이 원하는 대답이 아니다. 나는 "태양에너지는 근본적으로 빛에너지이지만 굳이 생각해 보자면 광자의 이동이 물체와 충돌함으로 인해 열 등 부가적인 에너지가 발생한다는 점에서 운동에너지라고 생각할 수 있겠습니다."라고 대답했다. 이것은 물론 완벽한 대답이 아닐 수도 있다. 그러나 면접관은 학생에게 완벽한 대답을 요하지 않는다. 학생의 순발력이 중요한 것이다.

이것은 인성면접에서도 마찬가지다. 인성면접도 많은 비중을 차지한다. 문제 풀이가 끝난 뒤 면접관은 나에게 자기 자랑을 해보라고 요구했다. 자기소개서에 '내 자랑'은 수없이 썼지만 막상 면접에서 이런 질문을 받으니 당황스러웠다. 이럴 때는 자기소개서의 내용을 잘 떠올려서, 머릿속으로 정리한 뒤 말을 풀어 나가야 한다. 순간적으로 자기 자랑을 떠올리는 것보다 자기소개서를 생각하는 것이 더 나은 이유는, 자기소개서는 사전에 많은 검토 과정을 거친 것이기 때문이다. 면접을 진행할 때는 면접관의 눈을 맞추고, 당당하지만 거만하지 않은 태도로 신뢰감을 주면서 진행해야 한다.

이렇게 나의 1학기 수시는 끝이 났다. 남들보다 훨씬 먼저 입시를 끝낸 나는 원래 목표였던 카이스트 면접을 편히 준비할 수 있었다. 1차 서류전형은 연세대학교와 거의 동일했으므로 진행과정을 생략하겠다.

카이스트의 면접은 3단계로 나뉘어져 있다. 첫째, 그룹토론. 둘째,

개인면접. 셋째, 개인발표이다. 그룹토론은 다섯 명의 학생들이 세 개의 주어진 주제 중 하나를 정해 토론 또는 토의를 하는 것이다. 개인면접은 일반 대학의 면접과 같이 수학, 과학 분야의 전문적인 내용과 함께 인성면접을 진행한다. 마지막으로 개인발표 시간에는 미처 보여주지 못했던 자신의 모습, 자신이 면접관에게 하고 싶은 말을 오 분간 할 수 있다.

먼저 그룹토론 면접은 사회자를 뽑은 뒤 토론이 진행되었다. 우리에게는 '인류가 당면한 문제는 무엇이 있고, 해결방안은 무엇이 있을까', '경제 위기의 원인과 해결방안', '사교육 방지를 위한 대책' 등 세 가지의 주제가 주어졌다. 나는 사교육 방지를 위한 대책에 대해서 토의하고 싶었지만 다수결에 따라 인류가 당면한 문제에 대한 토의로 결정되었다. 토론과정은 면접관들이 지켜보고 있으므로, 자신을 보여줄 수 있는, 자신이 서류에 써낸 특기와 관련된 발언을 하는 것이 매우 중요하다. 나는 환경탐구올림피아드 실적과 논문 등 환경 관련 서류가 많았으므로 인류가 당면한 환경파괴 문제에 대한 언급을 많이 했다. 이러한 발언을 지속적으로 한 것은 나중에 면접관들이 나에게 환경에 대해 직접적인 질문을 하게 했고, 나를 보다 잘 드러낼 수 있게 된 계기가 되었다.

개인면접 시간에는 창의력을 요하는 질문들이 던져졌다.

"어려서부터 종이접기를 좋아하던 사람이 MIT에 갔다. 지금은 졸업한 뒤 NASA에 취직했는데, 무슨 일을 하고 있을 것 같은가?"

정답은 우주선 내부 설계였다. 우주선이라는 것이 좁은 면적에 최대한 물건을 잘 포개 담을 수 있는 설계가 필요한 장비여서 종이접기의 달인이 공학적으로 설계한다는 것이다. 물론 나는 이 답을 알지 못했다. 그러나 최대한의 유추를 통해 대답했다.

"종이접기를 잘한다면, 우주선의 태양 전지판을 설계해서 태양 에너지를 최대한 많이 받을 수 있는 설계를 할 것 같습니다."

정답은 아니었지만 아무것도 대답하지 못한 것보다는 훨씬 더 많은 점수를 받았을 것은 자명하다. 개인면접 시간에는 영어면접이 일부 포함되는데, 기본적인 영어실력을 테스트하는 과정이다. 이것에 대비해서 자기소개 등 간단한 영어구문은 연습해 가는 것이 바람직하다.

마지막 개인발표 시간에는 대학에 입학한 뒤의 나의 포부에 대한 것들을 밝혔다. 이때 자기소개서 등 서류에 기입한 내용을 반복하지 않되, 맥락에서 크게 벗어나지 않는 범위 내에서 참신한 발언을 해야한다. 나는 국제대회 참가 경험을 언급하면서, 대학에 진학하면 카이스트가 가지고 있는 다양한 국제교류 프로그램을 통해 외국학생들과 함께 다양한 연구를 진행해 보고 싶다고 했다.

이처럼 자신이 지원하는 대학의 특성과 장점을 잘 파악해 면접관들에게 그러한 제도를 이용하고 싶다고 말하는 것은, 자신이 가려고 하는 대학에 대해 많은 관심을 가지고 있다는 반증이 되어 유리하게 작용한다.

면접을 보고 한 달 뒤 카이스트 입학처로부터 합격소식을 들었다. 나는 연세대학교와 카이스트 중 한 곳을 선택해야 했다. 주위의 만류에도 불구하고 연세대학교로부터의 많은 지원을 포기하고 카이스트를 선택했다. 카이스트가 나의 꿈을 이루기에 더 적합하다고 생각했기 때문이다.

  나는 이 글을 읽는 사람들에게 나와 같은 선택을 강요하는 것도, 나의 선택이 옳다고 주장하는 것도 아니다. 대학입시는 자신만의 가치관을 가지고 진행해야 하는 것이고, 자신이 궁극적으로 추구하는 바에 따라 대학을 선택해야 하는 것이다. 중요한 것은 자신이 추구하는 바를 이루기 위해 한 노력을 대학에 나타내 보여야 한다는 것이다. 대학 입장에서도 꿈과 목표가 확고한 학생을 선발하려고 하기 때문이다.

● 입학사정관제 인재 되기 프로젝트

기통찬 공부법 멘토링

입학사정관제에서는 획일적인 공부방법보다 스스로 독창적인 공부방법을 터득한 학생에게 가산점을 부여한다. 공부방법의 다양한 시도 속에서 창의성이 발휘되기 때문이다.

나만의 공부방법은 터득했는가?

교사나 강사가 가르쳐준 공부방법이 나에게도 통했는가?

스스로 경험을 통해 얻은 내 공부방법을 소개해 보자.

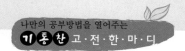

변화를 두려워하는가? 그러나 변화가 없이 무슨 일이 일어날 수 있겠는가? 우주의 자연에 이보다 더 사랑스럽고 친밀한 것이 있을까? 장작이 변화하지 않는다면 당신은 더운 목욕물에 들어갈 수 있겠는가? 만일 음식물이 변화하지 않는다면 당신은 영양을 섭취할 수 있겠는가?
그 밖에도 변화 없이 긴요한 일이 이루어진 것이 있는가? 당신 자신이 변하는 것도 동일한 경우에 속하며, 마찬가지로 우주의 자연에 있어서도 변화가 반드시 필요하다는 것을 당신은 모르고 있는가?

아우렐리우스 『명상록』

114

선행학습보다
복습위주로
공부하라

'듣는 척', '하는 척', '아는 척'. 정도의 차이는 있지만 누구나 갖고 있는 습성이다. 문제는 시간이 갈수록 그 정도가 심해진다는 데 있다. 그 원인은 여러 가지 사회문화적 요소가 섞여 있겠지만 우리 교육문화도 한몫하고 있다는 생각이 든다.

선행학습문화가 그것이다. 선행학습은 예습과는 분명히 다른 개념이다. 예습은 본 수업을 충실히 하기 위한 마음가짐으로 배울 부분을 미리 훑어보면서 무엇을 알고 무엇을 모르는지 점검하는 단계를 말한다. 반면에 선행학습은 미리 본 수업을 진행하는 단계까지를 말한다.

그러니 선행학습을 마친 학생들은 본 수업에 집중할 의욕이 사라진다. 똑같은 것을 반복한다고 생각하기 때문이다. 여기에서 '듣는 척', '하는 척', '아는 척'의 습관이 형성된다. 입학사정관제에서 '척'은 통하지 않는다. 서류와 면접을 통해 다각도로 실체를 규명하기 때문이다. 남들이 선행한다고 동요하지 말자. 불안한 마음에서 선택하는 선행학습이 당신의 공부능력을 퇴화시킨다.

서울대 공대에서 적성 찾아
한림대 의대 간 **이태균** ✏️

고3 수험생, 당시 나는 성적 외에도 또 다른 고민을 하고 있었다. 바로 진로문제였다. 당장 대입이 코앞으로 다가오면서 어느 대학을 갈지 윤곽을 잡아야 했다. 나는 이과로 진로를 결정했을 때부터는 무조건 서울대 공대를 가겠다는 생각을 가지고 있었다. 대한민국의 남자로 태어난 이상 서울대 땅을 밟아보자는 게 내 꿈이었다.

수학능력시험을 치르고 성적은 별로 좋지 않았지만, 모의고사 성적보다는 잘 나와서 서울대 공대에 원서를 접수할 수 있었다. 운이 좋게도 추가합격자로 재료공학부에 합격했다. 학교수업은 공대이다 보니 주로 수학, 과학 위주였다. 공과대에는 과학고 출신의 학생들이 많았는데 그 학생들은 이미 고등학교 때 대학과정의 수학, 과학을 어느 정도 이수한 뒤 입학하기 때문에 학업의 성취도 면에 있어서 일반고 출신인 내가 따라가기에는 많이 벅차게 느껴졌다. 학업에 어려움을 느끼고 있던 중에 부모님께서 나에게 의대로의 반수를 권유하셨다.

"외우고 쓰는 거 잘하는 네 특성상 공대보다는 의대가 맞지 않겠느냐. 미래를 생각해서도 의대가 낫지 않겠느냐?"

116

곰곰이 생각해 보니 1학기 동안 공대 공부를 하면서 문득문득 들었던 공대 공부에 대한 불안감이 떠올랐다. 내 성향을 자신이 누구보다 잘 알기에 공대에서 배우는 수업과 공부가 적성에 맞지 않다는 것을 느끼고 있던 터였다.

결국 고민을 하다가 반수를 결심하게 되었다. 아무래도 1학기 내내 느꼈던 감정, '공대 공부는 나한테 힘든 거 같아.' 라는 감정이 반수하는 데에 있어서 내게 많은 영향을 끼쳤다. 하지만 수능 이후로 공부에 손을 놓고 있었기 때문에 반수 초기에는 방황도 많이 했다.

'내가 왜 이렇게 힘든 공부를 또 시작해야 하는 거지, 학교 잘 다니고 있는데 굳이 힘든 길을 왜 또 걸어? 반수 실패하면 어쩌지.'

마음을 잡지 못하고 거의 공부에 손을 못 댔었다. 하지만 조금씩 반수생활에 적응이 되면서 고3 시절에는 몰랐던 깊이 있는 내용들을 깨우치면서 공부에 흥미를 붙일 수 있었다. 그렇게 두 번째 수능시험을 보게 되었고 만족할 만한 점수를 받을 수 있었다.

내 공부의 중심은 복습이었다. 선생님께서 가르쳐주셨던 내용들을 잊어버리기 전에 다시 한 번 교과목을 펼쳐 놓고 꼼꼼하게 훑었다. 많은 학생들이 흔히 수업진도 나간 것을 자신이 공부한 것과 동일시하는 오류를 범하곤 한다. 하지만 수업진도 나간 것과 그 내용을 자신의 것으로 만드는 것은 하늘과 땅차이다. 수업진도를 나간 것은 그 내용에 대한 큰 틀을 선생님께서 잡아주는 것에 불과하다. 그것을 자신의 공부방식대로 이해하고 암기하는 복습의 과정이 있어야만 온전하게 내 공부가 되는 것이다. 이런 복습의 효과는 시험공부를 할 때 훨씬 빠르게 기억을 되살릴 수 있었다.

지문분석은 기본이요, 문제유형 또한 분석하라!

언어영역에 있어서 가장 큰 관건은 정확한 지문분석 능력과 문제를 푸는 데에 있어서 객관성 유지라 생각한다. 지문분석을 토대로 문제를 풀기 때문에 자연히 정확한 지문분석이 필수적으로 요구된다. 하지만 정확한 의미를 짧은 시간 안에 읽고 찾아낸다는 것은 매우 힘든 일이다. 그래서 내가 말하고 싶은 조언은 핵심만 찾아내라는 것이다.

나는 워낙 언어적 감각이 없었기 때문에 시를 분석하는 데에 있어서 많은 어려움을 겪었다. 그래서 시를 무조건 많이 접해 보는 방법을 택했다. 시만 모아놓은 문제집을 하나 구입한 뒤 선생님이 가르쳐준 방법대로 해석했다. 여기서 가장 중요하게 여길 것은 이미 해석되어 있는 시어의 의미를 외우지 말라는 것이다. 시어의 의미를 외우는 것은 전혀 도움이 되지 않을 뿐더러 다른 시를 해석하는 데에 있어서도 오히려 방해요소가 된다. 항상 글의 흐름 속에서 해석하려는 노력이 중요하다. 앞뒤 문단의 흐름을 살펴서 이 시어가 의미하는 것이 부정적인 것인지, 긍정적인 것인지 파악을 하고 파악한 시어들을 종합해 작가가 말하고자 하는 것이 과연 무엇인가라는 것을 파악해야 한다. 주어진 시간 내에 시의 모든 내용을 해석할 순 없지만 긍정, 부정의 시어와 전체 흐름만 파악된다면 문제를 푸는 데 크게 지장이 없다.

시를 대표적으로 거론했지만 문맥적 흐름을 파악해 중간 중간 숨겨진 단어의 의미를 찾는 것은 다른 장르인 소설, 수필, 희곡도 마찬가지일 것이다.

비문학도 문학과 마찬가지로 주어진 시간 내에 글의 전체적인 주제를 파악해야 한다. 하지만 비문학에서 많은 학생들이 어려움을 겪는 것은 읽다 보면 앞의 내용을 다 잊어버려서 문제를 풀 때 다시 지문을 읽어야 한다는 점이다.

하지만 그런 문제점을 극복할 수 있다. 각 문단에는 그 문단의 내용을 대표할 수 있는 하나의 문장이 있다. 때문에 그런 문장을 찾아내는 것이 관건이라 할 수 있다. 글을 읽으면서 각문단의 중심이 되는 문장에 줄을 그으면서 읽는다. 각문단의 중심에 줄을 그으면서 읽게 되면 글을 다 읽었을 때는 지문전체에 4~5개의 줄그은 문장이 나오게 되고 그 문장들을 다 이어서 읽으면 그 지문의 전체적인 흐름과 내용을 한눈에 파악할 수 있게 되는 것이다. 비문학만 모아 놓은 문제집을 사서 문장에 줄을 그으면서 읽는 과정을 반복하다 보면 문장을 읽고 문제를 풀 때 내용이 기억나지 않아 발생하는 실수를 많이 줄일 수 있을 것이다.

지문분석만큼이나 중요한 것이 또 있다. 바로 문제유형을 분석하는 것이다. 언어영역 시험을 보면 각 지문에는 적게는 두 문제, 많게는 5~6문제씩 출제가 된다는 것을 파악할 수 있다. 문제를 여러 번 접하게 되면 각 문제들의 유형이 어느 정도 정형화되어 있다는 것을 알 수 있다.

나는 문제를 각 유형별로 분류해 따로 정리했다. 평가원, 교육청, 사설모의고사를 여러 개 모아서 비슷한 유형의 문제들끼리 분류한 뒤 푸는 방법을 일반화했다. 수십 회 분량의 문제지를 보면서 비슷한 유형의 문제들을 분류해서 답을 유도하는 과정을 정리하다 보니 푸는 방법이 어느 정도 눈에 들어오기 시작했다. 물론 유형으로 분류할 수 없는 문제들도 있었지만 그러한 문제들도 푸는 기본원리는 유사했기에 큰 문제는 없었다.

무분별한 양치기? NO! 정의에 충실하라!

많은 학생들이 수학공부를 한다고 문제만 많이 푸는 경향이 있다. 이를 두고 흔히 속된말로 '양치기'(양으로 승부하는 방법)를 한다고 한다. 많은 문제집을 풀고 채점하는 행동을 반복함으로써 뭔가 많이 했다는 생각을 하면서 자기 만족감을 얻는 거 같다. 하지만 더 중요한 것이 있다.

수능시험의 수리영역은 교수들과 몇몇 일선교사들에 의해 출제가 된다. 교과서를 보면 항상 단원도입부에 새로 배우는 '개념'에 대한 정의가 나오는데 교수들은 그 정의에 나온 말 한마디 한마디를 문제로 바꿔서 출제를 한다. 보통 학생들은 정의에 대한 공부는 소홀히 하고 공식만 외우고 문제만 풀기 때문에 접해 보지 못했던 문제를 만나게 되면 신유형이라면서 당황하다가 시험을 망치게 되는 것이다.

그렇다면 어떤 식으로 공부를 해야 할까?

"정의를 문제로 낸다는데 교과서에 나온 정의를 어떤 식으로 공부하라는 거냐?"라고 반문할 수 있다. 그렇다면 예를 들어 설명해 보겠다. 많은 학생들이 어려워하는 순열, 조합단원을 보자. 이 단원을 공부하다 보면 여러 가지 공식들이 나오는데 흔히 이것들의 의미는 파악하지 않은 채 그냥 문제유형을 외워서 풀려고 하는 경향이 있다.

하지만 수능에는 이렇게 공식만 써서 답이 나오는 유형의 문제는 절대 출제되지 않는다. 순열과 조합이 나오게 된 기본원리를 알고 식을 영어문장 해석하듯이 '해석'할 수 있어야 수능문제를 풀 수 있다는 것이다. 항상 수학공부를 할 때는 문제만 풀고 넘어갈 것이 아니라 풀이과정에서 계산식 하나하나가 무엇을 의미하는지를 음미하고 넘어가야 한다. 물론 모든 문제를 그렇게 할 수는 없지만 적어도 수능 기출문제나 모의고사에 출제된 문제들은 풀이과정 하나하나를 분석하면서 과연 '이것이 왜 이렇게 나왔을까, 이 문제는 이 단원과 어떻게 관련되어 있을까?'를 생각하면서 공부를 해야 한다는 것이다. 책에 나와 있는 증명과정을 완벽히 이해하는 것도 도움이 많이 된다.

그리고 수학문제를 풀 때는 생각하는 시간을 많이 가져야 한다. 과외지도 경험에서 보면 문제를 조금 풀어보다가 "선생님, 이 문제 모르겠어요."라고 대책 없이 가져오는 경우가 많다. 이런 경우에는 선생이 문제를 풀고 설명을 해줘도 학생은 그 문제에 대해서 생각을 깊이 하지 않았기 때문에 머리에 오랫동안 남지를 않는다. 문제를 질문해서 최대한의 효과를 얻고 싶다면 문제를 만났을 때 최대한 고민을 많이 해봐야 한다. 그 문제에 관련된 단원도 다시 공부해 보고 이렇게도 풀어보고 저렇게도 풀어보면서 이런저런 시도를 다해 봐야 문제에 대한 애착도 생기고 자신이 어디를 모르는지 정확히 알 수가 있다.

마지막으로 말하고 싶은 것은 바로 오답노트에 관한 부분이다. 많은 학생들이 오답노트에 관한 문의를 많이 한다. 주위에서 오답노트 얘기를 많이 하니까 오답노트를 만들어야 하는지에 대해서 많은 고민을 한다는 것이다. 결론부터 말하자면 '상황 봐서 만들라'고 말하고 싶다.

우선 오답노트를 만드는 목적을 살펴보자. 오답노트라는 것은 자신이 틀린 문제를 정리하고 다시 풀어보게 해 그 문제에 대해 완벽히 이해하고 그와 관련된 문제가 나왔을 때 대비할 수 있도록 하는 것이 목적이다. 앞에서 말한 목적 중에서 가장 중요한 단어는 '다시' 이다. 자신이 틀린 문제를 '다시' 보게끔 한다는 게 오답노트의 가장 강력한 힘이다. 반대로 말하자면 '다시' 볼 게 아니라면 전혀 도움이 되지 않거니와 오히려 독이 될 수도 있는 게 오답노트라는 것이다. 내 주위 사람들을 봐도 오답노트를 만들 때 엄청 정성들여서 거의 참고서수준으로 만들어 놓고 정작 귀찮아서 다시 안 보는 경우를 많이 봤다. 그렇게 되면 오답노트 만드는 데 들인 정성과 시간을 그냥 허공에 날리는 꼴이 되고 만다.

나 같은 경우가 그런 경우의 전형이기 때문에 나는 다른 방법을 썼다. 그것은 바로 시험지를 활용하는 것이었다. 나는 다시 볼 만한 가치가 있는 문제는 수능기출과 모의고사 정도라고 생각했기 때문에 그러한 문제가 담긴 시험지를 모았다. 학교나 학원에서 모의고사를 보고 난 후에는 새 시험지를 하나 더 구했고 수능기출은 인터넷으로 다운받아서 출력을 해서 썼다. 그 뒤 내가 틀린 문제나 애매했던 문제를 다시 풀어서 풀이과정을 깨끗이 정리했다. 물론 모르는 부분은 선생님께 질문하거나 인터넷 해설강의를 이용했다. 문제 밑에는 문제와 관련된 개념과 문제를 풀지 못했던 이유를 적었다. 정리가 다 끝난 뒤에는 일주일에 한 번씩 내가 정리한 시험지들을 다시 읽어보고 풀어보는 시간을 가졌다. 한 번 봤던 문제들이기 때문에 다시 보는 데에는 시간이 많이 안 걸렸고 풀이과정을 외우는 것보다는 주로 그와 관련된 개념과 내가 틀린 이유를 다시 상기시키는 데에 주력했다. 이런 식으로 시험지에 정리를 하게 되면 노트를 따로 만들어 문제를 오려 붙일 필요도 없어서 시간이 절약된다는 큰 강점이 있다.

중요한 것은 귀찮아도 생각하면서 공부하는 것, 그리고 양질의 문제를 분석하는 것, 그리고 자신의 약점을 알고 거기에 많은 투자를 하는 것이라 생각한다. 자꾸 2,3점짜리 문제에서 계산 실수를 한다면 그런 문제집을 사서 계산이 틀리지 않는 연습을 하고, 어려운 문제를 손도 못 대겠다 싶으면 수능이나 모의고사에 나온 양질의 고난이도 문제를 잡고 종일 고민도 해봐야 한다.

영어를 영어로서 대하라.

✳ 독해

수능시험에서 50문제 중에 33문제 즉, 66%나 차지할 정도의 비중 있는 분야가 바로 이 독해다. 아무래도 다른 나라의 글을 읽는 것이니 가장 중요한 것은 어휘일 것이다.

어휘가 뒷받침이 되어 있다면, 또 다른 독해를 지탱하는 기둥인 문법도 중요하다. 하지만 많은 학생들이 문법을 간과하곤 한다. 최근에 출제량이 늘어나긴 했어도 문법은 3~4문제밖에 되지 않기 때문에 등한시한다. 하지만 이것은 매우 위험한 생각이다. 문법은 문법 그 자체로서도 매우 중요하지만 독해를 하며 문장의 구조를 파악하는 데에 있어서 매우 필수적이기 때문이다.

영문해석의 가장 중요한 무기인 어휘와 문법을 장착했다면 이제 해야 할 것은 계속 싸우면서 실력을 향상시켜야 한다. 바로 싸우는 과정, 이것은 끊임없는 읽기다. 하지만 끊임없는 읽기라고 해서 진짜로 끊임없이 읽기만 할 것이냐? 그건 아니다. 시기별로 나눈 구체적인 방법을 소개한다.(고3에 해당.)

3월~5월 : 『EBS(겨울특강)』, 『숨마쿰라우데 고급독해』, 『토익』, 『토플』, 『텝스』 그 외 고급영문책을 준비한다. 이런 책들의 고급 영문장을 통해 진정한 실력배양을 할 수 있다.

우선 『EBS』는 감유지용이기 때문에 두 달 동안 분량을 나눠서 매일 매일 조금씩 풀어주는 게 좋다. 풀 때마다 틀린 지문 복습은 필수이다. 여기서 언급할 고급영어책의 활용법이 가장 중요하다. 우선 이 책의 지문 2~3개를 푼다. 한 지문당 문제가 3~5문제가량 될 것이다. 물론 적어도 1~2개는 맞출 것이다. 하지만 여기서 문제를 맞히는 것은 의미가 없다. 목적은 영문의 완전해석이다. 그런 책을 읽다 보면 처음에는 무슨 말인지를 모를 때가 많다. 하지만 이것을 계속 읽고 또 읽어봐야 한다. 뜻이 머리에 안 들어올 때는 문장의 구조를 보자. 영어에 정말 자주 등장하는 문법인 분사와 관계대명사를 머릿속에 떠올리면서 말이다. 그것을 염두에 두고 문장을 쪼개서 해석해 보자. 처음에는 짜증나고 어렵겠지만 하다 보면 점점 실력이 늘어가는 자신을 발견할 수 있을 것이다.

6월~11월 : 위의 단계를 꾸준히 반복하면서 기출문제(교육청, 평가원 문제)를 푼다. 기출문제를 계속 풀어보면서 과연 수능에서는 어떠한 문제풀이법을 요구하는가? 이런 걸 잘 살펴보자. 단지 풀고 동그라미 치고 하는 수준에서 벗어나 이 문제의 유형은 어떻고, 어떤 식으로 푸는 건지 몸에 배일 때까지 같은 문제를 보고 또 보자. 그리고 자신이 틀렸던 문제는 오답노트에 적어야 한다. 문제를 붙이고 유형을 써 보고 어떤 식으로 푼다는 과정도 써주고 그리고 일주일에 한 번씩 복 습해야 한다.

✳ 듣기

듣기만큼 성적이 오르는 게 보이는 분야도 없다. 가끔 듣기를 포기 하는 학생들도 있는데, 듣기 1~2개를 틀리면 갈 수 있는 대학이 바뀐 다는 것을 명심해야 한다.(친구들 중에 독해를 다 맞고도 듣기에서 틀려 서 등급이 갈린 친구들도 있다.)

먼저 시중의 듣기 문제집을 구입한다. 그리고 매일 1회씩 듣는다. 1 회 듣고 틀린 문제는 받아쓰기를 한다. 그리고 틀리지는 않았지만 어 정쩡하게 들렸던 부분과 잘 안 들리는 부분은 무한 반복해서 듣는다. 단, 여기서 주의할 점은 대본을 보면 안 된다는 것이다. 최소한 열 번 은 들어보고 그래도 안 들린다 싶을 때 대본을 본다. 대본을 본다는 것은 수학에 있어서 답지를 보는 것과 같은 행위이기 때문이다. 이렇 게 꾸준히 하다가 9월쯤 가서 그동안 틀렸던 문제들을 다시 들어보고 또 기출문제의 듣기 파트를 듣는다. 수능 직전 한 달 정도는 듣기 한 회분을 들어주는 것이 좋다.

✳ 어휘

전체 영어실력의 60% 정도를 차지한다고 해도 과언이 아닌 분야이 다. 어휘력이 부족하면 아무리 듣기를 해도 들릴 턱이 없고 아무리 문법이 완벽해도 독해가 되질 않는다. 다시 말하면 어휘력은 모든 영 어실력의 기본이다.

먼저 해야 할 것은 독해를 하면서 모르는 단어가 나올 때마다 개인

단어장을 만들어 영단어와 뜻을 함께 적는다. 그렇게 꾸준히 적어 놓은 것을 매일 50개 정도씩 외운다. 이런 개인 단어장 외에도 학원교재로 쓰는 어휘교재가 있다면 그것도 좋다. 학원선생님들이 중요한 단어들을 모아 놓은 것이기 때문에 외워야 할 단어만 외울 수 있다. 그리고 중요한 것은 요즘 수능에서 어휘문제가 강화되는 추세이기 때문에 유의어, 반의어는 따로 정리를 해서 절대적으로 외워야 한다.

철저한 개념중심, 그리고 무한반복

고3 수험생들과 재수생 간에 가장 큰 실력차이를 보이는 과목은? 바로 과탐이다. 과탐은 공부해야 할 과목이 네 과목이나 된다. 과목은 네 과목이지만 공부할 시간은 가장 모자란다. 수학, 영어, 언어는 1학년 때부터 꾸준히 해왔기 때문에 충분한 학습시간이 있었던 반면, 과탐은 본격적으로 공부하는 게 빨라야 2학년 여름, 혹은 3학년 들어가기 전 겨울에 시작하기 때문에 학습시간이 기껏해야 일 년 반 정도밖에 안 된다. 그나마 그 기간 동안 언, 수, 외를 공부하면서 남는 시간을 과탐에 투자하기 때문에 수능을 볼 때쯤에 과탐과목에 대한 대비가 소홀할 수밖에 없고, 재수생에 비해 낮은 점수를 받을 수밖에 없다.

그렇다면 도저히 방법은 없는 것일까? 그건 절대 아니다. 실제로 고3 수험생들 중에도 과탐과목에서 고득점을 하는 학생이 많다. 짧은 시간 내에 올바른 공부방법으로 집중해서 공부한다면 고득점이 충분히 가능하다.

내가 가장 안타깝게 생각하는 수험생의 유형이 과탐공부한다고 무작정 개념 외운 뒤에 수능보기 전까지 끊임없이 문제만 푸는 유형이다. 이런 학생은 공부는 정말 열심히 하는데 성적이 잘 나오지 않는다. 왜 문제를 많이 푸는데 성적은 잘 안 오를까? 모든 과목이 그렇듯이 과탐 또한 교수들이 문제를 출제한다. 시중 문제집은 문제유형도 비슷하고 내는 부분도 비슷비슷하다. 그와 달리 수능문제는 각 과목을 전공하신 내로라하는 교수님들이 한 달가량을 합숙해서 만들어내는 문제인데 당연히 문제의 질이 다를 수밖에 없다. 그리고 한 과목당 20문제를 출제하는데 정말 그 과목에서 알아야 할 핵심주제에 관해서만 출제를 하기 때문에 시험문제만 봐도 무엇을 공부해야 할지 알 수 있을 정도다.

그렇다면 문제집을 많이 푸는 게 능사가 아니라면 어떤 식으로 공부해야 하는가? 바로 철저한 개념중심의 공부와 기출문제의 분석이다. 이 두 가지와 적절한 문제풀이가 병행된다면 짧은 시간에 많은 효과를 이끌어낼 수 있을 것이다.

:: 개념중심의 공부 : 과탐공부에 있어서 기본개념은 너무너무 중요하다. 강조하고 또 강조해도 지나치지 않다. 이렇게 얘기하면 많은 학생들은 반문한다.

"개념, 정의 이런 거 다 외우고 있는데요. 그걸로 내신시험도 봤어요."

"그럼 내가 물어보는 것에 대해서 아는 대로 써볼 수 있겠니?"

이렇게 물으면 대부분의 학생들이 그건 무리라고 할 것이다. 수능에서는 수소결합에 대해 물어본다고 하면 내신처럼 수소결합이 뭐냐? 이렇게 묻지 않는다. 수소결합과 관련된 모든 내용이 문제 하나에 다 담겨서 출제가 된다. 수소결합이 속해 있는 '물' 단원 전체, 심지어 그 다음 단원인 '기체', '금속' 단원까지도 엮어서 출제되어 복합적 사고능력을 묻는 것이 수능이다. 어떤 개념의 정의 하나만 외워서 문제를 푸는 보통학생들의 입장에서 좋은 성적을 받는 것이 힘든 게 당연하다.

그렇다면 기본개념은 어떻게 공부해야 할까? 그냥 다 외워야 하나? 그냥 무작정 외운다면 공부하는 것도 흥미가 없을 뿐더러 기억에도 잘 남지 않는다. 나는 이것을 무한반복으로 극복했다. 우선 자신이 기본 베이스로 삼을 참고서 혹은 기본교재를 선택한다. 흔히 시중서점에 나와 있는 기본서나 학원강사가 만든 기본 개념교재 같은 것도 좋다. 그리고 한 번을 완독한다. 인터넷강의를 듣든, 학교에서 수업을 듣든 한 번을 다 훑는 것이 중요하다. 한 번을 다 본 뒤에는 각 단원을 끊임없이 읽는다. 매일매일 한 단원 정도씩 배분해서 반복해서 읽는다. 그렇게 해서 일주일에 책 한 권을 다보는 것을 목표로 공부를 한다. 물론 읽을 때 그냥 소설책 읽듯이 읽으면 아무런 효과가 없다. 읽을 때는 정독을 해야 한다. 특히 정의부분에서 말 한마디 한마디를 음미하면서 읽어야 한다. 그렇게 지속적으로 반복해서 읽게 되면 기본개념들이 문자로서 머리에 기억되는 것이 아니라, 이미지화되어 카메라 찍듯이 머릿속에 저장된다.

'수소결합이 뭐였지. 아 그거, 책 오른쪽 윗부분에 이런 그림이 있었고 수소결합과 관련해서 물의 특성은…… .'

이 정도 수준에 달하게 되면 스스로 자습서를 기억에 의존해 써낼 수 있는 '백지복습'의 단계라고 할 수 있는데 이는 '탄화수소가 무엇이냐?'라고 하면 탄화수소에 관한 모든 내용을 쭉 쓸 수가 있다. 물론 이것은 매우 많은 노력과 시간을 필요로 한다. 그리고 완벽히 해내는 것은 더더욱 힘들다. 이걸 하면서 '문제는 언제 풀지?', '이렇게 공부해서 실력이 늘긴 늘까?'라는 의구심에 마음이 약해지는 게 사실이다. 하지만 처음 시작이 어렵지 누구나 해낼 수 있다. 나는 반수 생활을 할 때도 고3 때 쓰던 교재를 계속 봤다. 내가 선택한 기본교재는 인터넷강의로 들었던 교재였는데 정말 100번 이상은 봤다. 교재의 어느 부분에 어떤 그림이 있는지 외울 정도로 봤기 때문에 문제를 봤을 때 그와 관련된 개념을 빨리 떠올릴 수 있었다.

　:: 기출문제 분석 : 기출문제의 중요성을 더욱 강조하고 싶은 과목이 과학탐구영역이다. 과탐에 기출문제의 중요성은 이루 다 말할 수 없다. 왜냐하면 기출문제는 출제위원들의 출제바이블이기 때문이다. 실제로 많은 문제들이 기존 기출문제에서 변형되거나 심지어 같은 자료를 써서 출제된다. 기출문제가 중요한 것은 기출문제에서 변형되어 문제가 나오기 때문만은 아니다. 기출문제의 질은 시중문제집의 문제와는 비교할 수 없다. 그 과목에서 정말 중요한 부분의 문제만 엄선해 여러 가지 개념을 섞어서 문제를 출제하기 때문에 문제의 의도를 파악하는 데에도 시간이 걸린다. 때문에 이런 문제에 익숙해지기 위해서라도 기출문제를 분석해야 한다. 기출문제를 분석한다는 게 거창한 게 아니다. 분석한다는 것은 문제에 담긴 내용 하나하나를 다 끄집어내는 과정이다. 예를 들면, 물리에서 운동에 관한 문제가 그래프와 함께 출제되었다고 가정해 보자. 문제에서는 그 그래프를 해석해 거기에 맞게 답을 찾는 것을 요구할 것이다. 보통의 학생들은

그렇게 문제에서 요구한 것만 풀고 넘어갈 것이다. 하지만 문제를 분석하라는 것은 다시 한 번 그 문제를 보라는 것이다.

물리에서는 운동단원만 해도 담겨 있는 개념과 내용이 엄청나다. 그렇다면 과연 문제의 그래프에서 얻어낼 수 있는 내용이 문제에서 물어봤던 내용뿐일까? 당연히 아니다. 그 그래프를 자세히 들여다보면 그래프의 추세에서 알 수 있는 내용도 많고 기울기, y절편 등에서 뽑아낼 수 있는 정보가 엄청나다. 그리고 거기서 얻어낸 정보를 토대로 문제를 만들어볼 수도 있을 것이다. 그렇게 새롭게 얻은 내용을 그래프 옆에 정리하고 스스로 문제도 출제해서 풀어보고 문제에 관련된 개념을 문제 밑에 정리하는 것, 이것이 바로 문제를 분석한다는 것이다. 물론 모든 문제를 이렇게 분석할 필요는 없다. 내가 말하는 문제분석은 어디까지나 기출문제에 해당된다. 실제로 나는 반수를 할 때 고3 때 모자랐던 과학탐구 부분에 많은 투자를 했는데, 모든 과목을 이런 식으로 기출문제를 분석해 많은 도움을 받았다.

우선 내가 선택한 네 가지 과목(물리1, 화학1, 생물1, 화학2)의 최근 삼년간 기출문제(6, 9월 평가원모의고사, 수능시험)를 모두 인쇄해 뽑았다. 그렇게 뽑게 되면 한 과목당 일 년치 문제가 60문제이고, 삼 년치를 뽑았기 때문에 대략 180문제를 분석하게 된다. 그렇게 180문제씩 네 과목 모두를 그래프분석하고 뽑아낼 수 있는 내용 더 뽑아내고 하는 식으로 하다 보면 많은 시간과 노력이 필요한 건 사실이다. 하지만 그 작업을 다 마친 뒤에 지속적으로 정리된 시험지를 읽어보면서 중요개념을 상기시키다 보면 내용을 까먹지 않고 계속 떠올릴 수 있게 된다. 또 하나의 장점은 출제경향을 파악할 수 있다는 것이다. 실제로 기출문제를 180문제나 보면서 분석을 하다 보면 평가원 교수들이 그 과목에서 어떤 내용을 좋아하는지, 어떤 식으로 오답을 유도하는지, 어떤 류의 답을 좋아하는지 알 수 있다. 그렇게 되면 어떤 식으로 공부를 해야 하는지 방향을 잡을 수 있기 때문에 좀 더 수월하게 과탐 공부를 할 수 있을 것이다.

과학탐구라는 과목이 학습시간도 짧고 그에 비해 양이 많기 때문에 많은 학생들이 한두 과목씩 포기하곤 한다. 특히 가장 많은 경우가 "나는 세 과목만 반영하는 대학교에 갈 거니까 한 과목은 포기하겠어."라는 경우이다. 이런 마음가짐은 매우 위험하다. 수능시험에서 과탐의 과목별 난이도는 예측할 수가 없다. 어떤 과목은 예상 밖으로 쉽게 나올 수도 있고 어떤 과목은 예상치도 못하게 어렵게 나올 수도 있다. 그런 상황에서 한 과목 포기하고 나머지 과목만 준비하는 식으로 공부한다면 준비했던 세 과목에서 문제가 어렵게 출제되는 경우에는 정말 대책이 없게 되고 만다. 그런 경우에는 어렵게 출제되었기 때문에 두 과목 정도를 망치고 한 과목은 공부를 안 해서 망쳐서 과탐 점수 때문에 대학을 못 가는 그런 상황이 될 수도 있다는 것이다. 때문에 과탐은 자신이 선택한 과목 네 과목 모두 다 열심히 해야 한다.

그리고 과탐에서 가장 중요한 것은 반복이다. 재수생들이 고3 수험생들에 비해 압도적으로 강한 이유가 뭐라고 생각하는가? 그것은 바로 충분한 시간이다. 때문에 이것을 극복하려면 애초에 공부할 때 철저히 개념중심으로 공부하면서 끊임없이 반복해 개념을 이미지화해 줄줄 쓸 수 있을 때까지 노력하고 또 기출문제의 철저한 분석으로 출제경향도 파악해야 한다.

과탐 한 과목당 주어지는 시간은 삼십 분이다. 거기서 마킹시간을 빼면 기껏해야 주어지는 시간은 이십오 분에서 이십칠 분 내외이다. 하지만 풀어야 하는 문제는 20문제다. 한 문제를 거의 일 분에서 일 분 삼십 초 내로 해결해야 한다. 그래서 문제를 읽고 개념을 기억해 내기엔 턱없이 시간이 부족하다. 하지만 철저히 개념중심으로 백지복습이 가능할 정도로 공부를 한다면 문제를 보는 순간 필요한 개념들이 튀어나오게 되고 기출문제분석에서 다져진 응용력으로 문제를 해결할 수 있을 것이다.

기통찬 공부법 멘토링

교과성적도 포트폴리오하라. 입학사정관제에서는 비교과활동뿐만이 아니라, 교과학습
도 다양한 도전과 실험을 비중 있게 평가하고 있기 때문이다.

과목별 점수 목표 정하기	시험결과 평가하기
과목별 공부방법 짜기	공부방법에 대한 보완점 찾기
계획대로 실천하기	다음 목표 정하기

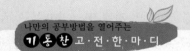

나만의 공부방법을 열어주는
기통찬 고·전·한·마·디

보내온 편지에 '예전에 배운 것을 복습하기만 한다면 지금 새로 글을 읽는 데 방해가
될 것입니다.' 라고 되어 있던데, 이것은 학문을 어서 빨리 이루고자 하는 욕심 때문에
그런 것 아닙니까? 빨리 이루고 싶기 때문에 예전에 배운 것을 익힐 겨를이 없고, 그
뿐만 아니라 지금 새로 읽고 있는 글도 정밀하고 익숙하게 공부할 겨를이 없게 되고,
그래서 늘 마음이 조급해져서 항상 어딘가에 쫓기는 듯하고, 그 결과 원래는 다양한
책을 폭넓게 읽고자 했지만 정작 글에 대한 이해가 거칠고 엉성해 무엇을 읽었는지 도
로 잊어버리게 되고, 그래서 아예 책 한 권도 읽지 않은 사람과 별로 다르지 않게 되
는 법입니다. 요즘 공부하는 사람들을 보면 매양 이런 병통에 빠져 있으니, 이렇게 한
들 결국 무슨 학문을 성취할 수 있겠습니까?

이황 「이황선집」

우선,
나만의 뚜렷한 목표를
세워라

우리나라에서 가장 공부를 열심히 하는 사람들은 누구일까? 대학교수? 고시준비생? 아니다. 필자가 보기에는 학원강사들이다. 스타급 강사가 아니더라도 오 년 정도의 경력이라면 자타가 공인하는 '공부의 신' 들이다. 이들의 공부는 대학교수처럼 자기 세부 전공영역만 파고들어가는 것도 아니며, 고시준비생처럼 자기가 시험문제를 풀기 위한 것만도 아니다. 이들은 교수처럼 자기가 맡은 과목도 파고들어야 하며, 수험생처럼 문제도 수십 가지 이상 섭렵해야 할 뿐만 아니라 자기만의 공부비법을 계발해야 한다.

이렇게 어렵게 터득한 공부의 노하우를 전수받기 위해 학생들은 밤이면 밤마다 피곤함도 잊은 채 학원으로 달려간다. 이제는 시공간의 벽도 문제되지 않는다. 공부법에 대한 책과 동영상 서비스가 무제한 제공되고 있기 때문이다. 그러나 미안한 이야기지만 공부방법은 원칙적으로 전수가 불가하다. 방법은 내가 해봄으로써만 터득할 수 있기 때문이다. 더구나 미래의 입시에서는 개별적인 특수성을 평가하기 때문에 '공부의 신'들의 이야기는 그들의 이야기일 뿐이다.

학생들이 배워야 할 것은 강사들이 계발한 공부방법이 아니라 그 정신이다. 그들도 수많은 시행착오를 경험하면서 자기만의 공부방법을 터득했다. 마찬가지로 학생들도 시행착오를 경험해라. 그 과정에서 나만의 독창적인 공부방법이 생길 것이다. 빨리, 쉽게, 편하게 얻은 것은 그만큼 빨리, 쉽게 사라진다.

치밀한 계획과 실천으로
서울대 경영학과에 합격한 **김남백** ✏

서울대에 들어갔다고 해서 내가 남보다 특별하게 지능이 뛰어나거나 능력이 많다고 생각하진 않는다. 다만 목표를 세우고 그 목표를 이루기 위해 성실하게 최선을 다했기에 이런 결과를 얻었다고 생각한다. 후배들도 머리가 안 좋다거나 너무 늦었다고 생각해 포기하지 말고 목표를 세우고 그 목표를 이루기 위해 끊임없이 노력하면 반드시 자신의 꿈을 이룰 수 있으리라 믿는다.

고등학교 1학년 때 가장 중요한 것은 무엇보다 인생의 목표, 내가 가고자 하는 대학이 어딘지 목표를 세우는 것이다. 목표가 생기면 그 목표를 이루고자 하는 열정이 생기기 때문이다.

나의 꿈은 변호사가 되는 것이다. 예전에는 엔터테인먼트 분야 전문 변호사로 일하고 싶었지만, 최근에 와서는 경제전문변호사도 꿈꾸게 되었다. 엔터테인먼트 자체는 향후 발전 가능성이 크고, 일하는데 재미도 있을 것 같아서 가지게 된 꿈이고, 경제전문변호사는 경영학과에 진학하게 되면서 생각한 진로이다. 변호사라는 직업이 사람들을 만나고, 그들의 고민을 들어주고 나름의 해결책을 제시해 준다는 점에서 나의 적성과도 맞고 또 굉장히 매력적인 직업이라고 생각한다. 나중에 은퇴를 하게 되더라도 무료법률사무소를 차려서 어려운 사람들을 도울 수도 있을 것 같아 굉장히 보람된 직업이라고 생각한다.

앞으로 대학에 들어가면서 어떤 직업을 선택하고 어떠한 삶을 살아야 하는지는 많이 고민해 보아야겠지만, 자아를 실현할 수 있으면서, 남을 도울 수 있는 직업을 갖고 싶었다. 고등학교에 입학하자마자 서울법대 진학을 목표로 잡았었다. 그런데 우리 학번 때부터 법대가 없어지고 로스쿨이 생긴다는 소식을 접하고 서울대 경영학과로 목표를 수정했다.

목표를 세우고 난 다음에는 가고자 하는 대학의 입시요강을 잘 읽어보고 입시전략을 세워야 한다. 무엇을 어떻게 준비해야 하는지, 무엇을 중요시하는지 꼼꼼히 살펴보고 그에 따라 준비해야 한다. 예를 들어 수시로 지원을 한다고 하면 전형요소가 무엇인지, 어떤 과목이 내신에 반영되는지 비교과 영역은 무엇을 준비해야 하는지 면밀히 검토해 보고 그에 따른 준비를 차근차근히 해나가야 한다.

목표대학을 설정하면 해야 할 공부량이 보인다. 하루하루 그 공부량을 채워 가다 보면 어느새 그 목표에 접근하고 있는 자신을 발견할 수 있을 것이다. 입시제도의 변화에 따라 달라질 수 있겠지만 1학년 때부터 내신관리를 잘해야 한다. 간혹, 학생들 중에는 수능을 잘 보면 되지 않느냐고 반문하는 학생이 있다. 그러나 내신이 수능의 기본이 된다는 사실을 명심해야 한다. 고등학교에 들어와서 처음 보는 중간고사는 매우 중요한 의미를 갖는다. 중간고사를 잘 보면, 앞으로 고등학교 생활을 하는 데 자신감을 가질 수 있고, 그 자신감은 목표대학에 진학하는 데까지 연결된다. 또, 내신이란 한 번 관리를 잘못하게 되면 만회하기 어렵고 그러다 보면 자신감을 잃을 수 있기 때문에 아주 중요하다고 할 수 있다.

또 내신 관리만큼 중요한 것이 언·수·외에 대한 기초공사이다. 1학년 때 언·수·외에 대한 기초를 다져놓지 않는다면, 나중에 시간이 부족해 탐구영역까지 망치는 결과를 초래하게 된다. 그렇기 때문에 1학년 때는 기본적으로 목표대학을 설정하고, 내신을 다져놓고, 언·수·외에 대한 기초를 쌓는 것이 중요하다.

1학년 때 기초를 쌓았다면, 2학년 때는 실력을 쌓아야 한다. 언·수·외 중 미진한 과목이 있다면 그 과목에 최선을 다해야 하고, 탐구과목도 선택과목을 확정하는 것이 좋고 여름방학에 두 개 정도 하고, 겨울방학 때까지는 선택과목 모두를 한번 훑어서 전체적인 맥락을 아는 게 중요하다. 선택과목 시 주의할 점은 내신과 병행할 수 있는 과목인지 아닌지를 잘 살펴야 한다.

예를 들어 내가 선택한 과목이 3학년 과정에서 배우는 과목과 다르다면 최악의 경우 사탐을 7~8개 공부해야 하는 경우가 생길 수도 있다. 이렇게 되면 내신관리도 어렵고 공부할 시간도 부족해 선택과목 모두를 망치게 된다. 또한 내가 잘할 수 있는 과목인지, 선택하는 학생들이 많은 과목인지 아닌지를 신중히 검토해 백분위 등에서 불리하지 않도록 해야 한다.

3학년에 들어서 나는 선생님의 조언에 따라 한 가지 큰 결심을 했다.

"고3이 되면 너희는 인간이기를 포기해야 한다. 그냥 공부하는 기계라고 생각해라!"

2학년 때 통계과목 선생님께서 했던 얘기다. 나는 왠지 이 말대로 고3 생활을 하고 싶은 생각이 들었다. 지금 생각해 보면 어처구니가 없는 생각일 수도 있는데, 왠지 이렇게 해야만 내가 원하는 서울대 경영학과에 들어갈 수 있을 것 같았다. 목표를 이루기 위해 나 자신을 올인하는 것! 어찌 보면 참 매력적인 일이다. 그래서 나는 공부하는 기계가 되기로 마음먹었다. 후배들이 보면 끔찍하다고 생각할 수도 있겠지만 나의 고3 생활은 말 그대로 공부하는 기계였다. 쉬는 시간, 점심시간에도 공부를 했고, 석식을 학교에서 해결하고 제일 먼저 학교 정독실에 들어와 공부했다. 이렇게 열심히 죽을 만큼 공부했기에, 원하는 결과를 얻었다고 생각한다. 많이 힘들었지만 수험생활의 강을 잘 헤엄쳐온 나만의 공부방법이다.

시간활용 방법

하루, 일주일, 한 달, 시험기간 등으로 나누어 계획을 세우고 세부적으로 철저하게 시간을 나누어 쓰는 것이 좋다. 2학년 때 담임선생님으로부터 배운 방법인데 정말 추천하고 싶은 방법이다. 계획을 세웠으면 지켰는지, 안 지켰는지 점검, 확인하고 실제 공부한 시간 양이 얼마인지 점검하는 게 중요하다. 책상에 앉아 있는 시간이 아니라, 실제 공부한 시간을 점검해야 한다. 한 시간 책상에 앉아 있었다 하더라도 화장실을 간다거나, 음악을 듣는다거나 등으로 실제 공부한 시간은 한 시간이 아닐 수도 있기 때문이다. 그래서 총 공부한 시간이 얼마인지 점검해 가며 계획한 시간과 실제 공부한 시간이 일치하는지 확인해야 한다.

학교에서 쉬는 시간의 자투리 공부는 개인적으로 수학공부가 제일 좋다고 생각한다. 수학문제를 푸는 것은 다른 과목보다 집중이 잘 되기 때문에 소란스러워도 공부가 되기 때문이다. 쉬는 시간 동안 3~4문제를 푸는 것이 가능한데 6교시 쉬는 시간 동안이면 20문제 정도는 풀 수 있다고 볼 수 있다.

슬럼프 극복방법

모의고사 성적이 생각 외로 저조하거나, 공부가 안 될 때 슬럼프에 빠질 수 있다. 나또한 모의고사 점수가 잘 나오지 않아, 여러 번 슬럼프에 빠지곤 했었다. 슬럼프라는 것은 누구에게나 찾아올 수 있다. 아무리 공부를 잘하는 똑똑한 학생이라도, 시험점수가 높게 나와 별성적 고민이 없어 보일 것 같은 학생도 모두 겪기 마련이다.

'열심히 공부했는데 왜 이리 성적이 안 나올까, 나는 공부해도 좋은 대학 가기 힘들 거야.'

이런 자책은 절대 금물이다. 사람마다 슬럼프 극복방법이 다양하겠지만 나는 슬럼프에 빠지면 잠을 자는 편이었다. 스트레스가 심하게 쌓일 때도 음악을 듣거나 잠을 잔다. 이럴 때는 무리하게 공부를 하기보다는 잠을 푹 자고 기분전환을 하는 것이 좋다. 그리고 목표대학을 가보거나 목표대학을 생각하는 것도 큰 도움이 될 것이다. 다시 한 번 자신의 목표를 떠올리면서 여기서 무너지면 안 된다는 생각으로 다시 한 번 공부하려는 의지를 가질 수 있을 것이다.

공부량

공부량을 스톱워치를 이용해서 재는 것을 추천한다. 나 같은 경우에는 평일에는 5~6시간을 했던 것으로 기억한다. 이는 일곱 시간은 앉아 있어야 나올 수 있는 시간이다. 야간자습이 다섯 시부터 열두 시까지라면 이 시간을 계속 앉아 있어야 그 정도의 시간이 나온다는 뜻이다. 화장실 가는 시간 빼고, 잠시 딴 짓을 한 시간까지 다 빼고 스톱워치로 순수 공부시간만 잰다면 생각 외로 공부시간이 적게 나올 것이다.

그리고 주말 같은 경우에는 열두 시간씩 공부했다. 이를 달성하려면 아마 온종일 앉아 있어야 가능할 것이다. 나는 하루 스물네 시간 중 잠자는 시간을 빼고 밥 먹는 시간을 제외하고 최대한 집중해서 공부했더니, 스톱워치로 잰 순 공부시간이 열다섯 시간까지 나왔던 것으로 기억한다.

비교과영역 준비

대학마다 학과마다 중요시하는 비교과 영역이 다를 수 있다. 내가 가고 싶은 대학에서 요구하는 것이 무엇인지 파악하고 미리미리 준비하기 바란다. 봉사활동이나 어학능력 등은 대부분의 대학에서 요구하는 항목이다. 봉사활동은 점수를 얻기 위해서도 필요하지만 진심으로 봉사활동에 참여하면 점수보다 더 큰 것을 얻을 수 있는 활동이다. 어학능력도 마찬가지이다. 대학진학을 위해서 필요하지만 내신 수능을 동시에 대비할 수 있게 하고 세계화 시대에 언어구사 능력은 사회생활에도 꼭 필요한 일이기 때문이다. 그 외 교내활동 동아리 활동도 적극적으로 참여하기 바란다.

고3 후배들이 이 글을 본다면 꼭 생각해 보기 바란다.

일 년을 투자해서 남은 육십 년을 멋지게 살 수 있는 초석을 닦을 수 있다면, 일 년을 기계처럼 사는 것이 결코 후회할 만한 일은 아니라고 생각한다. 일 년 동안 놀고 입시에 실패해 재수를 하는 케이스까지 고려해 본다면, 고3이라는 일 년의 시간을 공부에 올인하는 것은 결코 나쁜 선택은 아니라고 생각한다. 잡념을 모두 버리고 오직 공부에 매진하는 것, 이것만이 고3 내내 해야 할 일이다.

그러면 일 년 후 원하는 대학에서 원하는 공부를 하며 치열했던 고3 생활을 회고하며 웃을 수 있는 날이 올 것이다. 비록 나도 이제 대학에 들어갈 새내기에 불과하지만, 고3 때가 가장 공부를 많이 해야 하고 정말 중요한 시기라는 것은 알고 있다. 힘든 일도 많고, 때론 지쳐서 정말 공부고 뭐고 다 포기하고 싶을 위기의 순간도 올 수 있을 것이다. 그때마다, 자신을 사랑해 주는 사람을 생각하고, 목표를 다시 한 번 되새기며 열심히 공부를 하기 바란다. 다들 원하는 대학, 학과에 진학해 멋지게 인생을 살아가길 바란다.

끝으로 나폴레옹과 세네카의 말을 인용해 본다.

"승리는 노력과 사랑에 의해서만 얻어진다. 승리는 가장 끈기 있게 노력하는 사람에게 간다. 어떤 고난의 한가운데 있더라도 노력으로 정복해야 한다. 그것뿐이다. 이것이 진정한 승리의 길이다."

〈나폴레옹〉

"행운이란 준비가 기회를 만날 때 생기는 것이다."

〈세네카〉

기통찬 공부법 멘토링

입학사정관제에서는 나만의 맞춤 공부방법이 유리하다. 특기적성이나 전공적합전형이
다양하게 열려 있기 때문이다.

초 · 중 · 고 교과별 학업성취도 변화 추이는 어떠한가?

가장 우수한 과목은 무엇이며 그 이유는 어디에 있다고 생각하는가?

가장 취약한 과목은 무엇이며 그 이유는 어디에 있다고 생각되는가?

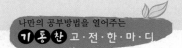

나만의 공부방법을 열어주는
기통찬 고 · 전 · 한 · 마 · 디

오색五色의 화려한 색깔은 사람의 눈을 멀게 하고, 오음五音의 아름다운 소리는 사람의
귀를 먹게 한다. 오미五味의 좋은 맛은 사람의 입맛을 버리게 한다. 말을 달려 사냥을
하는 것은 사람의 마음을 광분하게 만들고 얻기 어려운 재물은 사람의 행실을 그르치
게 한다. 그러므로 지혜로운 사람은 배를 채울 뿐 눈요기는 하지 않는다. 그리하여 저
것을 버리고 이것을 취한다.

노자 『도덕경』

나만의 기억법을
개발하라

　광고의 홍수시대다. 대중매체뿐만이 아니라 사람발길 닿는 곳이면 어디서든지 눈을 사로잡는 광고를 목격할 수 있다. 광고가 많아지면 많아질수록 광고는 더 자극적으로 변화해야 살아남는다. 광고는 그 속성상 가장 짧은 시간에 가장 많은 정보를 가장 강하게 전달해야 하기 때문이다. 그래서 광고의 진화단계란 인간의 감각을 어디까지 자극하는가에 달려 있다고 해도 과언이 아니다.

　광고의 홍수만큼 학생들에게는 지식도 홍수다. 그렇다면 광고의 속성을 공부방법에 적용할 수는 없을까? 이것이 교육적인지는 생각해 볼 문제지만, 현실상황에서 가장 짧은 시간에 가장 많은 지식을 이해하고 암기할 수 있다면 매력적인 방법이 아닐 수 없다. 광고는 감각을 자극하는 방법을 사용한다고 했는데 공부에도 적용이 가능할까?

공부방법에 정답은 없다. 그러나 오답은 존재한다. 기존의 공부방법 가운데 오류 한 가지는 지식을 습득하는 데 있어서 인체의 일부 기능만 사용하고 있다는 점이다. 공부는 두뇌로만 하는 것이 아니다. 눈, 귀, 코, 입, 피부 모두 공부를 돕는다. 오감을 활용한 다양한 기억법을 스스로 체험해 보라. 광고의 생존법칙에서 여러분들만의 공부의 생존법칙을 찾아보자.

7.3.3 암기법칙으로
이화여대 초등교육과에 합격한 **한현지**

저는 지금 학원에서 예비 고3 학생들을 가르치고 있는데 일 년 가까이 강의하는 과정에서 학생들이 겪는 기쁨, 슬픔, 설렘 등을 함께 느꼈습니다. 무엇보다도 저 또한 여러분과 같은 시기를 겪고 대학생이 되었으니, 여러분이 모의고사를 보며 일희일비할 때마다, 그 반동이 제 가슴속까지 전해져 오는 느낌입니다. 그러면서 어떻게 하면 도움을 줄 수 있을까, 조금이라도 불안감을 없애줄 수 없을까 하다가 펜을 들었습니다. 학원강사로 일하던 노하우와 저만의 비법을 중심으로 여러분의 기나긴 공부 레이스에 보탬이 되기를 바랍니다.

현재 저는 이화여자대학교 초등교육과 2학년에 재학 중입니다. 저는 정시로 합격한 것이 아니라 수시로 합격했기에 수시합격 노하우를 중심으로 조언을 드리고자 합니다.

수시는 장거리 레이스입니다. 몇몇 학생들은 정시가 불안하니까 수시로 대학을 가야겠다고 생각하는데, 수시는 정시만큼이나 치밀한 관리가 필요하고, 그러기 위해서는 다방면에 걸쳐 기초를 쌓아둘 필요가 있습니다. 내신과 비교과, 모의고사, 논술과 면접 등 모든 분야의 기초가 완벽해야 합격을 보장받을 수 있습니다.

😃 수시, 그 첫 번째 열쇠 : 내신과 7 · 3 · 3 법칙

여러분에게 "수업시간에 수업 잘 들어라.", "2주 전부터는 시작해야 된다.", "암기과목은 무조건 외우고 주요과목은 문제집 많이 풀어라."라고 말하지는 않겠습니다. 여러분도 잘 아는 내용일 테니까요. 대신 저는 어떻게 하면 효과적으로 내신을 관리해 수시합격에 유리한 고지를 점령할 수 있을지를 알려드리겠습니다.

저는 내신관리를 할 때, 혹은 광범위한 범위의 공부를 할 때 '7 · 3 · 3 법칙'을 세웠습니다. 이것은 '7개의 항목을 3어절 이내로 만들어 3번 본다'는 것인데, 나중에 교육학을 배우니 정말로 이 방법이 효과가 있었다는 것을 과학적으로 입증받았습니다. 왜냐하면 인간의 뇌는 줄글보다는 그림을 더 잘 이해하는 습성이 있고, 인간이 효율적으로 외울 수 있는 정보는 3덩어리 이내이기 때문입니다. 이 내용은 인지심리학이기 때문에 깊게 들어가지는 않겠지만, 내신같이 넓은 범위를 2~3주간 공부하기 위해서는 짧은 시간 내에 많은 내용을 볼 필요가 있지요. 특히 사회나 과학처럼 범위도 넓고 깊이 있는 과목일수록 더욱 그렇지요. 그렇게 하려면 일단 기억하기 쉬워야 하겠고, 마냥 줄글로 써서 기억하는 것보다 마인드맵, 의미맵 등 그림으로 기억하는 것이 좋습니다. 제 경험상 이 '7 · 3 · 3 법칙'은 영어 독해, 사회, 과학, 암기과목에 효과가 무척 좋았고, 수학 같은 경우에는 효과가 전무했습니다. 그러므로 여러분은 제 설명을 취사선택해 필요한 과목에만 적용하기를 바랍니다.

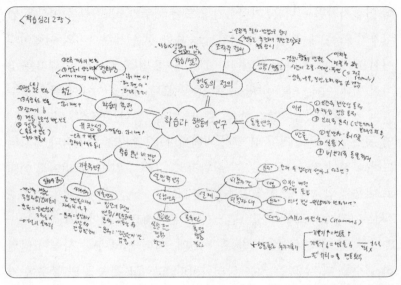

〈7·3·3 법칙 마인드 맵〉

  설명을 쉽게 하기 위해 얼마 전 시험 볼 때 썼던 마인드맵을 첨부했습니다. 일단 가운데에는 큰 주제를 쓰는 것이 좋습니다. 예컨대 이번 시험 범위가 '기능론과 갈등론'이라고 하면 그것을 쓰는 것이지요. 다음으로는 부가지를 만드는데, 중요한 것은 부가지가 7개를 넘으면 곤란합니다. 인간의 뇌는 한 번에 7항목 이상을 기억해 내기 힘듭니다. 그러므로 비슷한 내용끼리 묶거나 작은 내용끼리 묶는 방식으로 부가지를 7개 이내로 만들어야 합니다. 제 경험상, 부가지는 대체로 해당 단원 교과서의 소주제가 많이 들어가므로, 약 4개 정도면

적당합니다.

다음으로는 세부가지를 만드는데, 이것은 부가지에 딸린 작은 내용들입니다. 소단원 안에도 많은 내용이 있는데, 그것을 항목으로 만들어 연결시키면 됩니다. 기억하기 쉽도록 세부가지도 7항목 이상은 넘어가지 않는 게 좋습니다. 여기서 중요한 것은 세부가지의 어절이 3어절 이내여야 한다는 것입니다. '7·3·3 법칙'에서 두 번째 3은 '3어절 이내'인데, 인간이 외울 수 있는 정보는 1.5초 이내에 발음할 수 있는 것이어야 합니다. '한국, 중국, 영국, 독일, 프랑스'와 '한,중,영,독,프' 중 어느 것이 더 빨리 외워지나요? 후자일 것입니다. 즉, 되도록 어절이 짧을수록 외우기 쉬워지고, 그러기 위해서는 3어절 이내로 내용을 압축할 필요가 있는 것이지요.

세부가지까지 모두 그렸으면 공부를 본격적으로 해야겠죠. '7·3·3 법칙'의 마지막 3은 '3번 본다'인데, 여러 번 공부한 사람이 당연히 점수를 더 잘 받는 것은 당연합니다. 그리고 계속 보면 볼수록 기억이 활성화되어 더 빨리, 더 정확히 내용을 알 수 있습니다. 그러므로 한 번 만든 마인드맵을 버리지 말고 최소한 3번은 보고, 설명이 필요하다면 교과서를 옆에 두고 공부하는 것이 좋습니다. 이렇게만 하면 여러분의 암기과목 성적은 100% 보장할 수 있습니다. 많은 내용을 한 페이지 안에 담는 것만큼 효과적인 외우기 방법은 없거든요.

그렇다면 주요 과목은 어떻게 공부하느냐는 의문이 있을 수 있겠는데, 주요 과목은 암기하는 과목이 아니기 때문에 마인드맵으로만 공부하는 것은 곤란합니다. 특히 수학 같은 경우에는 마인드맵보다는 문제풀이를 많이 하는 것이 좋습니다. 그러나 주요 과목은 암기과목보다는 훨씬 수능에 가깝게 내신이 출제되는 편이고, 그러므로 내신에만 치우치기보다는 수능을 대비한다는 마음가짐으로 공부하는 것이 좋습니다. 특히 사립형 고등학교 같은 경우에는 문제집을 가지고 시험이 출제되는 경우가 많은데, 그때는 세부사항을 암기하기보다는 모의고사에 대비한다는 마음가짐으로 큰 틀 안에서 접근하는 것이 좋겠습니다. 여기에 대한 설명은 다음 장에서 자세하게 언급하겠습니다.

🖥 수시, 그 두 번째 열쇠 : 모의고사 영역별 공부법

종종 학생들은 내신 따로, 모의고사 따로 대비한다고 생각하기도 합니다. 그런데 사실, 한문이나 기술, 가정 같은 비주요 과목을 제외한 주요 과목 국어, 영어, 수학, 사회, 과학 등은 내신과 모의고사가 통하는 면이 많습니다. 물론 내신은 좀 더 자잘하고 섬세하게 문제가 출제되는 경향은 있지만, 멀리 보면 결국 수능을 대비해야 하기 때문에 학년이 올라갈수록 주요 과목의 문제가 모의고사처럼 바뀌게 됩니다. 그러므로 여러분은 이 부분의 조언을 들으면서 주요 과목의 실력을 장기간 관리한다는 생각으로 임하기를 바랍니다. 편의상 네 영역으로 나누어 설명하겠습니다.

::언어영역 : '재능'에 그 성패가 달려 있다고 생각하는 사람들이 있는데, 실은 그렇지 않습니다. 다른 과목과 마찬가지로 꾸준한 노력만이 성패를 좌우합니다. 제가 수능을 마치고 문제집을 처분하려 집 밖에 쌓아 놓았더니, 그 높이가 180센티미터를 훌쩍 넘겼습니다. 그걸 보면서 '저렇게 징그럽게 많이 풀어야 전국 1% 내외의 언어영역 성

적이 나오는구나.' 라고 느꼈습니다. 결국 언어영역도 수학이나 외국 어같이 '감각'이 중요한 영역이기 때문에 되도록 많은 문제집을 풀며 감각을 익히기를 바랍니다. 제 경험에 의하면 『신사고』 시리즈, 『숨 마쿰라우데』 시리즈가 참 좋았습니다. 『신사고』가 2등급으로 가기 위 한 입문서라면, 『숨마쿰라우데』는 1등급을 확정짓기 위한 마지막 문 제집입니다.

문제를 많이 풀며 깨달은 것이 있다면 언어영역은 문학이든 비문학 이든, '객관적인 시각'이 참 중요합니다. 종종 학생들은 자신만의 상 상에 빠져 엉뚱하게 지문을 해석하거나, 배경지식에 의존해 정작 본 문 독해는 소홀히 합니다. 그러나 수능은 배경지식이나 상상력을 요 구하지 않습니다. 그러므로 문제를 풀 때, '내가 이 자리에서 지문을 몽땅 외운다'는 생각으로 집중해 지문을 보고, 머릿속에 남아 있는 지문의 기억으로 문제를 풀어야 합니다. 거듭 말하지만, 언어영역도 '감각'입니다. 그리고 그것은 노력으로 키워집니다.

:: 수리영역 : 많은 학생들이 어려워하고 저 또한 어려운 영역이었습 니다. 수리영역 성적을 포기한 친구들도 종종 보았는데, 그렇게 되면 일단 서울 상위권대학 진학은 불가능해집니다. 저 같은 경우에는 '양 속에 질이 있다'는 생각으로 문제집을 많이 풀었습니다. 많은 문제를 풀기에는 『SSEN』이나 『EBS』 수리영역 문제집이 참 좋았습니다. 『SSEN』 같은 경우에는 문제가 많아서 수학의 기초를 다지기 좋고, 『EBS』 수리영역 문제집은 쉬운 편은 아닙니다만 그 어려움 때문에 수능 수학에 대한 감각을 기를 수 있었습니다.

수리영역에는 정도가 없습니다. 선배로서 제가 비법을 알려 드리고 싶어도, 제 경험상 수학은 가장 정직한 과목이어서 노력에 비례해 성적이 나왔습니다. 다만 한 가지 말하고 싶은 게 있다면, 학년이 올라갈수록 수리영역의 내용이 어려워지는데 그렇다고 할지라도 절대 포기하지 말기를 바랍니다. 마지막까지 포기하지 않으면 올라갈 수 있습니다. 수학은 암기과목이 아니기 때문에 이해력과 응용력만 있으면 점수가 대폭 상승할 수 있는 과목이므로, 성적이 오르지 않는다고 좌절하지 말고 넓게, 천천히 임하기를 바랍니다.

:: 외국어영역 : 자신의 현재 성적에 따라 전략을 다르게 할 필요가 있습니다. 문법 부분이 취약하다면 다양한 문제집을 풀고, 어휘가 취약하다면 교과서 단어와 모의고사 어휘를 스크랩해 외우고, 듣기가 많이 어렵다면 듣기 문제를 많이 풀어야 합니다. 이렇게 영역별로 접근하는 방법을 달리하지 않으면 결국 성적은 제자리가 되기 쉽습니다. 문법 같은 경우는 『신사고』 시리즈와 『디딤돌』 시리즈가 기초를 다지기 좋고, 듣기 같은 경우에는 『EBS』가 그나마 모의고사와 형태가 비슷합니다. 어휘 같은 경우에는 문제집보다는 기존 모의고사의 어휘를 스크랩해서 외우는 것이 훨씬 효율적입니다. 해가 거듭할수록 정말 중요한 단어는 모의고사에서 많이 나오게 마련입니다.

:: 탐구영역(사회탐구, 과학탐구) : 많은 학생들이 단기간에 점수를 올릴 수 있다고 생각하는데, 사실은 그렇지 않습니다. 고득점을 얻고 싶다면 탐구영역은 최소한 2학년 때부터 시작해야 합니다. 특히 과학탐구 같은 경우에는 학년이 올라갈수록 내용도 어려워지고, 모의고사 난이도도 예측할 수 없으므로 어떤 상황에서도 공부를 철저히 해야 합니다. 사회탐구 같은 경우는 암기가 실력을 뒷받침하지만, 교과

서 구석구석의 내용을 숙지하고 지문을 이해하는 능력을 기르지 않으면 고득점이 불가능합니다. 그런 점에서는 탐구영역은 시중의 문제집보다 기존의 모의고사 기출문제를 푸는 것이 효과적입니다. 매년 출제되는 내용이 겹치고, 한 번 문제 형식이 굳어지면 내년, 내후년에도 그 형식이 출제되기 때문입니다. 특히 역사 같은 경우에는 한 번 나왔던 내용이 계속 나올 확률이 높으므로, 모의고사 문제집을 풀며 각종 자료들을 정리하고 그것을 숙지하길 바랍니다.

🙂 수시, 그 세 번째 열쇠 : 비교과 준비

2010년 대입부터는 입학사정관제가 확대되고 수시 입학생 비율이 늘어납니다. 열 명 중 다섯 명이 수시로 합격하거나, 그 대학만의 특별한 전형으로 합격하게 되는 셈이지요. 물론 이 경우에도 내신과 모의고사가 뒷받침되어야 하겠지만, 사소한 차이를 결정하는 것은 비교과가 됩니다. 100점 만점으로 환산했을 때 내신이 최저 80점, 최고 100점이라고 한다면, 비교과는 최저 0점, 최고 100점이 될 수 있습니다. 그 이유는 내신은 대학 측에서 어느 정도의 기본 점수를 주는데다가 해당 대학에 입학하려는 학생들의 성적이 비슷한 반면, 비교과는 학생의 노력 여하에 따라 천차만별이 될 수 있기 때문입니다. 특히 이러한 현상은 자기소개서를 요구하거나, 교장 선생님의 추천을 받는 전형일수록 더욱 심화됩니다.

비교과를 알차게 채우는 가장 좋은 방법은, 사실 고등학교 1학년 때부터 가고자 하는 대학의 특성에 맞춰 하나하나 채워나가는 것입니다. 저는 고등학교 1학년 때부터 이화여대 초등교육과 혹은 서울대 국문학과를 지망했고, 정시보다는 수시로 입학하는 것이 좋다고 판단해 비교과를 열심히 준비했습니다. 제가 삼 년 동안 채운 비교과는 '이화여대 백일장 차상 수상, 중앙대 백일장 가작 수상, 연세대학교 AP이수, 국어능력인증시험 3급, 서울삼락회장상, 봉사활동 238시간, 학급 부회장 경력 2회' 등이었습니다. 봉사활동이나 학급 부회장 경력은 1학년 때부터 꾸준히 쌓았고, 백일장이나 AP는 2학년 때부터 시작했습니다. 그러나 철저히 내신기간을 피해서, 혹은 방학 동안 모든 활동을 진행했는데, 그 이유는 비교과에만 신경 쓰다가 정작 내신이나 모의고사 성적이 떨어지면 원하는 대학에 원서조차 넣을 수 없기 때문입니다.

그 결과 수시 원서를 쓸 때쯤에는 내신 평균 1.3등급, 모의고사 평균 1.2~4등급의 성적을 유지하면서 비교과 칸을 장식할 수 있었지요. 비록 서울대학교 국문학과는 2차에서 떨어졌지만, 이화여대 초등교육과는 우수장학생으로 입학했습니다. 내신 평균이 1.0등급도 아니고, 모의고사 평균이 1.0등급도 아니었던 제가 장학생으로 합격할 수 있었던 이유는 비교과영역에서 앞서지 않았나 생각합니다.

그러나 한 가지 유념해야 할 사실은 제가 비교과를 요구하는 전형으로 입학했다는 것입니다. 즉, 비교과를 요구하는 전형에서에만 제 경력이 효과가 있는 것이지, 내신과 논술만 보는 전형에서는 별다른 쓸모가 없습니다. 성균관대의 '자기추천전형'이나 서울대의 '특기자 전형'과 같은 전형이라면, 제 경우가 혜택을 보지만, 많은 대학들의 수시전형은 내신 50%, 논술 50%가 대부분이지요.

비교과를 준비할 학생은 1학년 때부터 착실히 준비하되 내신이나 모의고사도 잘 관리하고, 지금은 시간이 없다거나 수시에 큰 미련이 없는 학생이라면 내신이나 모의고사에 더 많이 신경을 쓰길 바랍니다. 집짓기에 비교한다면 비교과는 지붕이나 기와, 내신이나 모의고사는 기둥이나 주춧돌에 비유할 수 있습니다. 그러므로 여러분은 비교과에만 치중해 정작 원서를 쓸 때 성적이 모자라 후회하는 사태가 일어나지 않기를 바랍니다.

🖥 수시, 그 마지막 열쇠 : 논술과 합격의 상관관계

예전에는 논술이 대입에서 큰 변수가 아니었는데, 제가 대학에 입학할 때부터 논술 비중이 올라가더니 지금은 수시의 당락을 좌우하고 있습니다. 그렇기 때문에 어느 정도의 준비 없이는 합격을 바라보기 힘들다고 할 수 있습니다. 저는 '논술을 어떻게 준비하면 좋은가' 보다는 '이 점만은 실수하지 말자' 를 중점으로 조언을 드리고자 합니다. 학생들을 가르쳐보니 학생들 모두 논술에 대비하는 법을 무척 잘 알고 있었습니다. 많이 써보고, 첨삭을 열심히 받는 것. 그것이야말로 논술에 대비하는 가장 좋은 방법입니다.

그러나 문제는 여러분이 논술을 쓸 때 공통적으로 반복하는 실수가 있고, 그 실수가 수시에서의 당락을 결정한다는 것입니다. 그러므로 저는 지금부터 제가 가르쳤던 학생들의 데이터를 위주로 조언을 하려고 합니다.

여러분들이 논술에서 가장 많이 하는 실수는 '글에 자신의 생각을 집어넣는 것' 입니다. 요즘 대학 논술은 자신의 생각 쓰는 것을 요구하지 않습니다. 인하대학교나 숭실대학교는 그나마 자기 생각을 요구하는 편이지만, 다른 대학들은 지문을 요약 · 이해 · 분석하는 능력을 측정하려고 합니다. 따라서 문제 스타일도 '다음 글을 200자 이내로 요약하시오.', '다음 두 주장을 비교하시오.' 등이 대세인데, 학생들을 가르쳐보니 요약하라는 문제에 자신의 느낌을 집어넣는다거나, 두 주장을 객관적으로 비교해야 하는데 한쪽 주장에 무게를 더 싣는 등, 문제에서 요구하지 않는 자기 생각을 넣는 경우가 많았습니다.

물론 주어진 분량 내에서 필요한 내용을 다 쓴 후 느낌을 덧붙인다면 괜찮을 수도 있지만, 이 경우 대부분은 자신의 느낌을 피력하느라고 정작 필요한 내용은 누락되는 경우가 많습니다. 학생들에게 왜 요약하는 문제에 느낌을 집어넣었느냐고 물어보았더니, 자신들은 절대 그럴 생각이 없었는데 쓰다 보니 글이 산으로 갔다고 자백했습니다. 이렇게 된다면, 여러분은 의식적으로 주어진 문제에 집중하는 연습을 해야 하고, 무심코 의견이 필요 없는 문제에 의견을 넣게 된다면 즉각적으로 첨삭을 받아야 합니다. 혹은, 느낌과 분석을 구분하는 연습도 선행되어야 합니다.

글에 자기 의견을 집어넣는 것 외에도, 학생들이 많이 하는 실수는 '키워드가 문장에 들어가 있지 않다'는 것입니다. 여기서 키워드(key-word)란 지문의 내용을 총괄하는 주제 단어와 그 주위의 수식어들을 포함하는 단어인데, 이것을 잘 파악해야 짧은 문장 안에 모든 내용을 담을 수 있습니다.

기통찬 공부법 멘토링

입학사정관제에서는 엉뚱한 발상의 공부법도 포트폴리오를 통해서 평가받을 수 있다.
기존의 획일화된 공부의 틀을 깨지 않고는 미래 사회가 요구하는 소통과 창의적 융합
인재를 기대할 수 없기 때문이다.

눈을 사용하는 공부법에는 어떤 것들이 있는가?

귀를 사용하는 공부법에는 어떤 것들이 있는가?

입을 사용하는 공부법에는 어떤 것들이 있는가?

그밖에 신체를 사용할 수 있는 감각 공부법에는 어떤 것들이 있는가?

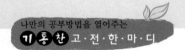

나만의 공부방법을 열어주는
기통찬 고·전·한·마·디

아이는 어른보다 작다. 그는 어른과 같은 힘과 이성도 가지고 있지 못하다. 그러나 아
이의 감각은 훌륭히 발달해 있으며, 어른과 같거나 혹은 거의 비슷하게 보고 듣고자
한다. 우리 내부에서 최초로 발달하는 기능은 감각이다. 제일 먼저 가꾸어야 할 기능
은 감각인데도 사람들은 이 감각을 등한시하는 경향이 있다. 감각을 훈련시키기 위해
서는 단순히 쓰는 것만으로는 충분하지 않다. 감각에 의해서 바르게 판단하고 느끼는
법을 배우지 않으면 안 된다. 우리는 이미 배운 대로밖에는 만지거나, 보거나, 듣거나
하지 못하기 때문이다.

루소 「에밀」

나만의 노트를
만들어라

　학생은 선생에게 배운다. '배운다'는 말은 무슨 말인가? '베이고', '운다'는 뜻이다. 선생이 '가르면' 학생은 '베이고', 선생이 '치면' 학생은 '운다'. 말장난처럼 들릴지 모르지만 우리가 매일매일 사용하는 이 말 속에 공부의 원리가 고스란히 녹아 있다. 선생이 무엇을 어떻게 '가르고', '치느냐'에 따라서 학생은 그에 맞게 '베이고(동화)', '운다(교감)'. 그렇다면 교육은 전적으로 선생에게 달려 있다. 맞는 말이다. 그런데 똑같은 교실에서도 우등생과 열등생이 나오는 것을 보면 문제는 교사에게만 있는 것이 아니다.

　공부방법의 정도는 예습과 수업집중 그리고 복습이다. 그런데 이것을 공부습관으로까지 이어가는 학생들은 생각보다 적다. 왜 그럴까? 선생이 '가르고', '치면' 학생은 '베이고', '울어야' 하는데 서로 호

흡이 맞지 않기 때문이다. 문제의 원인이 어디에 있건 학생은 '베이고 울' 필요가 있다. 아프고 힘든 만큼 한 발 성숙할 수 있기 때문이다.

전교 1등 노트법을 내 것으로 꼴찌 탈출
중앙대 법대 합격한 **김민수** ✏️

　놀기만 좋아했던 중학교 2학년 때, 성적표를 받고 저는 충격에 빠지고 말았습니다. 꼴찌를 간신히 면한 반 등수!
"이렇게 해선 실업계 고등학교도 들어가기 힘들겠다."
　학우들 앞에서 성적표를 주시며 담임선생님이 한 말씀에 저는 어린 마음에 큰 상처를 입고 말았습니다. 저는 바보같이 부모님과 상의할 생각도 못 하고 하루하루를 우울하게 보내며 인생에서 처음 겪어본 고민으로 끙끙 앓기 시작했습니다.
　성적 때문에 우울해하던 어느 날, 우연히 길에서 1학년 때 담임선생님을 뵙게 되었습니다. 15살 어린 나이에 얼굴이 너무 어두웠던지, 아니면 선생님 특유의 학생에 대한 관찰력이 발휘된 것인지는 모르지만 제 고민을 알아채고 다시 시작할 수 있는 용기를 주시는 것이었습니다. 저는 공부를 해야겠다는 생각이 그제야 들었습니다. 하지만 쉽지 않은 일이었습니다. 오랫동안 공부를 등한시했던 영향으로 영어책을 펼치자마자 명사와 동사도 구분 못해 절망감과 함께 책을 덮어야 했습니다. 그러고는 속셈학원도 다녀보지 않았던 제가 그날 바로 학원을 가겠다고 떼를 써서 학원에 등록했습니다. 하지만 학원의 시스템이나 문제집만 맹신하고 스스로의 노력이 없었던 결과인지, 학원공부에서도 실패하고 말았습니다.

학교와 학원에서의 실패, 이런 실패 속에서도 왜 공부는 해야겠다는 오기가 생겼을까요? 동네의 독서실이라도 다녀야겠다며 등록을 했는데, 독서실에서 우리 학교의 전교 1등이자 반장인 녀석을 만났습니다. 반가운 마음에 옆자리에 앉아 함께 공부를 했습니다. 그런데 하릴없이 그 친구의 문제집과 노트를 뒤적거리다 와우! 제가 처음 보는 노트정리법에 눈이 휘둥그레졌습니다. 학교 선생님이 말한 내용은 보라색, 참고서에 나온 보충내용은 노란색, 선생님께서 시험 직전 중요하다고 한 것이나 문제집을 풀고 틀린 내용은 빨강으로 표시해 모두 노트에 그대로 옮겨 적어 놓았던 것입니다.

노트와 교과서와 문제집은 다른 것이며 절대로 하나가 될 수 없다고 생각했던 제게 그것을 한 번에 묶을 수 있다는 사실에 충격을 받았습니다. 그리고 왠지 저도 똑같이 따라 하면 성적이 오를 거라는 생각이 들었습니다. 그래서 바로 전교 1등 친구의 노트를 빌려 똑같이 만들어 보려고 노력했습니다. 하지만 수업시간에 들은 내용도 이해하지 못하는 저로서는 그러한 노트를 정리해 만든다는 자체가 무리였습니다. 그래서 우선 쉬운 암기과목부터 도전했습니다. 전교 1등 친구의 노트와 똑같이 만들려고 수업시간에 정신 차리고 선생님의 말씀을 모두 받아 적기 시작했습니다. 수업시간에 집중해서 듣다 보니 문제집에서 혹은 참고서에서 필요 없는 부분을 버릴 수 있었고, 필요한 부분은 추가도 할 수 있었습니다. 그렇게 열심히 노력하다 보니 끝내 전교 1등 친구의 노트와 비슷하게 노트정리를 할 수 있게 되었습니다. 물론 처음에는 어떤 게 중요한지 찾을 수 없어 무식하게 선생님 말씀을 다 받아쓰기도 했습니다. 하지만 그렇게 무식하게 받아적었더니 수업내용은 쏙쏙 이해가 잘 되었습니다. 단답형으로 기본이론 부분은 간단하게, 심화부분은 어렵게 강의해 주던 학원과는 차원이 달랐습니다. 직접 만든 나만의 노트를 달달 외우면서 공부한 결과 그 학기 시험에서 꼴지가 10등을 하면서 일약 스타로 떠올랐습니다. '학습 정진상'이라는 상도 받았습니다.

향상된 성적에 자신감이 백 배 상승한 저는 이번에는 좀 더 어려운 국어, 영어, 수학 노트를 만들기 위해 노트에 오리고 붙이며 나만의 교과서를 제작하기 시작했습니다. 교과서에 선생님의 말씀을 모두 적어 놓고 참고서를(중학교 참고서는 교과서와 동일하게 나와 각주나 밑줄 등으로 표시가 많이 되어 있음.) 오려 붙여가며 공부했습니다. 어느 순간, 시험이 끝나면 답을 맞혀 보려고 제 시험지를 찾는 급우들이 하나 둘 생기기 시작했습니다. 신기한 변화였습니다.

그런데 성적이 오를수록 조금씩 더 욕심이 생겨나는 것이었습니다. 하위권에서 올라오긴 쉬웠지만 그 후론 좀체 오르지 않는 성적 때문에 고민을 하다가 어머니의 권유로 학원강의를 신청했습니다. 그런데 공부를 더 잘하고 싶은 욕심에 학원등록을 한 것인데 그만 저만의 공부시간을 모두 학원에 빼앗겨 버리고 말았습니다. 정성들여 만든 공부노트는 펼쳐볼 시간도 나지 않을 만큼 학원교재 풀기에 바빴습니다. 기본이 채워지지 않는 학원공부는 저에게 전혀 도움이 되지 않는 것 같았습니다. 결국 학원을 그만둘 수밖에 없었습니다. 저는 학원을 다니지 않는 대신 저만의 공부법으로 승부해야겠다고 생각했습니다. 먼저 당시에 나온 웬만한 문제집은 모두 구입했습니다. 그리고 구입한 문제집을 다 풀려고 애를 썼으며 저만의 교과서를 만드는 일도 게을리하지 않았습니다.

어느 순간 그렇게 제자리걸음이던 내신이나 모의고사 성적이 상위권으로 쑥 올라 전교 20등 안에 드는 학생들에게 제공되는 '자습반'에 들어가 공부할 수 있게 되었습니다. 자습반에 들어가면서 공부욕심은 점점 많아졌지만 새로운 문제가 생겼습니다. 사온 문제집을 모두 풀었음에도 수학성적은 전혀 나아질 기미가 보이지 않는 것이었습니다. 결국 부끄러움을 무릅쓰고 수학선생님을 찾아갔습니다.

"기본개념을 세우지 않고 문제를 푸는 수학은 모래 위에 철골구조물을 짓고 그 집이 튼튼하길 바라는 것과 같다. 가장 기본적인 수학개념을 망치나 스패너 등의 공구로 비유하자면 그러한 도구도 제대로 쓰지 못하면서 좋은 집을 만들 수는 없다."

그러면서 학교의 교과서가 혹시나 부족한 부분이 있거나 기본문제를 더 풀고 싶다면 이 책을 읽어보라면서 다른 교과서 책을 한 권 주셨습니다. 정말 망치로 세게 얻어맞은 듯한 느낌에 정신이 번쩍 들었습니다. 그렇게 기본개념 없이 문제만 푸는 것은 바보짓이라 생각했으면서도 저도 그들과 똑같은 실수를 해왔던 것입니다. 다음 날부터 교과서 중심으로 토씨 하나 안 빼놓고 책을 읽고 기본문제를 풀며 점차 해결책을 찾았습니다.

그렇게 공부하면서 얼마 후, 사설기관에서 시행한 모의시험을 쳤습니다. 정확히 기억은 나지 않지만 전교 8등 정도의 전국 모의고사 성적을 기록했고 수학선생님께 많은 칭찬을 받았습니다.

중학교시절 전교에서 꼴찌에 가까워 인문계 고등학교도 가기 힘들었던 학생이 전교에서 석차를 매길 수 있는 상위권 학생으로 변모한 제 공부법을 소개하고자 합니다.

:: 언어영역 : 기본적으로 문학작품이나 시의 해설을 통한 능력을 기르기 위해선 교과서가 기본이 되어야 하기에 교과서를 잘 분석한 참고서 하나를 봐야 합니다. 저는 『EBS』에서 나왔던 이만기 선생님의 참고서로 공부했습니다. 어떠한 점이 문제가 되고, 어떻게 생각을 하면 좋을지 하나하나 체크해 놓았기 때문에 언어공부가 하기 싫을 때는 소설을 읽는다는 기분으로 읽어도 참 좋습니다. 또한 다른 과목과 달리 초급, 중급, 고급 문제를 확실히 구분해 적은 양의 문제를 독파할 수 있습니다. 『블랙박스』에서 나온 문제집을 보면 고전시가, 현대시 등 각 파트별로 정리가 잘 되어 있어서 자신의 부족한 점을 메울 수 있습니다. 정확하게 한 권을 선택한 후 문제를 풀 때는 해설집의 토씨 하나 빼놓지 않고 보길 권합니다.

:: 수리영역 : 수학이 어려웠던 이유는 기본개념에 충실하지 못해서였습니다. 전교 10등 안에 들었던 성적을 유지하던 당시에는 너무 오르지 않은 성적이 걱정이 되어 학교의 수학선생님께 상담도 받아보고 동네 단과학원에서 수학을 배워보기도 했었습니다. 그러다 결국 저는 『수학의 정석』을 다시 보기 시작했습니다. 『수학의 정석』, 『개념원리』를 추천하는 많은 선배님이나 지금까지 장수해 온 책은 그럴만한 이유가 있습니다. 무엇보다 가장 기본기가 탄탄하게 정리되어 있는 문제집이라는 것입니다.

:: 외국어영역 : 여름방학 동안 과외를 지도했던 학생의 성적을 무려

30여 점 가까이 올려놓았던 공부방법입니다. 먼저 문법을 잡아주기 위해서 약간의 괴리감은 있으나 『해커스 토익』의 내용 부분만을 잘라 가르쳤습니다. 다 합쳐도 얇은 문제집보다 양이 적으니 들고 다니면서 언제든지 공부할 수 있는 장점이 있습니다. 영어는 어느 정도의 문법을 익힌다면 그 후부터는 단어 싸움이었기에 가능한 방법이었습니다. 문법의 기본개념을 조금씩 익히면서 주된 단어는 하루에 100~200여 개 정도 무식하게 외우도록 시켰습니다. 100개를 외우면 한 달이 지나면 20개 정도의 단어밖에 기억을 못 하는 듯했습니다. 하지만 계속해서 외운다면 누적이 되고 누적이 되어 5회독을 한다면 단어 100개를 전부 머릿속에 넣을 수 있게 됩니다. 단어집은 『능률 보카』가 눈에 익히기 좋고, 쉽게 색인을 볼 수 있어 추천합니다.

　문법과 어휘가 잡히고 나면 독해의 능력을 키워야 합니다. 이때에는 영어에 자신감을 붙이고 재미와 흥미를 위해 『리딩튜터』책을 추천합니다. 초·중·고급의 순으로 나온 것도 좋지만, 스포츠나 문화 등 자신의 맘에 드는 파트를 정해 읽을 수 있기에 다른 것과 다르게 흥미를 느끼며 영어를 공부할 수 있습니다.

기통찬 공부법 멘토링

입학사정관은 '자기를 파악하려 노력하는 사람'을 찾는다. 자기성찰은 모든 공부의 초석이 되기 때문이다.

나는 누군가가 나의 나쁜 습관(결점)을 지적해 주면 어떻게 대응하는가?

나는 나에 대해서 무엇을 알고 무엇을 모르는가?

나의 고쳐야 할 버릇은 무엇인가?

나의 좋은 습관은 무엇인가?

나만의 공부방법을 열어주는
기통찬 고·전·한·마·디

사대부들은 태어나 어렸을 적에는 제법 글을 읽네. 하지만 성장해서는 과거 시험 문장을 중심으로 배우고, 잘 보이기 위해서 화려하게 꾸미는 글을 익숙하게 짓지. 과거에 합격하고 나면 이를 더 이상 쓸데없는 것으로 여기고, 합격하지 못하면 머리가 허옇게 되도록 이에 매달리네. 그러니 어찌 다시 이른바 고전적인 산문이 있음을 알고, 제대로 공부할 겨를이 있겠는가.

박지원 『연암집』

참고와 모방은
구분하라

교사는 학생을 가르친다. '가르친다'는 말은 무슨 말인가? '가르고', '친다'는 뜻이다. '가르다'는 것은 '쪼개다', '구분하다' '분석한다' 등으로, '친다'는 것은 '살리다(누에를 치다)', '가꾸다(고랑을 치다)', '보살피다(새끼를 치다)' '울리다(종을 치다)' 등으로 해석해 보면 공부를 어떻게 해야 하는지 힌트를 얻을 수 있다.

가령 옷을 만든다고 가정해 보자. 예전부터 옷을 만들어온 선생先生은 천을 주면 천을 가위로 자른 다음 다시 바느질해 옷을 만든다. 어디를 얼마나 잘라야 하는지 바느질을 하면 어떤 모양이 나오는지 알고 있기에 선생先生이다. 옷을 한 번도 만들어 보지 않은 제자는 선생이 하는 것을 보고 하나하나 따라서 해보며 그 방법을 익힌다. 여러 번 반복해야 비로소 선생처럼 스스로 천을 가르고 칠 수 있게 된다.

지식을 익히는 데에도 같은 이치가 적용된다. 교사는 학생에게 언어의 개념을 구분하고(가르고) 그 의미를 파악하도록(치는) 도와준다. 이런 점에서 공부는 '가르고', '치는' 것을 반복하는 훈련이다. 따라서 직접 해보지 않으면 알 수가 없다. 알지 못하면 옷감이 있거나 책이 있어도 무용지물이다. 가르고 칠 수가 없기 때문이다. 직접 가르고 치면서 나만의 적성을 찾고 나만의 능력을 갈고 닦아야 차별화된 경쟁력을 확보할 수 있다.

나만의 유리한 조건을 살려

연세대 언론홍보영상학부에 합격한 **허새미** ✎

수시전형에 대해 알고 있는 학생들 중에는 학업우수자와 같은 수시에 대해서만 알고 있을 뿐, 각 학교의 특성을 반영한 수시에 대해서 잘 모르고 있거나 자신이 거기에 해당되리라고 생각하지 못하는 학생들이 많다. 일례로 서강대학교의 '가톨릭지도자추천전형'은 같은 시기에 모집하는 다른 일반 수시보다 훨씬 낮은 경쟁률을 가졌으므로 자격요건을 갖춘 학생들이 지원한다면 상당히 유리할 수 있다. 하지만 알려지지 않은 전형이므로 관심을 가지지 않는 경우가 많은 것 같다.

내가 준비했던 글로벌리더전형은 다른 전형들에 비해 비교적 내신 성적의 영향력이 낮고, 비교과와 구술시험의 영향력이 높은 편이다. 그래서 외국어고등학교 학생들의 지원 비율이 매우 높다. 나 역시 외국어고등학교 학생이었다. 그런데 안타까운 것은 일반 인문계 고등학생들도 조금만 준비하면 충분히 지원할 수 있는 전형임에도 불구하고 외고 학생들을 위한 전형이라는 전제하에 흥미를 가지지 않는다는 점이다. 실제로 주변에 같은 전형으로 합격한 일반계 고등학교 학생들을 보면, 상대적으로 내신이 높기 때문에 외고 학생들보다 유리한 조건을 가진 경우가 많다.

효과적으로 입시를 준비하려면 자신의 적성과 조건을 먼저 파악하는 것이 중요하다. 나는 고등학교 2학년 때부터 정시보다 수시전형이 더 알맞다는 사실을 깨닫고, 수시 준비에 몰두했다. 수시전형이 더 알맞다고 생각했던 이유는 봉사활동과 대회에 참가하는 것을 즐기고, 일정 수준의 영어와 독일어 실력을 쌓을 수 있었기 때문이다. 또 내가 수리영역이 취약해 수능으로 갈 수 있는 범위가 한정되어 있었기 때문이기도 했다. 이렇게 자신의 현재 상황과 적성을 파악한다면 더 좋은 방향을 찾아갈 수 있을 것이다.

고등학교 1학년 때는 수능 준비를 병행하지 않는 경우가 많아 2, 3학년에 비해 여유가 많으므로, 방학을 이용해 대외활동도 참가해 보고 학기 중에 다양한 대회경험도 쌓기 바란다.

나는 다른 외고학생들처럼 외국에서 살다왔거나, 아주 어린 시절부터 집중적으로 영어를 공부한 경우는 아니었다. 다른 학생들처럼 똑같이 초등학교에서 영어를 배우기 시작했고, 가정학습지로 알파벳을 삐뚤빼뚤 따라 그렸었다. 영어실력을 끌어올릴 수 있었던 것은 중학교 삼 년간의 노력 덕분이었다. 중학교에 입학하던 겨울부터 삼 년간, 나는 하루 3~4시간을 영어에만 투자했다. 그렇다고 문법을 배우거나 학원에 의존한 것은 아니었다. 집에서 매일 자막이 없거나 영어

자막인 애니메이션이나 영화 비디오를 보았다. 그리고 『해리포터』 시리즈를 오디오북으로 공부했다. 테이프를 틀고 읽어주는 소리에 맞춰 눈으로 책을 따라가는 것이 전부였다. 처음에는 무슨 말인지 알아들을 수 없어 답답하고 짜증도 났다. 하지만 이 두 가지 방법으로 이 년 만에 CNN을 알아듣게 될 정도로 놀라운 효과를 보았으니, 확실한 영어공부법일 것이다.

내신 영어준비는 외울 때까지 읽기를 권한다. 첫 번째 단어만 던져줘도 책의 본문을 암송할 수 있을 때까지. 이렇게 공부하면 본문에 괄호를 채워 넣는 문제, 틀린 부분을 찾아 고치는 문제, 본문의 순서를 배열하는 문제, 문장을 알맞은 곳에 끼워 넣는 문제 등 수많은 문제를 십 초 만에 정확히 해결할 수 있다. 또한 영어 문장들이 통째로 머릿속에 들어오기 때문에 자유자재로 영어 문장을 구사하는 데 큰 도움이 된다.

나는 비교과영역 준비로 영어시험, 독일어시험, 대외활동, 스피치대회에 중점을 두었다. 먼저 영어시험의 경우, 2학년 8월까지 토플 시험만을 준비했다. 토플은 학원을 다니는 것이 좋다. Listening이나 Reading은 부지런한 학생이라면 혼자서도 공부할 수 있지만, Writing이나 Speaking은 특히 틀린 부분을 고쳐주고 첨삭해 줄 전문가를 필요로 한다. 토플공부에 일 년~일 년 반 정도를 투자해도 성적이 오르지 않는다면, 다른 것으로 눈을 돌리는 것이 좋다. 영어시험은 각자의 성격을 가지고 있다. 그래서 토플보다 텝스 성적이 더 잘 나오는 사람도 있고, 그 반대인 경우도 있다. 나는 토플을 일 년 반

정도 했지만 4~5회에 걸치는 시험 동안 모두 같은 점수가 나오고 단 일 점도 오르지 않았었다. 그래서 과감히 토플을 버리고 텝스로 눈을 돌렸다. 그리고 첫 번째 시험에서 만족할 만한 점수를 얻을 수 있었다.

독일어의 경우, '외고 독일어과니까 당연히 잘하겠지.'라고 생각하는 사람들이 많다. 그렇지만 외고에서도 여러 과목 중에서 한 과목일 뿐이다. 그렇기 때문에 학교에서 배우는 것만으로는 자격증을 취득하기 부족하며 개인의 노력이 중요하다. 나는 꾸준히 독일어 학원을 수강해 알파벳부터 시작해서 독일어 인증시험인 ZD를 따기까지 일 년 반에서 이 년 정도가 소요되었다. 처음에는 반에서 독일어를 가장 못하는 학생 가운데 속해 있었는데, 집중적인 노력으로 성적을 향상시킬 수 있었다. 그렇지만 학원보다 중요한 것은 내가 들인 노력이었다. 매일 삼십여 분씩 집에서 독일어로 된 지문이나 책을 소리 내어 읽었다. 읽다 보니 놀라울 정도로 발음이 향상되었고, 독일어 문장을 자꾸 접하다 보니 감을 얻게 되어 성적이 껑충 뛰었던 것이다.

대외활동의 경우, 직접적인 비교과가 될 수는 없지만 자기소개서, 특히 서울대학교 특기자전형 자기소개서를 쓸 때 상당히 매력적으로 작용할 수 있다. 자기소개서는 서류로 보여줄 수 없는 나를 보여주는 자리이기에 생활기록부에 기재되지 않는 다양한 경험이 들어갈수록 풍부해진다.

나는 학교에서 두 개의 동아리와 두 개의 학교 산하기관에서 활동을 했고, 각종 봉사활동에도 적극적으로 참여했다. 1학년 때는 여름방학을 이용해 독일 가정에서 홈스테이를 하기도 하고, 리더십캠프에 참여하기도 했다. 이런 활동들은 자기소개서에서 빛을 발할 뿐만 아니라, 고등학교생활을 상당히 알차고 뿌듯하게 해준다. 대학교에 진학한 뒤에 다양한 동아리나 장학재단에 지원할 때에도 강력한 플러스 요인으로 작용할 수 있다.

스피치대회의 경우, 영어와 독일어 공부를 하다 보니 자연스럽게 부산물로 따라왔다. 나는 고교 삼 년간 영어와 독일어 스피치대회에서 여섯 개의 상을 받았다. 이런 대회들은 두려움 없이 도전하는 것이 중요하다. 영어발음이 좋다고 상을 받는 것도 아니고, 해외 거주경험이 있어야 입상하는 것도 아니다. 대부분의 대회들은 해외 거주자에게는 출전 기회를 주지 않거나, 구별해서 시상한다. 외고생과 일반고생 역시 구별해 시상한다. 이런 대회들은 광고가 잘 되지 않고 참가하는 학생들이 적어 손쉽게 입상할 수 있는 대회들도 찾아보면 많다. 평소에 관심을 가지고 종종 인터넷을 검색하면, 참가할 만한 대회들을 많이 발견할 수 있을 것이다.

시기별로 종합하자면 나는 1학년 1학기부터 2학년 1학기까지 세 학기를 토플에, 1학년 2학기부터 2학년 2학기까지 세 학기를 독일어 시험에 투자했다. 토플을 포기하고 텝스 시험을 본 것은 3학년으로 올라가는 겨울이었다. 비교과는 3학년 5월까지 준비했다. 5월에 스피치대회와 AP시험을 치른 뒤부터는 집중적으로 수능공부를 했고, 여름방학부터 찬찬히 자기소개서를 써 나가기 시작했다.

기통찬 공부법 멘토링

입학사정관제에서는 그 사람이 걸어온 삶의 진면목을 들여다보려 다양한 절차를 밟게 한다. 잠재 가능성은 깊숙한 곳에 숨어 있기 때문이다.

자기추천전형에 지원한다면 나는 무엇을 추천할 것인가?

입시준비가 아니라면 나는 무엇을 어떻게 공부하고 싶은가?

나만의 장점은 무엇인가?

스스로를 감동시킬 만한 나만의 매력 포인트는 무엇인가?

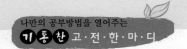

나만의 공부방법을 열어주는
기통찬 고·전·한·마·디

교육이란 영혼의 지적 기관을 얼마나 효과적으로 쉽게 전향시킬 수 있느냐 하는 기술이지, 그 기관 속에 시력을 넣어주는 것은 아니다. 만일 그 기관이 시력이 있는데도 방향을 잘못 잡아 제대로 보지 못하고 있다면 그 방향을 잡아주는 기술이다.

플라톤 『국가』

내가 좋아하는 과목을
극대화하라

　교사가 '가르고', '치면', 학생은 '베이고', '울' 면서 깨닫는다. '깨
닫다' 는 말은 무슨 뜻인가? '깨고', '닫는다' 는 의미이다. 공부는 무
지無智를 깨는 작업이다. 내가 알지 못하는 세계에 진입하기 위해서는
먼저 기존의 내 생각을 깨야 한다. 그래야 새로운 세계와 하나(알게)
가 된다. 그런데 왜 닫아야 하는가? '닫는다' 는 것은 마무리를 의미
한다. 공부의 마무리는 무엇인가? 알게 된 것을 스스로 실천하는 것
이다.

　가르치고, 배우고, 깨닫는 것은 동서고금의 공통된 공부원리이다.
오늘날의 공부도 크게 다를 바가 없다. 내신이든 수능이든 논술이든
창의적 체험활동이든 나를 제대로 알고, 나를 제대로 계발해, 나를
제대로 사용하려는 데 있다.

그러자면 나에 대한 정확한 정보를 알아야 한다. '좋아하는 것과 싫어하는 것', '잘하는 것과 못하는 것', '하고 싶은 것과 하기 싫은 것'을 파악해야 한다. 사람마다 성질, 기질, 체질의 에너지흐름이 다르기 때문이다. 나만의 에너지흐름을 알고, 그것을 잘 관리해서 능력으로 전환하는 사람이 바로 '공부의 신'이다.

공통수학 0점에서 받은 충격, 자신의 특성 살려
순천향대 스포츠의학과에 합격한 **박윤호**

고등학교시절, 나는 노력에 비해 성적이 조금 잘 나오는 흔히 말하는 머리는 좋은데 노력을 안 하는 그런 부류로 학급에서는 중위권 정도의 성적을 내는 그저 그런 학생들 중 하나였다. 고등학교 3학년이 되니 주변 친구들은 본격적인 대학준비로 치열하게 공부하기 시작했다. 공부와 거리가 멀 것 같던 친구들조차 열을 내며 머리를 싸매고 책상 앞을 떠나지 않는 모습을 보였다. 그런 친구들 모습에 겉으로는 코웃음을 쳤지만 마음속으로는 나도 대학에 가고 싶다는 욕구를 느꼈다.

그러던 중 나의 초라한 모습을 일깨워준 큰 사건이 일어났다.

모의고사시험을 치렀는데 공부를 잘하지는 못해도 평이한 점수는 받을 거라고 나는 태평하고 있었다. 하지만 성적표를 받은 나는 얼굴이 하얗게 질리고 손이 덜덜 떨렸다. '공통수학' 점수에는 분명히 '0'이란 숫자가 떡 하니 자리를 메우고 있었다. 그걸 확인한 순간 나는 멍하니 그 자리에 굳어져서 많은 생각을 했다. '설마 이것이 말로만 듣던 빵점을 의미하는 것일까.' '잘못 인쇄된 게 아닐까.' 그전까지만 해도 나는 태어나서 0점이란 점수를 받아본 적이 없었다. 중학교시절 수학을 잘 못해서 수학점수를 연이어 '44'점을 세 번씩이나 받았을 때보다 더 큰 충격으로 다가왔다. 아무리 실력이 없더라도, 아무렇게나 답을 찍더라도 받기 힘든 0점을 받고 만 것이었다.

그날 밤 나는 처음으로 시험기간이 아닌 날에 내 방 책상에 조용히 앉았다. 하지 않던 공부를 하기 위한 것은 아니었다. 내가 앞으로 나아가야 할 방향에 대한 계획을, 그러한 마음가짐을 처음으로 생각해보고 싶어서였다.

사람에게는 누구나 목표가 있다. 목표가 없는 사람은 죽은 사람과 같다고도 말한다. 하지만 그때까지 나는 별다른 목표가 없었다. 성공하리라는 그저 막연하기만 한 목표 아닌 목표만 있었을 뿐, 그 성공을 위한 세부적인 방법에 대한 생각을 했던 적이 없었다.

'많은 학생들이 공부에 열중하는데 그 공부가 자신들이 세운 목표를 위함일까? 아니면 무작정 공부를 하고 그 다음 자기 수준에 맞는 목표를 정하기 위함일까?'

자신이 원하는 대학과 과를 정해서 공부하는 것과 무작정 공부를 한 뒤 시험성적에 맞춰서 학교와 과를 선택해서 가는 것. 적어도 대개는 후자에 더 가까운 것 같다. 두 가지 모두 공부를 하는 것은 동일하지만 결과는 너무나도 다를 것이다.

어두운 방 책상에 앉아 정말 깊은 생각에 빠져들었다. 내가 어떤 길을 가고 싶은 건지, 내가 정말 어떤 분야를 즐기는지, 막연히 공부하기보다는 대학에서 뭘 배우고 싶은 건지 미리 그려보고 싶었다.

'내가 가장 좋아하는 건 운동이다. 장래에 스포츠와 관련된 일을 하고 싶다.'

나는 학교수업 중에서 체육시간을 가장 좋아했다. 운동을 할 때면 살아 움직이는 나를 생생히 느끼곤 했었다. 밤새워 내 앞날에 대한 고민을 하고 난 후 나는 진로를 체육학과로 정할 수 있었다. 어쩌면 나의 미래를 결정짓는 일이 될 수도 있기에 선생님께 상담도 요청하고 아는 지인들의 이야기도 주의 깊게 들으면서 구체적인 목표로 삼기 시작했다.

그때부터 나의 맞춤형 공부는 서서히 시작되었다. 처음부터 쉽지는 않았다. 공부도 열심히 해야 하지만 나 같은 경우 운동 또한 꾸준히 해 몸을 만들어야 하기 때문이었다. 내가 원하는 체육학과에 가기 위해서는 수능 점수도 잘 나와야 하지만 수능 이후로 실시하는 실기시험의 비중도 상당히 높기 때문에 두 가지 모두 신경을 쓰지 않을 수 없었다. 우선적으로 수능시험을 대비한 공부에 온 신경을 집중했다. 모두 자신들만의 노하우가 있겠지만 일단 나는 자신 있는 과목들과 자신 없는 과목들을 분류해 공부의 비중을 다르게 두고 공부했다. 시간이 얼마 남지 않은 상황에서 내린 선택이었다.

0점을 받은 이후로 나는 수학 첫 페이지부터 다시 펼쳤다. 수학 수업시간에 졸기만 했던 나는 모든 것이 새로워 보였다. 문제를 풀다가 도저히 혼자서 이해가 안 되는 부분은 주저하지 않고 선생님이나 수학을 잘하는 친구들에게 달려가 물어보곤 했다. 모르는 문제에 부딪힐 때마다 누군가의 도움을 받아야 하는 것이 번거로운 일이었지만 정말 열심히 물어보면서 공부했다.

뒤늦게 공부하면서 느낀 것은 수학을 제일 잘할 수 있는 방법은 수업시간에 집중해 꼼꼼히 듣고 그것을 계속해서 복습하는 것이라는 것을 깨달았다. 어쩌면 당연할 수도 있는 이 말이 말 그대로 정답이다. 수업시간에 집중해 이해하는 것, 그것이 수학을 잘할 수 있는 제일 좋은 방법일 것이다.

예전 수능시험 만점자가 이런 말을 했던 것 같다. "저는 교과서만 열심히 봤을 뿐입니다." 맞는 말이지만 그 사람은 분명 수업시간에 선생님의 설명 또한 조금도 놓치지 않았을 것이다. 하지만 나는 이미 배움을 놓쳐 버렸기에 기초적인 부분을 참고서로 공부할 수밖에 없었다. 『28년간 고입 총정리』라는 참고서를 선택했다. 각각의 내용에 대한 세부적인 설명을 해주는 참고서는 아니었지만 질 높은 문제들과 교과서의 중요부분이 요약, 정리되어 있어서 많은 도움이 되었다.

나에게는 공부 이외에도 또 하나의 산이 있었다. 바로 수능시험 다음에 있을 체육학과 실기시험이었다. 체육학과뿐만 아니라, 예체능 계열을 준비하는 입시생들은 대부분 수능이 끝난 후에 또다시 별도로 실기시험을 치러야 한다. 간혹 잘 모르는 사람은 이렇게 말한다. 운동하는 사람들과 예체능하는 사람들은 공부에 흥미도 없고, 공부를 못하는 사람들이라고. 하지만 나는 자신이 꿈꾸는 분야의 예체능을 선택한 사람들이야말로 몇 배의 노력을 더 많이 한 사람들이라고 생각한다. 수능이 끝난 후에 해방감에 젖어 있을 시기에도 그들은 운동화를, 미술연필을, 악기를 묵묵히 챙겨 들었을 것이다.

나는 체대입시학원에 등록해 실기시험을 대비했다. 공부와 운동, 두 가지 모두 신경 써야 하는 것이 무척이나 힘들고 부담되어 포기하고 싶었던 적도 있었다. 하지만 내가 원하는 학과에 가서 장차 원하는 일을 하게 될 생각을 머릿속에 그리며 꿈을 이루어낸 것이다.

수능을 마치고 열심히 실기시험을 준비하고 마침내 합격자 명단 속에서 내 이름을 발견했을 때 그때의 행복은 말로 표현할 수가 없었다.

우연히 찾아온 행운이 아닌 자신의 노력으로 얻어낸 결과는 더 값지다. 성공과 실패의 여부를 떠나 자신이 노력한 모든 일은 다 의미가 있고 모든 것은 반드시 교훈을 준다. 목표를 가진 모든 이가 그 목표를 위해 열정을 가지고 노력한다면, 언젠가는 반드시 결실을 맺을 것이다. 그러므로 자신이 살고 있는 의미를 되새기고 끝없는 목표를 가지고 노력하자. 성공은 노력하는 자를 외면하지 않는다.

기통찬 공부법 멘토링

입학사정관제에서는 간절히 원하는 공부를 스스로 하는 학생을 찾는다. 꿈과 열정은 무無를 유有로 창조하는 에너지의 원천이기 때문이다.

자퇴하고 싶은 적이 있었는가?

자퇴를 어떻게 생각하는가?

정말 내가 원하는 공부는 무엇인가?

정말 내가 원하는 삶은 무엇인가?

세상의 가치를 떠나 진리를 탐구하고 싶은 분야가 있는가?

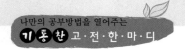

나만의 공부방법을 열어주는
기통찬 고·전·한·마·디

『논어』를 읽은 다음에 아무것도 얻은 것이 없는 사람이 있고, 읽은 다음에 그 가운데에서 한두 구절을 얻고 즐거워하는 사람이 있으며, 읽은 다음에 구절마다 모두 좋아하는 사람이 있고, 읽은 다음에 자기도 모르게 손과 발이 춤을 추는 사람도 있다.

주희 『근사록』

교과지식은
생활과 연계하라

공부工夫는 무엇일까? 공工은 하늘(위 ̄)과 땅(아래_)을 '연결(가운데ㅣ)한다'는 글씨모양이다. 부夫는 하늘(위 ̄)과 땅(아래 ̄)과 사람(人)이 조화롭게 '어울리는' 글씨모양이다. 연결은 '아는 것'이요, 어울림은 '사는 것'이다. 옛 사람들은 '세상을 알고 더불어 사는 것'을 공부라고 이해했다.

요즘 곳곳에서 자기주도학습을 이야기한다. 무엇이 자기주도학습인가? 혼자서 하는 공부를 말하는가? 아니다. 요즘 공부는 공부工夫의 본래 의미에서 벗어났다. '세상을 알고 더불어 사는' 공부가 아니라 '정보를 알고 합격하는' 공부를 한다. 왜 공부를 해야 하는지, 수학은 왜 배우는지, 지식은 어디에 어떻게 사용되는지, 나는 무엇을 알고, 무엇을 모르는지, 이런 문제에 대해서 크게 고민하지 않는다. 이런 문제를 하나하나 풀어가며 하는 공부가 진정한 자기주도학습이다.

공부의 패러다임 바꿔,

오클랜드대에서 서울대 교환학생으로 온 **이지선**

오클랜드 대학생. 서울대 교환학생. 간단한 저의 프로필은 공부를 좀 하는 학생으로 만들곤 합니다. 그러나 저는 제 자신을 '굉장히 운이 좋은 케이스'라고 생각합니다.

저는 초등학교 때부터 오 년간의 육상선수생활로 인해, 공부는 언제나 저 먼 나라 이야기였습니다. 언제나 수학시험은 사 번으로 찍기를 했으며, 수업이 끝나면 항상 나머지 공부를 해야 하는 처지였습니다. 알파벳도 중학교 들어가기 전에 간신히 뗐습니다. 어린 시절, 제게 있었던 기본기는 남들처럼 수학과 영어가 아닌 육상생활로 다져진 '깡'과 '오기'였습니다.

그러던 어느 날, 학구열이 높으셨던 아버지께서 이대로 큰딸을 육상선수로 만들 수는 없다며 이사를 결심하셨습니다. 저희 다섯 식구는 당시, 명문중학교로 소문이 나 있던 중학교에 진학하기 위해 하루아침에 이사를 하게 된 것입니다.

그렇게 시작된 중학교생활. 아버지께서는 안방까지 제게 내주며 과외지도를 받게 해주셨습니다. 수학의 집합과 영어의 알파벳을 겨우 떼고, This와 That의 차이도 몰라 헤매던 암흑 같던 시간 속에서 복습을 중심으로 무한한 반복학습이 시작되었습니다.

마침내 첫 번째 중학교에서 받은 점수는 놀랍게도 평균 95점이었습니다. 그 후로 공부의 왕도는 결코 '기본기'와 '머리'에 있지 않고, 오직 내가 책상에서 노력한 만큼의 양과 일치한다는 당연한 진리를 깨닫게 되었습니다. 이후로, 늘 복습 위주의 공부를 하며 줄곧 반에서 3등 안의 성적을 유지할 수 있었습니다.

17살이 되던 해, 문득 저는 이 지긋지긋하고 버거운 학교생활을 탈피하고 싶다는 생각이 들었습니다. 원래 예고를 진학해 문예창작학과에서 글쓰기를 배우고 싶었던 저의 바람과는 달리, 뺑뺑이를 돌려 일반고에 들어간 터라 고등학교생활은 힘이 빠질 수밖에 없었습니다.

성적은 나쁘지 않았습니다. 반에서 3등 정도를 했었는데 전교 1등과 3등이 저희 반에서 나왔던 것을 감안하면 꽤 잘한 등수였습니다. 방송부 작가로도 뽑혀 고등학교생활에 나름대로 재미도 붙여보려 노력했지만, 매일 똑같이 반복되는 공부. 한두 문제에 울고 웃는 제 자신에 대해, '내가 왜 이러고 있을까, 내가 진정 원하는 것은 무엇이고 또 잃었던 꿈은 어디 있는 걸까.' 라는 딜레마에 빠지게 되었습니다. 반복되는 공부, 치열한 경쟁 사이에서 저는 더욱 지쳐갔고, 최소 열여섯 시간은 학교에서 지내야 하는 고등학교생활이 끔찍해졌습니다. '이대로는 나 이지선은 없어지고 말 거야.' 라는 막연한 두려움에 저는 도피성 유학길을 선택했습니다.

"저, 이지선은 꼭 성공해 자랑스러운 큰딸로 돌아오겠습니다. 아버지, 어머니께서 뉴질랜드에서 공부할 수 있는 기회만 허락해 주신다면, 제 목숨 다 바쳐서라도 원금과 이자를 꼭 갚겠습니다. 제발 저를 믿고 뉴질랜드로 갈 수 있는 기회를 주세요."

엄청난 각오와 오기로 각서를 쓰고, 홀로 유학원을 뛰어다니며 필요한 서류를 준비해 오클랜드로 향하는 비행기를 타게 되었습니다. 그리고 만으로 열여섯 살이었던 저는, 오클랜드 North Shore에 있는

Westlake Girl's High School을 form5(고1)로 일 년을 낮춰서 들어가 한 살 어린 동생들과 공부를 할 수 있었습니다.

해외대학 입학자격 요건은 미국 같은 경우 SAT(SAT1-수학, 영어 SAT2-과학, 외국어)와 토플시험을 봐야 하고 그 외, 기타 수상경력, 봉사활동에는 가산점이 주어집니다. 뉴질랜드 같은 경우에는 NCEA라는 입학제도를 실시하는데 주로 NCEA level 1(고1)부터 level 3(고3)까지의 학생부 성적과 최종 NCEA 수능 점수를 합산해 대학입학의 커트라인을 정합니다.

해외로 대학을 가고자 하는 경우, 영어를 마스터하려는 노력과 수업내용을 잘 따라가고자 하는 열정이 있어야 합니다. 평소 내신과 마지막 수능시험(SAT or NCEA) 그리고 학교내외 활동과 자격증을 취득한다면 어느 나라에서든 한국인의 기량을 발휘하리라 믿습니다.

그리고 대학생활을 할 때는 '교환학생' 프로그램을 권하고 싶습니다. 한국에서는 주로 고등학교 때 미국 교환학생으로 가는 경우가 많은데, 대학교 교환학생 프로그램은 학교 대 학교가 주관해 성적, 추천서 그리고 면접 등의 다양한 커트라인으로 학교를 대표할 수 있는 인재를 뽑아 보내는 형식이기 때문에 좀 더 치열하지만, 다양하고 값진 경험을 할 수 있다는 이점이 있습니다.

힘들게 생활하고, 혼자 공부했던 외롭고 지난했던 저의 육 년이라는 유학생활은 장차 제가 되고 싶은 교육부 장관, 그리고 UN대사관이 되고 싶다는 간절한 청사진을 만들어주었습니다. 신청했던 서울대 교환학생이 되었을 때의 그 환희와 기쁨. 그 감사함은 정말 제가 육 년간 힘들었던 모든 일들을 하나님께서 준비하시고 선물하신 일이라고 생각합니다.

처음 유학을 생각했을 때는, '뉴질랜드에 있는 아무 고등학교나 입학할 수 있었으면.' 하고 바랐었는데, 육 년간의 제 유학생활은 저를 무한한 가능성으로 이끌어주었습니다. 앞으로도 저는 제 앞에 놓여 있는 수많은 장애물, 외로움과 싸워 승리할 것입니다.

열심히 준비하는 자에게는 하늘도 감동합니다. '절대희망' 이라는 말을 잊지 말고, 지금 현재에 안주하지 말고, 좀 더 크게, 멀리 전진하는 학생들이 되기를 간절히 바랍니다.

어떤 공부든 빨리 갈 수 있는 요령이나 왕도는 없습니다. 좋은 학원, 좋은 과외 선생님들은 분명 나의 실력을 좀 더 빠른 시간 내에 향상 시켜줍니다. 그러나 한 가지 기억해야 할 사실은, 내 노력을 들이지 않고 한 공부는 시험이 끝나면 먼지처럼 날아가 버린다는 사실입니다.

가장 기본적인 '기본부터 차근차근, 매일매일 꾸준히'를 기억하고 본심을 잃지 않는 자세로 공부하기를 바랍니다.

"No Pains, No Gains!" 고통이 없으면 얻는 것도 없습니다.

알파벳도 중학교 때 간신히 뗀 제가 서울대 교환학생으로 온 영어실력 향상 공부법을 소개합니다.

저는 학기 중에 휴학을 하고 열 명 정도의 아이들을 가르쳐 본 경험이 있습니다. 그때 620등 하는 학생을 510등으로 올리기도 했고, 모의고사 2~3등급을 받던 학생을 1등급으로 올리기도 했습니다. 그 방법은 바로 '꾸준히, 하루에 단어 100개 외우기, 자투리 시간엔 영어듣기평가 테이프 듣기'였습니다. 한국에서 출제되는 듣기평가는 유형이 정해져 있기 때문에 그 유형에 맞춰서 익히기만 하면 쉽게 문제를 풀 수 있습니다. 제가 가르쳤던 학생들은 『100%실전대비 모의고사 영어듣기』를 꾸준히 했는데, 3개월 정도 같은 테이프를 들으니, 영어듣기평가에 나오는 문제들은 수월히 풀 수 있었습니다. Speaking 연습을 하고 싶다면 외국드라마 'Friends, Lost, Desperate Housewife' 등을 시청하는 것이 도움이 될 것입니다.

읽기와 독해는 어떻게 해야 할까요? 저는 고등학교 때, Westlake Girl's High School 에 있는 도서관과 Takapuna Library 시립도서관을 자주 이용했는데, 그때 읽었던 소설들과 신문, 에세이 등은 아직도 도움이 많이 되고 있습니다.

한국이든, 외국이든 가장 좋은 선생님은 '책'입니다. 장르를 불문하고 책은 생각을 넓혀주고, 독해력과 이해력 그리고 스스로 생각하는 창의력까지 키워줍니다. 재미있는 소설이나 역사책들을 읽다 보면 자연히 문법, 독해 그리고 어려운 단어들에 익숙해집니다. 그리고 이것이 어느 정도 그릇에 채워지면 그때는 Writing을 하는 어려움이 없는 경지까지 오르게 됩니다.

저는 학기 중에는 『해리포터』, 『반지의 제왕』 등의 흥미 위주의 판타지 소설을 읽고 시험기간에는 교과서와 관련된 역사책이나 영어 에세이집을 많이 보았습니다.

영어는 크게 네 가지로 나누어서 공부해야 합니다.

:: Reading& Grammar : 초급-『Bridge books』, 중급-『리더스 뱅크』, 『성문영어(기본)』, 고급-『빠른 독해, 바른 독해』, 『성문영어(종합)』

문법의 개념정리만 잘해 놓으면 독해는 쉽게 할 수 있습니다. 그러나 어렸을 때부터 영어원서로 된 동화책이나 소설책을 많이 읽다 보면, 단어와 문법을 따로 공부하지 않아도, 문맥상으로 대강 추측할 수 있는 능력이 생깁니다. 그런데, 어렸을 때부터 영어읽기가 생활화되지 않은 학생의 경우에는 따로 문법의 개념을 이해하려는 노력이 필요할 것입니다.

참고서로는 『성문영어』와 『맨투맨』을 추천하고 싶습니다. 시중에 나와 있는 독해집은 한 권을 풀더라도 처음부터 끝까지 전부 내 것으로 만들어 독해 속도와 이해력을 향상시켜야 합니다. 모르는 부분은 따로 과외를 받거나, 인터넷 강의를 부분적으로 듣는 것도 도움이 됩니다.

:: Writing : 한국에서는 영어로 글이나 에세이를 쓰는 일이 드물지만, 일상 속에서 할 수 있는 영어 다이어리를 내가 오늘 배운 단어와 문법 위주로 쓰다 보면, 기억력도 높일 수 있고 또 영어로 생각할 수 있는 힘도 기를 수 있습니다. 학생들을 가르칠 때 영어일기를 숙제로 내주곤 했는데, 처음에는 막막해하던 학생들이 독해와 문법이 익숙해질수록 문장의 완성도가 높아짐을 확인할 수 있었습니다.

:: Vocabulary : 초급-『A to Z Mysteries』, 중급-『Hello words』, 고급-『수능어휘 1000제』

단어는 독해하면서 몰랐던 단어나 영어소설을 읽으면서 모르고 헷갈렸던 단어들 위주로 '단어집'을 정리해 외우는 것이 효과적입니다. 학년이 올라갈수록 그에 해당하는 목적에 따라 수능, 토익, 토플 등에 자주 나오는 단어집을 외우는 것이 도움이 됩니다.

 :: Listening &Speaking : 초급- 영어동요, 중급-『100%실전대비 모의고사 영어듣기』, 고급 -『토익, 텝스 듣기』

 어렸을 때는 영어로 된 동요를 따라 부르며 파닉스나 알파벳을 쉽게 익혔습니다. 중, 고등학교 때는 시중에 나와 있는 책 중 『100%실전대비 모의고사 영어듣기』 또는 『토익, 텝스 듣기』가 도움이 되었습니다. 평소 시간이 있을 때는 미국 드라마 Friends, Desperate Housewife, Lost를 시청하면서 발음을 익혔습니다.

기통찬 공부법 멘토링

입학사정관제에서 교과 성적의 평가는 수치로 드러난 점수보다 교과별 학업성취도의 변화추이를 추적한다. 현재의 결과보다는 미래의 성장가능성에 더 큰 비중을 두기 때문이다.

초·중·고등학교별 교과 성적의 변화를 한눈에 보이도록 그래프를 그려보자.

교과성적과 흥미도가 일치하는 과목은 무엇인가?

좋아하지만 성적이 잘 나오지 않은 과목은 무엇인가?

교과성적은 좋지 않지만 좋아하는 과목은 무엇인가?

나만의 공부방법을 열어주는
기통찬 고·전·한·마·디

공부를 잘하는 사람의 배움은 귀로 들어와 마음에 뚜렷하고 온몸에 퍼져 행동으로 드러나니, 말씨는 단정하고 행동은 알차서 하나하나가 모두 본받을 만하다. 공부 못하는 사람의 배움은 귀로 들어와 입으로 나간다. 입과 귀의 거리는 4치에 불과하니 어떻게 7척의 몸을 아름답게 할 수 있겠는가?

순자 『순자』

언어는
모든 공부의
기본이다

  국어, 수학, 영어 이른바 주력과목들이다. 왜 주요 과목일까? 이들은 언어라는 공통점이 있다. 언어는 모든 공부의 기본이다. 기본이 되어 있어야 그 다음 단계로 올라갈 수 있다.

  문제는 이러한 학문의 의도는 무시한 채 시험의 도구로만 인식하고 있다는 점이다. 그러다 보니 어릴 때부터 시험기술 익히기에 급급해 차근차근 다져야 할 언어의 기본이 부실해지고 있다. 이들 언어 가운데서도 국어는 가장 중요한 기본과목이다.

  국어과목의 목적은 듣고, 말하고, 읽고, 쓰는 능력을 기르는 데 있다. 과학지식을 듣고, 말하고, 읽고, 써야 한다. 음악지식을 듣고, 말하고, 읽고, 쓰도록 가르쳐야 한다. 이렇게 공부를 가르쳐주는 선생님이 없다면 교과별 독서활동을 통해 스스로 해보자. 책은 가장 훌륭한 교사이기 때문이다.

어릴 때부터 기른 독서습관으로

성균관대 인문학부에 합격한 **박세환** 🖊

　재수를 결심하고, 짐을 챙겨 서울로 올라가면서 참 많은 생각을 했다. '왜 나만 이런 고통을 겪어야 하는 걸까.'

　엄청난 돈을 들여 재수를 시켜주시는 부모님께 죄송했고, 스스로에 대한 실망감으로 비참했다. 중학교 때는 전교 3등 밑으로 떨어져 본 적이 없던 나였는데, 어디서부터 잘못된 건지…….

　재수학원에 등록해 공부했던 10개월은 내 인생에서 가장 힘들고 눈물겨운 시기였다. 친구들은 대학에 진학해 미팅이다, MT다 하며 즐기고 있을 때 나는 자신의 존재 이유에 대해 곱씹고 있어야 했다.

　아침 여섯 시에 기상해 하숙집에서 밥을 먹고 학원에 도착하는 시간이 오전 일곱 시. 일곱 시부터 수업이 시작된다. 오후 다섯 시경 정규수업이 끝나면 다시 집으로 돌아와 저녁을 먹고, 학원에서 열한 시까지 자습을 한다. 물론 재수를 시작했던 3월경에는 정말 열심히 공부했다. 막연히 좋은 대학교를 가고 싶다는 계획뿐이었다.

　그런데 시간이 5월, 6월이 되어 평가원 모의고사를 보고 나서부터는 뭔가 잘 맞지 않는 느낌, 무언가 가슴을 답답하게 누르는 느낌이 들었다. 열심히 공부한다고는 하는데 잘 오르지 않는 점수, 가족들의 기대와 나 자신에 대한 실망감 때문에 정말 많이 힘들었다. 자습을 마치고 돌아오면 혼자 쓸쓸한 하숙집 방에 누워서 눈물도 많이 흘렸다. 세상에 나 혼자인 것만 같았다. 내가 왜 이런 힘든 짓을 하고 있나 하는 생각도 많이 들었다. 그때마다 어머니와 한 번씩 하는 통화는 많은 힘이 되어주었다. 한번은 모의고사 성적이 갑자기 떨어져서 낙심해 있을 때 어머니의 한마디 위로 때문에 정말 다시 공부할 힘이 생긴 적도 있었다. 지금 생각해 보면 재수시절은 정말 힘들었지만, 그만큼 나에게 득이 되기도 했다. 어리고 연약하기만 했던 내 사고가 많이 성숙해졌고, 사회가 만만치 않다는 것도 느끼게 된 것이다.

내가 공부할 때 항상 들었던 말이지만, 목표설정과 자기암시, 그리고 자신감이 정말 중요한 것 같다. '꼭 나는 ○○대학교에 갈 거야.'라는 장기적인 목표보다 '오늘 하루는 여기까지 공부해야지.' 하는 소박한 목표를 세우는 것이 필요하다. 너무 목표를 크게 잡다 보면 좌절감과 실망감이 올 수 있으니 현실적으로 가능한 범위 내에서 그날그날의 컨디션이나 상황에 맞게 목표를 세우고, 계획적으로 공부하는 것이 좋다. 공부노트를 만들고, 하루하루 일기를 쓰면서 하루를 반성하고 정리하는 것이 좋다. '오늘은 이만큼 했네. 열심히 했으니까 후회 없다.' 하면서 즐거운 기분을 만끽하고 '오늘은 좀 못 했네 나중에 더 잘해야지.' 하며 자기 암시를 건다. 항상 나는 일기를 쓰며 그날을 반성하는 시간이 참 좋다. 나 혼자서 무언가 큰일을 해나가는 그런 느낌이다.

정말 중요한 것은 자신감이다. 한 번 모의고사 성적이 떨어졌다고 풀이 죽어 있으면 안 된다. 우리는 결국 마지막 종착점이자 최종목표인 수능을 향해 달려가고 있는 것이다. 최후의 승자가 진정한 승자라는 말이 딱 맞다. 하지만 최후의 승자가 되기 위해서는, 그만큼의 부단한 노력과 땀이 필요할 것이다.

정말 힘들고 지겹기까지 한 고등학교시절과 재수시절이었지만, 그

때가 문득 그리워진다. 그때만큼 내 모든 걸 걸어서 무언가를 성취하기 위해 노력한 적이 없었던 것 같다. 힘들었지만 그때의 내 모습은 열정이 있고, 꿈이 있었다. 항상 선배들의 수기를 읽을 때마다 이상적일 뿐이라고 생각했었는데 결국 내가 선배의 입장에서 섰을 때도 그때를 즐기라는 말밖에 할 수가 없는 것이 아이러니다.

'carpe diem !'

꿈을 위해 노력하고 밤을 새며 무언가를 탐구하는 사람이 아름답다. 앞으로 살아가면서도 그때의 내가 되기 위해 무언가에 한번 미쳐 볼 수 있는 열정을 가슴에 품고 살아가는 내가 되고 싶다. 마지막으로 언어만큼은 자신 있었던 나만의 공부법을 소개하고자 한다.

어렸을 적부터 부모님께서는 책읽기를 강조하셨다. 아직도 집에는 세계문학전집과 역사책들, 여러 가지 책들이 빼곡히 책장을 메우고 있다. 고등학교 3학년 때는 사전을 학교 사물함 안에 넣어 두고, 책을 읽거나 신문을 보거나 모의고사에서 모르는 단어가 나오면 무조건 찾아보는 습관을 들인 게 언어영역을 보는 시각을 키워 준 것 같다. 언어영역의 핵심은 무엇보다도 많이 읽고, 많이 써보는 것이다.

추천도서나 수능기출 도서를 읽어보는 것도 중요하다. 그 많은 것을 다 읽을 필요는 없다. 많이 읽는 것이 중요한 게 아니다. 술술 속독으로 읽는 것보다 하나하나 꼼꼼히 읽는 것이 중요하다. 나 같은 경우에는 모의고사나 문제집에서 괜찮아 보이고 쓸 만한 지문이 나올 경우에는, 항상 공책에 스크랩을 해놓고 열 번 넘게 읽어보았다. 그 지문에서 모르는 단어가 나올 수도 있고, 지문을 여러 번 봄으로써, 글을 해석하는 능력을 키울 수도 있기 때문이었다. 여러 지문을 동시에 섭렵하려 하지 말고, 한 지문을 여러 번 다방면에 걸쳐 공략함으로써 내 자신의 언어 인지능력을 기르는 연습을 한 것이다.

고3 수험생은 참 바쁘다. 그렇지만 신문은 꼭 읽어야 한다고 생각한다. 아무리 바쁘고 피곤해도 학교 가는 버스 안이라든가, 쉬는 시간에 짬짬이 신문 읽을 시간은 있다. 정 읽기 힘들다면 신문사설이라도 꼭 읽기를 추천한다. 신문사설은 그 당시의 중요한 이슈를 간결한 필치로 담백하게 담아내고 있기 때문에 언어영역뿐만 아니라, 시험 후 논술고사 준비에도 많은 도움이 된다.

언어영역은 크게 문학과 비문학으로 나누어진다. 어떤 문학이나 비문학이 나와도 자신의 능력으로 해결할 수 있는 연습이 필요하다. 학교에서는 시를 공부할 때 '이 시의 주제는 무엇이며 이 단어는 이것을 뜻하는 것이다.' 라고 형식적으로 가르친다. 문학을 공부할 때 이러한 정형화나 형식화는 정말 위험하다. 정형화하기 전에 한 번쯤 '이게 왜 이런 주제를 가지고 있을까, 왜 이것을 뜻하는 것일까.' 하고 생각해 보는 것이 중요하다. 문학은 유추가 참 중요하다. 유추란 비슷한 것을 대입해 보며 답을 찾는 활동인데 유추능력을 기르려면 많은 문학작품을 접해 보고 그들에게서 자신의 생각을 활용해 의미를 뽑아내는 것이 필요하다. 수능에 많이 나왔던 김영랑이나 김춘수 시인의 작품들은 유추 연습에 많은 도움을 주었다.

기통찬 공부법 멘토링

입학사정관제에서는 말솜씨와 글솜씨도 점수다. 반드시 서류와 면접 방식으로 그 사람의 역량을 다면적으로 평가하기 때문이다.

나는 듣기역량이 충분한가?

나는 말하기역량이 충분한가?

나는 읽기역량이 충분한가?

나는 쓰기역량이 충분한가?

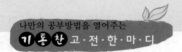

나만의 공부방법을 열어주는
기통찬 고·전·한·마·디

독서계획은 엄격하게 세우되 뜻은 너그럽게 두어야 한다. 독서계획을 엄격하게 세운다는 것은 많이 읽는 데 힘써야 한다는 말이 아니라, 자기능력을 헤아려 거기에 맞게 계획을 세운 다음, 삼가 그 계획을 준수해야 한다는 말이다. 뜻을 너그럽게 둔다는 것은 세월아 네월아 하면서 범범하게 지내야 한다는 말이 아니라, 조급해하지 말고 마음을 가다듬은 다음 요모조모 글을 음미하며 사색해야 한다는 말이다.

이황 『이황선집』

공부방법 point 10

수학은 문제해결력과
논리적인 사고력을
길러라

수학과 과학공부는 유독 개념이해를 강조한다. 그것은 전문적인 기호언어를 많이 사용하기 때문이다. 수학자는 천재들이다. 천재들이 만든 언어를 이해하고 그 내용을 습득한다는 것은 결코 쉬운 일은 아니다. 그럼에도 불구하고 문제를 척척 풀어내는 사람을 보면 대단하다고 여겨진다.

원래 수학을 공부하는 것은 문제해결력과 논리적인 사고력을 기르기 위함이지, 수학자를 만들려는데 있는 것은 아니다. 흔히 수학적 사고를 기르라는 이야기는 이 말이다. 따라서 고난이도 문제를 많이 푸는 것보다는 적절한 난이도 문제를 심화 토론학습하는 것이 더 낫다. 그래야 학습자의 문제해결 능력이나 논리적인 사고력이 신장되기 때문이다.

194

입학사정관전형에서 수학과학경시대회 시상 능력을 배제하는 이유도 여기에 있다. 대학에서는 문제풀이의 달인보다는 수학적 사고와 과학적 호기심을 갖춘 학생이 장래에 더 발전할 가능성이 크다는 것을 잘 알고 있기 때문이다.

무서운 오빠의 수학 과외로
광주교대 합격한 **신희진** ✎

기억은 초등학생 때부터 또렷하게 살아난다. 내가 초등학생 때 오빠는 나에게 아빠보다 더 무서운 존재였다. 오히려 부모님은 나에게 매를 들거나 눈물이 쏙 빠지도록 혼내신 적이 단 한 번도 없으셨다. 학교에서 나온 성적표를 보여드려도 고생했다며 항상 격려의 말씀을 해주시곤 하셨다. 하지만 오빠는 달랐다. 항상 학교에서 상위 등수에 해당하는 성적표를 받아옴에도 불구하고, 특히 수학만큼은 시험문제를 찬찬히 살펴보며 이것도 모르냐고 꿀밤 한 대를 때리며 혼을 내곤 했다.

나와 네 살 차이인 오빠는 거의 매일 공부를 봐주곤 했는데 특히 수학을 잘했던 오빠는 수학공부에 비중을 두어서 가르쳐주었다. 방학 때면 다음 학기에 배울 수학내용을 미리 강도 높게 배워야 했다.

"공부는 어렵게 배워야 기억에 남는다."

어머니의 이 말씀이 나의 끈질긴 인내를 유지시켰던 것 같다.

학교에서 수학시험을 치고 오면 부모님보다도 오빠가 나의 시험 점수에 더 많은 관심을 가졌다. 그런 오빠 덕분에 학교의 수학경시대회 준비반에도 들어갈 수 있었고, 수학에 점점 흥미가 생기면서 자신감이 붙게 되어 두각을 드러낼 수 있었다.

중3 겨울방학 때, 고등학교 수학 선행학습 문제를 풀다가 잘 모르는 문제가 있어서 오빠에게 물어보았다. 오빠는 문제와 관련된 중학교 기초내용도 모르면서 어떻게 고등학교 공부를 하냐면서, 중학교 수학 교과서를 가져와서 다시 공부하라는 것이었다. 나는 학기가 끝나면 다른 과목 교과서는 다 버려도 수학 교과서만큼은 버리지 않고 모아 두었다. 결국 그 해 겨울, 다른 친구들은 고등학교 선행학습 진도를 나가고 있을 때, 나는 중학교 수학을 다시 공부해야 했다. 수학은 기초가 없으면 안 된다는 것을 알고 있었기에 오빠의 말에 순순히 따랐던 것이다.

그렇게 중학교 수학을 몇 번 반복하고 고등학교에 진학했다. 고등학교 1학년 때에는 이미 선행학습을 한 친구들을 따라잡기가 힘들었다. 나는 수학시간에 배우는 내용이 처음 듣는 것이었고, 다른 친구들은 이미 학원에서 배웠기 때문에 와 닿는 것이 나와는 달랐을 것이다. 수업시간에 처음 듣는 내용이라 이해가 잘 되지 않았기 때문에 남들보다 두 배 이상의 노력을 해야 했다. 그래서 고등학교 1학년 때는 좋은 성적이 잘 나오지 않았던 것 같다. 그런데 기초를 다졌던 수학복습이 고등학교 2학년이 돼서야 두각을 드러냈다. 수I과 공통수학의 응용문제가 나오자 기초가 잘 되지 않은 채 고등학교 수학을 선행학습했던 친구들은 무너지기 시작했고, 반면에 나의 실력은 그제야 빛을 발했던 것이다. 그때부터 수학은 나에게 있어서 '쉬면서 하는 공부' 가 되었고, 노래를 흥얼거리면서 풀 정도가 되었다.

모의고사를 보면 항상 수학은 전국에서 상위 2~3% 내에 속했다. 반

친구들도 수학에서 막히는 부분이 생기면 나에게 가져와서 물어보곤 했다.

요즘 학생들을 보면 기초가 제대로 다져지지 않은 채 그저 선행학습만 하곤 한다. 초등학생이 중학교 문제집을 풀고 있으면 마치 대단한 것처럼 보이지만 그런 아이들에게 막상 초등학교 때 배운 내용을 조금만 응용해서 물어보면 모르는 경우가 많다.

수학은 다른 과목과 달리 단계형 학습이다. 1학년 내용을 모르고서는 절대로 2학년 내용을 이해할 수 없다. 배운 내용을 100% 이해하고서 다음 단계로 넘어가야 한다.

나는 학교에 여섯 시 사십 분쯤에 도착하면 항상 맨 먼저 하는 일이 일정표를 짜는 일이었다. 아침자습 시간이나 야간자습 시간에 해야 할 일, 쉬는 시간에 틈틈이 할 일, 점심시간에 외울 것을 나눠서 짠다. 일정표는 작은 수첩에 만들어 교복 주머니에 넣어두고 수시로 꺼내서 체크한다. 아침자습 시간이나 야간자습 시간에는 집중력을 요구하는 과목을 선택하고, 쉬는 시간에는 주위가 시끄럽기 때문에 많은 집중력을 요구하지 않아도 가능한 것으로 택한다. 점심시간에는 영단어나 사회 같은 암기과목을 배정했다. 나는 국어에 약했기 때문에 아침자습 시간에는 국어나 사회를 주로 선택했고, 수학 같은 경우는 문제를 풀면서 크게 집중을 하지 않아도 손이 자연스럽게 문제를 풀기 때문에 쉬는 시간에는 수학문제를 꼭 풀었다. 그리고 간단히 끝낼 수 있는 숙제 같은 경우도 쉬는 시간에 해결해 버리곤 했다. 저녁자습 시간에는 그날 선생님들께서 내주신 숙제를 마무리하거나, 내 스스로 내준 숙제를 했다.

그렇게 학교에서 열한 시 반까지 공부를 하고 나서, 집에 도착하면 열두 시. 가방을 정리하고 씻고 자면 한 시에 잠들어서 그 다음 날 다섯 시 반에 눈을 뜬다. 하루에 네 시간 반 정도 잠을 잔 셈이다.

나에게는 공부철칙이 있다.

첫째, 평일에 집에서는 절대 책 보지 않기. 학교에서 최고의 집중력으로 공부를 했으면 집에서는 쉬어야 한다. 쉬어야 그 다음 날 또다시 최고의 집중력을 발휘할 수 있기 때문이다. 그래서 나는 학교에서 돌아와 집에 도착하면 씻고 자는 것 외에 다른 것은 아무것도 하지 않았다.

둘째, 항상 최상의 컨디션을 유지해 학교에선 집중력을 최대한 끌어올리기. 하루 중 공부하는 시간은 학교에서뿐이 없기에 그 시간을 헛되이 보내서는 안 된다.

셋째, 수업시간에는 절대 졸지 않고, 옆 친구와 잡담하지 않기. 초등학교 때부터 수업시간에 하는 선생님의 말씀을 소홀히 들으면 항상 성적이 잘 나오지 않았다. 그래서 수업시간만큼은 철저하게 집중했다. 친구가 수업시간에 말이라도 시키면 "나중에 얘기하자."라고 거절했고 심지어 친구들끼리 쪽지를 주고받을 때 나를 통해서 전달하려 하면 항상 친구들에게 인상을 찌푸리며 한마디씩 해서 친구들은 수업시간에는 절대 나를 건들지 않았다.

2학년 중반, 이렇게 꾸준히 하다 보니 모의고사 성적이 크게 올랐다. 그 뒤로 항상 1등급을 놓치지 않았고, 특히 수학만큼은 1등급 중에서도 상위에 속할 수 있었다.

기통찬 공부법 멘토링

입학사정관제에서는 어려운 문제를 묻기보다는 기본적인 문제를 평가한다. 기본이 없는 상태에서 지속가능한 성장은 불가능하기 때문이다.

입학사정관제에서 평가하고자 하는 수학적 사고란 무엇인가?

문제를 접근하는 나만의 풀이방법을 찾으려 노력한 적은 있는가?

'수학은 계통의 학문이다.' 라는 말의 의미를 생각하며 나의 수학 공부방법을 점검해 보자.

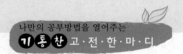

나만의 공부방법을 열어주는
기통찬 고·전·한·마·디

인간에게 진리가 있음은 비유컨대 수레바퀴를 만드는 장인에게 규規(네모난 자)가 있고 목수에게 구矩(컴퍼스)가 있는 것과 같다. 장인과 목수들은 자신의 규구規矩를 가지고 사물의 네모꼴과 동그라미를 재면서 '들어맞는 것은 바른 것이고 맞지 않은 것은 그릇된 것' 이라고 할 것이다. 공부도 이와 같은 이치이다.

묵자 『묵자』

외국어는
문화적 감^感이
중요하다

우리는 노작교육(해봄)에 약하다. '해봄'은 내가 직접 행하고 나서 내 눈으로 직접 확인한다는 말이다. 그래야 나의 역량을 정확하게 파악할 수 있고 현실을 직시할 수 있는 힘이 길러진다. 우리나라처럼 공부를 많이 하는 나라도 없을 것이다. 그러나 결과는 만족스럽지 않다. 그것은 몸을 사용하지 않기 때문이다.

그 대표적인 것이 영어교육이다. 유치원에서부터 대학에 이르기까지 근 이십 년 가까이 영어를 끼고 살지만 듣기, 말하기, 읽기, 쓰기는 쉽지 않다. 영어를 머리로 공부하려 하기 때문이다. 특히 외국어는 '문화적 감^感'이 중요하기 때문에 의도적으로 이질문화를 온몸으로 익히려 노력해야 한다.

이질문화에 주눅 들지 말고 당당하게 세계와 소통할 수 있는 글로벌 리더십을 키우자. 그리고 해봄의 철학을 실천해 보자. 귀를 열어

듣고, 들은 대로 따라 하고, 열린 눈으로 글씨를 읽고, 손으로 글을 써보자.

로스앤젤레스에 던져진 문맹의 소녀,

브린마워대 장학생 된 **이혜진** 🖊

　로스앤젤레스로 떠나는 비행기 안에서 초등학교를 갓 졸업한 나는 그저 외국의 새로운 문화를 접하게 되었다는 생각에 기쁘기만 했다. 미국에 오기 전 난 단지 외국에 간다는 생각에 영화에 나오는 언덕 위의 아름다운 전원주택들과 금발 머리에 환한 미소의 미국인들을 떠올렸을 뿐이다. 하지만 내가 상상했던 것과 미국에서 실제로 겪게 된 현실은 너무나도 달랐다. 지금까지의 내 인생에 가장 크고 힘든 변화를 겪었던 것 같다.

　미국 아이들은 나를 전혀 반가워하지 않았다. 그들은 영어도 못하고, 그들의 문화를 잘 이해도 하지 못하는 나를 소리 없이 무시했다. 나는 미국 사회의 참된 부분이 되려면 먼저 영어실력 향상이 필요하다는 것을 절실히 느꼈다. 그래서 외국인 친구들과 대화를 많이 하려 노력했고, 미국 TV 프로그램 중에 내가 좋아하는 요리채널과 Lizzie McGuire 같은 틴에이저 드라마를 많이 시청하곤 했다.
　처음엔 어떻게 공부해야 할지 몰라 조금 헤매기도 했지만 기본부터 시작해야 했기 때문에 많은 시간을 집중적으로 영어공부에만 매달렸다. 학교에서 초등학교 3,4학년 수준의 영어책을 빌려 읽으면서 모르는 단어는 무조건 전자사전으로 찾았다. 다 읽은 책을 반복해서 다시 읽어보면, 또 잊어버린 단어가 나온다. 그래서 같은 책을 다섯 번 정도 전자사전으로 계속 찾으며 읽었다. 그렇게 다섯 번 읽은 책은 나중엔 어려움 없이 정상 속도로 읽어나갈 수 있었다. 학교 숙제도 마찬가지로 지름길은 없었다. 지금 같으면 오 분 만에 쉽게 끝낼 생물 숙제도 새벽 두 시까지 숙제를 하고 있을 때도 많았다.

그렇게 일 년이 지난 후, John A. Rowland고등학교에 입학할 때엔 정규 수업보다 수준이 높은 Pre-IB라는 한국에서 흔히 국제수능이라 불리는 International Baccalaureate 준비반에 들어갈 수 있었다.

영어원서를 공부할 때는 모든 것을 책 안에 적는 것이 좋다. 책을 읽다가 모르는 단어가 나오면, 단어를 찾아본 후에 그냥 지나치거나 다른 곳에 적지 말고 책 속의 그 단어 바로 밑에 뜻을 간단하게 적어두는 것이 좋다. 그 외에도 문장, 문단 분석을 할 때 분석한 내용을 최대한 간단히 줄여서 책 가장자리 여백 빈 곳에 조그맣게 적어 놓으면 효과적이다.

학기 중에는 학교공부와 특별활동으로 시간이 없기 때문에 SAT준비는 9학년부터 여름마다 조금씩 준비했다. 'Real SAT'라는 인터넷 카페에 활동하면서 어떤 책들이 SAT 공부에 좋은지 알아보았다. 대표적인 SAT 문제집 중에 『The Princeton Review』의 문제집이 실제 SAT보다 근접하면서도 약간 더 쉬운 것으로 알려졌고, 『Barron's』 문제집은 더 어려우면서 불필요한 문제들이 많은 것으로 알려졌다. 시험을 주관하는 College Board에서 나온 문제집은 당연하게도 실제 SAT에 가장 유사한 것으로 알려져 있다. SAT 준비를 꼼꼼히 하기 위해서 나는 처음에는 조금 쉬운 『The Princeton Review』로 가볍게 시작하고, 그 다음은 어려운 『Barron's』를 풀었다. 시험을 앞두고는 SAT를 주최하는 College Board에서 나온 실제 시험에 가장 근접한 문제집으로 연습했다. 각 문제집 앞에 나온 노하우들은 아무리 당연해 보여도 절대 무시하면 안 되는 중요한 기본적인 테크닉들이다.

이민 온 학생들이나 유학생들에게 제일 문제가 되는 것은 SAT에 나오는 평상시에 쓰지 않는 단어들이다. 나는 『The Princeton Review』의 Word Smart I 을 썼는데, SAT 시험을 볼 때 굉장히 큰 도움이 되었다. 보통 SAT를 공부하는 학생들이 외우는 단어의 개수에 비해 적은 800개 정도의 단어만을 외웠지만, 그 중 많은 단어들이 시험에 나와 도움이 더 된 것 같다. SAT 수학의 경우에는 학교에서 AP 미적분을 했기 때문에 『The Princeton Review』를 한 번 푸는 것으로 충분했다. 하지만 문제가 비교적 쉽다고 해도 문제유형에 따라 피할 수도 있는 실수를 만들 수 있기 때문에 되도록 여러 유형의 문제를 접하려 노력했다.

SAT II의 경우엔 물리, 수학 2C, 그리고 미국역사 시험을 봤다. 학교에서 잘했던 과목을 선택해도 시험점수가 잘 나오지 않는 경우가 있는데 그것은 문제 유형이 다르기 때문이다. SAT II 수학의 경우에는 주로 학교 시험에 나오던 문제들과 유형이 비슷했고 미국역사의 경우엔 이미 아는 정보들을 생각하며 객관식 문제를 푸는 것이었기 때문에 괜찮았다. 하지만 학교에서 이 년 동안 공부했던 국제수능(IB) 물리 Higher Level는 SAT에 나오는 물리 문제와 유형이 굉장히 달랐기 때문에 학교에선 물리 성적이 좋은 편이었음에도 불구하고 처음에 본 SAT II 물리에서는 점수가 생각했던 만큼 나오지 않았다.

　SAT Ⅱ 물리에 나오는 문제들은 수학 계산이 거의 들어가지 않은 이론적인 문제들이 굉장히 많다. 그래서 Kaplan에서 출판한 SAT Ⅱ 물리 문제집에 있는 연습문제들을 푼 후에 점수를 올릴 수 있었다. 많은 SAT Ⅰ과 Ⅱ 시험에 나오는 문제들은 유형을 파악하면 보다 높은 점수를 받을 수 있는 것 같다.

　AP 테스트는 거시 경제학, 미적분, 미국역사, 미국정부와 정치학을 보았다. IB 테스트는 Higher Level 영어 A1, 남/북 아메리카 역사, 물리를 보았고 Standard Level 수학, 불어, 그리고 생물학을 보았다. AP나 IB(국제수능) 테스트는 학교에서 가르치는 커리큘럼에 충실하는 것도 중요하지만, 역시 인터넷에서 어떤 문제집이 가장 효과적인지 알아본 후에 문제집을 구입해서 학교에서 배운 것을 정리하는 식으로 공부하는 것이 좋다. IB 테스트 같은 경우에는 학교 선생님들로부터 Syllabus를 구해서 시험에 어떤 것을 아는 것이 도움이 되는지 확인 후 Syllabus에 나온 모든 것들을 공부하는 것이 현명하다. IB 테스트는 Syllabus에 없는 내용은 절대 나오지 않는다. 하지만 Syllabus에 나오는 여러 가지 내용이 섞인 응용문제들은 출제될 수 있으니 Syllabus에 나오는 것들을 깊게 공부하는 것이 중요하다.

　학교성적과 SAT, AP, IB 점수도 중요하지만 요즘 그만큼 중요한 것은 특별활동이다. 너무나 많은 학생들이 AP/IB반에서 좋은 성적을 받고 좋은 SAT 점수를 내기 때문에, 자신을 잘 나타낼 수 있는 특별활동으로 원서를 차별화하는 것이 특히 사립학교 원서에 많은 도움이 된다. 나는 성적이나 SAT가 다른 친구들에 비해 특별히 뛰어나지 않아 대신 특별활동에 많은 노력을 기울였다. 특별활동은 노력을 들여서 시간을 따로 낼 만큼 가치가 있는 것이다. 대학원서에도 도움이 되지만 리더십 스킬을 향상시키는 데에도 좋다. 여러 이벤트 계획을 짜는 것과 다른 학생들과 협동하는 과정에서 배우는 것들은 교실 안에서 배우는 것보다 오래가고 값질 때가 많다. 무엇보다 중요한 것은 특별활동을 통해 미국 문화를 직접 피부로 체험할 수 있다는 것이다. 또 특별활동을 통해 영어회화 실력을 늘릴 수 있으니 공부시간을 빼앗는 것만은 아니다. 하지만 주의해야 할 것은 특별활동은 양보다 질이라는 것이다. 많은 것에 조금씩 시간을 들이는 것보다 정말 좋아하는 분야에 많은 노력과 시간을 들이는 것이 더 현명하다.

나는 처음 미국에 왔을 때 같은 관심사를 가진 미국 친구들과 어울리며 문화를 체험해 보고 싶어서 여러 가지 특별활동에 굉장히 많은 시간 투자를 했다. 고등학교 사 년간 봉사활동 클럽, 프랑스 문화 클럽, 모델 UN, 한국 문화 클럽, National Honors Society, 물리 클럽 등 많은 학생 동아리에 참여했다. 그 외 학교 밖에 Zinch.com에서 인턴십과 장학금 투표, 그리고 교회 찬양 팀에 보컬로 참여했지만 나중엔 너무 많은 것을 한꺼번에 하려고 하다 보니 학교 성적이나 SAT 같은 시험을 준비해야 할 중요한 시기에 공부시간이 모자라 나쁜 영향을 줄 때도 있었다. 그렇기 때문에 공부와 특별활동을 적절히 조절하는 것은 고등학교 생활과 대학입시에 참 중요한 것 같다.

대학입시 에세이에는 내가 영어를 잘 못하는 데도 불구하고 학교에서 규모가 제일 큰 봉사활동의 회장이 되어 어떻게 서로 다른 사람들을 이끌면서 마음을 얻게 되었는지를 적었다. 또한 동아리에서 사 년간 활동

하면서 나는 미래에 경영과 기술을 이용해 경제가 좋지 않은 개발도상
국들을 도와주고 싶다는 꿈을 얻을 수 있었다는 것도 기록했다.

　어쩌면 나는 이 에세이에 외국인 지원자들이 흔히 쓰는 주제를 썼을
지도 모른다. 하지만 이 주제를 통해서 나만의 느낌을 자세히 쓸 수 있
었고, 내가 어떤 사람인지 직접적으로 나타낼 수 있었던 것 같다.

　아직 많은 것들이 새롭고 낯설지만, 앞으로 대학 사 년간 물리와 경제
복수전공을 하며 젊음을 빌어 브린마워(BRYN MAWR)대의 손과 발이
되어서 기술경영으로 개발도상국에 사는 사람들을 도와주는 꿈을 향해
힘차게 달려 나가고 싶다. 그뿐만 아니라 내가 좋아하는 아카펠라와 봉
사를 즐기고, 또 지금까지는 몰랐던 새로운 관심사를 발견하며 나의 인
생을 더 의미 있게 만들고 다방면으로 발전할 수 있는 시간을 대학에서
열정으로 보내고 싶다.

기통찬 공부법 멘토링

입학사정관제 글로벌국제화전형에서는 공인성적보다 글로벌의식과 국제적 감각을 더 중요하게 평가한다. 외국어는 학문이 아니기 때문이다.

나만의 영어(외국어) 공부방법은 무엇인가?

나만의 단어 암기법은 무엇인가?

나만의 문법 공부법은 무엇인가?

나만의 독해 공부법은 무엇인가?

제2 외국어, 무엇을 선택하는 것이 좋은가?

나는 국제적 감각을 가지고 있는가?

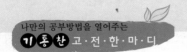

다른 사람들의 노하우를 배우는 것은 날마다 축적하는 공부법이고, 내안의 자연스러움을 배우는 것은 날마다 덜어내는 공부법이다. 덜고 또 덜어내면 애써 암기하지 않아도 풀지 못하는 문제가 없게 된다.

노자 『도덕경』

⊕ 입학사정관제형 기통찬 공부법 멘토링

나만의 공부계획 노트 *note*

✻ 학년공부 계획서
진로를 고려하면서 교과학습과 비교과학습을 균형 있게 성취하도록 계획을 세워보자.
특히 방학 때 취약과목과 창의적 체험활동을 보완할 수 있도록 치밀하게 일정을 잡아
보자.

_____

_____

_____

_____

_____

✻ 학기공부 계획서
중간고사나 기말고사 등 시험일정을 기준으로 삼아 과목별 목표점수를 정하고 그에
도달하기 위한 세부적인 공부계획을 세워보자.

_____

_____

_____

_____

_____

✳ 월간공부 계획서
각종 행사나 특이사항을 고려해 이달에 특히 주안점에 두고 공부할 계획을 세워보자.

_____

_____

_____

✳ 주간공부 계획서
요일별 시간표와 각자 스케줄에 맞춰 가장 효율적인 시간활용 계획을 세워보자.

_____

_____

_____

✳ 일일공부 계획서
중요하고도 급한 것 순으로 정해 오늘 할 공부를 자세하게 계획해 보자.

_____

_____

_____

✳ 자투리 시간활용 공부계획서
등하교시간, 쉬는 시간, 점심시간 등 자투리 시간을 효율적으로 사용할 계획을 세워
보자.

_____

_____

_____

나만의 공부방법 노트

✤ 예습 노트
배울 단원을 미리 훑어보면서 모르는 것, 궁금한 것 등을 메모해 보자.

✤ 요점정리 노트
핵심단어나 핵심개념 등 수업시간에 중요하다고 강조한 포인트를 중심으로 정리해 보자.

✤ 오답 노트
문제내용과 문제풀이를 점검하면서 문제를 틀린 이유를 스스로 찾아보고 그 단원의
개념원리를 다시 한 번 정리해 보자.

✤ 아이디어 노트
공부법이나 관심분야에 대해서 문득문득 떠오르는 생각을 꼼꼼히 메모해 보자.

✤ 창의적 체험활동 노트
동아리활동, 봉사활동, 독서활동, 대회활동 등 비교과활동에 대한 포트폴리오를 만들
어보자.

나만의 기통찬
공부습관 다지기

◉ 입학사정관제형 기통찬 공부법 멘토링
나만의 공부습관 노트

입학사정관제의 특징 가운데 하나는 시험지를 가지고 일괄적으로 평가하는 대신, 입학사정관이라는 사람이 직접 개별적 특성을 평가한다는 점이다. 사실 기존의 평가방법은 객관성과 공정성이라는 선발기능에는 만족했을지 모르지만 학생의 장래를 위한 것은 아니다. 특히 선다형 평가방식은 학생들을 수동적이고 피동적인 사고로 흐르게 할 소지가 다분하다. 이해된 지식을 주도적으로 작성하게 하는 서술형이나 자신의 생각을 피력하는 논술과 달리 출제자의 눈치를 봐야 하는 구조이기 때문이다. 평가방법은 공부습관에 영향을 끼치며 공부습관은 평생생활습관으로 이어진다는 점에서 볼 때, 이점은 심각하게 생각해야 할 문제이다. 이렇게 볼 때 사정관이 서류와 면접을 통해 선발하는 입학사정관제는 학생을 존중하는 인간적인 평가방식이라 할 수 있다.

문제는 우리 교육의 집단적인 공부습관 문화이다. 수십 년 동안 길들여진 주입식 공부습관을 하루아침에 고치기는 쉽지 않다. 습관을 고치는 첫 단추는 자기 습관을 객관적으로 보고 고쳐야 할 것이 무엇인지 파악하고 인정하는 자세이다. 그동안 공부습관은 개인별 생활습관에서 그 원인과 대안을 모색했다면 이제는 기존학습 습관의 구조에서 그 방안을 찾아야 할 것이다. 입학사정관제에서는 자기주도적인 '공부동기 – 공부방법 – 공부습관'의 유기성을 입체 다면적으로 평가하기 때문이다. 즉, 학생의 꿈의 크기와 그 꿈을 이루기 위한 땀방울, 그리고 그 과정에서 다져진 전공소양의 무게를 입학사정관이 직접 확인하는 방식으로 진행된다. 따라서 이제는 공부습관 그 자체를 평가받는다 해도 과언이 아닐 것이다.

입학사정관제에서 원하는 좋은 공부습관이란 무엇일까? 필자는 '불식不息(지속성)', '부동不同(차별성)', '불무不無(긍정성)'의 공부습관을 권하고 싶다. 불식습관이란 쉬지 말고 계속하라는 규칙이다. "짚신물이 바위 뚫는다."는 말처럼 작은 것일지라도 쉬지 않고 지속적으로 하다 보면 그 속에서 나만의 길을 찾을 수 있기 때문이다. 부동습관이란 나만의 차이를 발굴하라는 규칙이다. 같은 진로와 전공을 선택하더라도 나만의 색깔이 있어야 진짜 내 것으로 인정받을 수 있기 때문이다. 불무습관이란 무無에서 유有를 창조하라는 규칙이다. 입학사정관 전형은 꿈의 전형이고 희망의 전형이다. 지금 갖추어져 있지 않지만 미래의 잠재력과 성장가능성을 소수점 셋째 자리까지 고려해 선발하기 때문이다.

합격생들의 이야기 속에 담긴 공부습관의 핵심철학은 이 세상에 '저절로' 되는 것은 아무것도 없다는 것이다. 건전한 공부동기와 자기만의 도전을 통해 얻은 공부방법을 땀 흘리며 다져야 '스스로 하는 좋은 공부습관'이 길러진다는 것을 명심하자.

입학사정관제형
공부습관의
정석

누구나 좋은 공부습관을 원한다. 그러면 '좋은' 습관이란 무엇일까? '좋다' 는 '싫다' 의 반대개념이다. '좋다' 를 '좋아' 로 '싫다' 를 '싫어' 의 상태어로 바꾸어 생각해 보자. 상거래 시 물건을 가지고 흥정을 하다가 성사가 되면 서로 값을 치루고 나서 '또와(좋아)' 라고 인사한다. 서로 마음이 통해 다시 거래를 계속하자는 이야기다. 반면에 성사가 되지 않으면 '(물건을) 실어!' 라고 한다. 서로 의견이 맞지 않아서 다시 물건을 싣고 다른 곳과 거래를 하려는 생각에서다.

좋은 습관이란 나 혼자만이 아니라 나와 관계하는 것과 자연스럽게 잘 어울리는 것이다. 그래서 '좋은 습관' 과 대비해서 '나쁜(나뿐인) 습관' 이라 말한다. 가령 예습과 복습을 철저히 하는 것은 좋은 공부습관이다.

지식의 습득은 하루아침에 되지 않기에 매일매일 알맞게 소화하는 것이 '지식'과 '나' 사이를 좋게 하기 때문이다. 그래서 벼락치기 공부는 나쁜(나뿐인) 습관이다. '나'의 몸(뇌)에 무리를 줄 뿐만 아니라 '지식'을 흘려버리기 때문이다.

입학사정관제에서는 인성을 매우 중요시한다. 인성은 지속가능한 성장의 토대이기 때문이다. 그런데 인성은 하루아침에 형성되지 않는다. 평상시 주위 사람들과 사이좋은(또와) 관계를 맺을 수 있도록 생활화해야 한다.

육 년간 봉사활동 통해 길러진 긍정의 마인드
중앙대 입학사정관전형에 합격한 **김성현** ✎

학업에 얽매이지 않고 학생의 잠재력과 능력을 중심으로 신입생을 선발하는 입학사정관제인 중앙대 다빈치형인재전형. 나는 초등학교 때부터 고등학교 때까지 내가 해온 활동을 한번 평가받아보자는 생각으로 다빈치전형에 지원을 했다.
입학사정관전형을 준비하면서 무엇보다 좋았던 것은 대학입시에 대한 압박감, 부담감에서 벗어날 수 있다는 것이었다.
육 년 동안 지속적으로 자원봉사활동을 해왔는데, 그 과정에서 학생회장활동, 지역신문 기자활동, 해외체험 등의 경험을 쌓아왔다. 지원을 할 때도 남들보다 다양한 활동을 통해 스스로의 삶을 만들어 나가는 모습을 부각시키기 위한 나만의 포트폴리오를 만들었고, 면접 질문에 나의 평소의 생각을 당당하고 솔직하게 답한 것이 합격의 문을 여는 열쇠가 되어주었다고 생각한다.

나는 선천성 백내장으로 태어나 1%의 성공률만을 믿고 수술을 해야 했던 절체절명의 순간이 있었다. 미국으로 건너가 두 번의 대수술을 통해 백내장을 성공적으로 치료했다. 그런데 지금은 백내장이 아닌, 녹내장이라는 병과 싸우고 있다. 이런 고통을 아시는 부모님은 항상 "먼저 사람부터 되어야 한다. 그러기 위해선 너보다 더 힘들고 외로운 사람들을 도와주어야 한다."라고 말씀하신다. 어렸을 적부터 많은 사람들에게 도움을 받는 삶이었기에, 또 부모님의 말씀을 잊지 않았기에 항상 누군가에게 도움이 되는 삶을 살아야겠다는 생각으로 생활하고 있다.

나의 이런 특별한 경험은 그때의 도움을 되돌려 드리고 싶은 마음과 사람다운 사람이 되자는 각별한 동기 부여로 이어졌다. 그렇게 찾아낸 길이 중학교 입학 이후부터 시작된 자원봉사활동이었고, 나를 극복하고 성장시키는 과정이 되기도 했다. 눈이 좋지 않아 돋보기를 썼기 때문에 어린 시절 친구들로부터 놀림도 받았지만, 봉사활동 안에서 신체적 결함을 극복하고 자신감을 가질 수 있었다. 그리고 사람들에게 먼저 다가가 친해질 수 있었고, 스스로에게 당당해지자는 긍정적인 힘이 초 · 중 · 고 학급회장, 학생회장의 경험을 만들어주었다. 고2 때 담임 선생님은 나의 늘 웃는 모습이 다른 사람들까지 행복하게 해준다는 얘기도 들을 만큼 밝게 생활할 수 있었다.

그런데 나의 봉사활동을 두고 일부에서는 "대학가기 위한 봉사 아냐?", "불쌍한 사람들을 도와 뭐해?" 라는 곱지 않은 반응을 보일 때도 있었다. 그때마다 상처를 받기도 했지만, 전국 각 학교에 배포되는 봉사교육 비디오 제작, 자원봉사공익광고 및 소식지 제작 등 다양한 활동을 통해 사람들의 인식을 극복할 수 있었다.

아울러 봉사활동을 하면서도 학업을 소홀히 하지 않겠다는 자신과의 약속을 지켰다. 우선 하루에 공부할 양을 정해 놓고 해야 할 분량은 반드시 끝내는 것을 원칙으로 삼았다. 평일 봉사활동을 아무리 늦어도 밤열 시 전에는 끝내고 스스로 정한 공부시간에는 영향을 주지 않았다. 수업시간에는 항상 맨 앞줄에 앉았다. 눈이 워낙 나쁘기도 했지만 최대한 선생님 가까이에 앉아서 수업에 집중하기 위해서였다. 필기는 가능한 한 교과서에 했다. 이런 공부법은 참고서가 단권화되는 효과를 가져와 시험 치기 전에 교과서만 봐도 모든 내용을 알 수 있게 해준다.

주2회 결식아동 및 독거노인, 장애인 가정방문을 통한 반찬배달로 중1 때부터 시작된 봉사활동은 성장해 오면서 진정으로 느끼지 못했던 세상에 대한 감사함을 깨닫게 해주었다. 매주 월, 목요일 오후 네 시에서 여섯 시에는 반찬배달 봉사활동을 했다. 학교수업이 끝나면 곧장 복지관으로 가서 따끈따끈한 반찬을 가지고 40여 가정을 방문하게 된다. 반찬이 식을까 걱정이 되어, 나를 기다리고 있을 분들이 빨리 보고 싶어 누가 재촉한 것도 아닌데 발걸음은 점점 더 빨라져간다. 비가 오나 눈이 오나 언제나 기쁜 마음으로 활동한 지 벌써 칠 년째 접어들고 있다.

매번 방문해 줘서 너무 감사하다며 눈물을 흘리시는 풍납1동 조옥순, 김동례 어르신, 재미있는 이야기를 해주면 웃음을 참지 못하는 초등학생 은비, 매번 먹을 것을 챙겨주시는 풍납2동의 박월분 할머니……. 이렇게 함께 울고 웃으며 지내온 사람들의 이야기들이 봉사 일지에 하나하나 적혀 있다. 읽을 때마다 세상에 대한 감사함을 느끼며 오히려 그

분들 덕분에 봉사활동을 하지 않았을까 하고 생각하게 된다.

이 활동에서의 깨달음으로 자원봉사소식지 제작, 저소득층 청소년 공부방 지도, 장애인식 개선활동 등 여러 영역으로 확대해 나갔다. 특히 어린이 화상환자 의료보험 확대 적용을 위한 서명운동활동 덕에 국회에서 비전호프(어린이 화상환자 후원회) 주최로 공청회를 여는 데 크게 기여하며, 나의 작은 도움이 큰 힘이 된다는 것을 알게 되었다. 중3 때는 직접 학교 자원봉사단 '나누미'를 조직해서 활동했으며, 고1 때는 백내장에 걸린 발달장애친구의 멘토가 되어 일 년간 활동했다. 이를 통해 자원봉사가 단지 어렵고 힘든 사람을 돕는 것이 아니라 같은 하늘 아래의 사람 대 사람으로서 정을 나누며 서로의 존재를 빛나게 한다는 것을 알게 되었다. 이는 지역 내에서만 존재하는 것이 아님을 세계 속에서도 마찬가지라는 생각에 파키스탄, 호주 해외봉사로까지 이어졌다.

"우리의 무대는 전 세계이고, 항상 가슴속에 세계를 품어라!"

고1 때 송파청소년기자단 활동 중 내가 존경하는 월드비전 긴급구호팀장 한비야 씨를 직접 만나 인터뷰할 때 해주신 말씀이다.

이후 나는 해외자원봉사에 관심을 가지게 되었다. 결국 파키스탄 해외봉사에 몸을 실었고. 8박 9일의 시간은 가장 소중하고 값진 경험이 되었다.

지진으로 인해 보금자리를 잃은 난민들에게 텐트 지어주기, 난민촌 마을에 구호물품 전달 등 40도가 넘는 날씨 속에서 이루어졌던 모든 활동들이 아직도 생생하다. 특히 생각했던 것보다 훨씬 더 열악한 환경과 위생상태, 그 속에서 생활하고 있는 난민들의 모습을 보면서 나는 '삶보다는 죽음'이라는 단어를 떠올렸다. 이후 그런 생각을 했던 내 자신의 부끄러움을 깨닫고 모든 생명의 존귀함, 함께하는 삶의 의미, 긍정적 사고를 통한 난관의 극복 등에 대해 생각하게 되었다.

가장 잊을 수 없었던 것은 손을 내밀며 계속 쫓아오면서, '1달러'를 외쳐대던 난민촌의 아이들이었다. 어린 나이에 구걸에 익숙해져 버린 그들의 모습에서 그들을 위해 앞으로 무엇을 해야 할지 곰곰이 생각해 보게 되었고, 사회복지와 관련된 일을 하겠다는 나만의 목표와 삶을 설계하게 되었다. 이 경험으로 나는 세상을 바라보는 안목이 넓어졌고, 내면적으로 조금 더 성장하게 되었다고 말하고 싶다. 또한 내가 꿈꾸고 있는 더불어 살아가는 세상은 작은 봉사를 통해 실현될 수 있다는 확실한 믿음을 가지게 해주었다.

파키스탄에서 신선한 충격을 안고 돌아온 나는 '도움이 필요한 사람들에게 정작 필요한 것이 자원봉사자들의 손길일까?'라는 생각을 하게 되었다. 이상하게도 머릿속에서는 이 답을 찾을 수가 없었다. 그런데 백내장을 앓는 발달장애아동의 멘토가 되어 활동했을 때 장애아동의 어머니께서 "정신적으로 여러 힘이 되었던 성현 군의 도움과 자원봉사센터에서 연계해 준 안과의료자원봉사팀의 무료 수술까지 정말 감사해요."라고 하셨다. 그때 비로소 도움을 받는 사람들은 자원봉사자의 손길과 더불어 의료, 교육 등 사회적으로 여러 실질적인 서비스들이 가장 필요로 한다는 것을 알았다. 이 깨달음으로 전문적인 사회복지와 인적자원을 비롯한 다양한 자원들을 하나하나씩 연결해 주는 역할이 앞으로의 나의 역할이라는 것을 분명히 알게 되었다. 이로 인해 숨은 현장을 찾아 발로 뛰는 사회복지사의 역할과 함께 사회의 각 자본을 하나로 연결해 사회복지시스템을 체계화시켜 줄 수 있는 사회복지 전문기

자가 최종적인 꿈이 되었다. 이를 위해 전문적인 사회복지에 대한 지식과 경험이 있어야 한다는 생각에 사회복지학과를 선택하게 되었다.

결국, 남들보다 다양한 활동을 통해 스스로의 삶을 만들어 나가는 나의 모습을 부각시키기 위한 자기소개서와 나만의 포트폴리오를 만들어 제출한 것이 1차 서류전형 합격이라는 결과를 가져왔다. 2차 면접에선 너무나도 떨면서 면접을 보았기 때문에 사실 최종 합격은 장담할 수가 없었다.

"현대의 사회복지에 대해선 어떻게 생각하니?", "자신의 장점과 단점은 무엇이며 앞으로의 계획은?" 교수님들의 질문에 어떻게 내가 대답했는지 지금도 기억이 나지 않지만, 내가 평상시 생각해 왔던 것들을 솔직하게 말했다.

"천재는 노력하는 사람을 이길 수 없고 노력하는 사람은 즐기는 사람을 이길 수 없다." 롤프 메르쿨레의 말처럼, 다양한 활동 속에서 자신만의 삶을 만들며 모든 일을 즐기는 사람이 진정으로 우수하고 경쟁력 있는 학생이라고 생각한다. 십이 년 동안 대학진학만을 목표로 학업이라는 한 우물만 파는 우물 안 개구리는 세상 밖에 대한 두려움을 가지고 있다. 결국 자신이 가지고 있는 능력마저도 발휘 못 하며 그 자리에서만 머무르게 된다. 하지만 똑같은 십이 년이라는 시간을 학업을 비롯해 자신이 하고자 하는 분야의 다양한 활동까지 놓치지 않는 우물 밖 개구리는 다르다. 자신에 대한 명확한 분석과 이해를 바탕으로 넓은 세상을 자기 것으로 만드는 능력, 사람들과의 맺어진 관계에서 자신의 존재를 빛낼 수 있는 능력 등을 마음껏 발휘할 수 있다.

모든 사람들이 저마다 자신의 잠재력은 가지고 있지만 각자가 그 잠재력을 어떻게 활용하고, 어떻게 준비해 왔느냐가 중요한 것이라 생각한다. 다양한 활동과 경험을 통해 자신의 잠재력에 도전하는 신입생을 선발하고 그 장을 마련해 주는 것이 진정한 최고의 교육기관인 대학에서 고려해야 할 사항이라고 생각한다.

입학사정관전형을 준비하는 후배들에게

입학사정관전형을 준비하는 학생들에게 공부도 중요하지만 공부 못지않게 중요한 것이 자신의 진로문제에 대해 한 번쯤은 진지하게 생각하고 미래에 대해 설계해 보라고 말하고 싶다. 다양한 활동과 경험의 자료들을 모아 정리해 자신이 어떻게 변화했는지, 꿈과 목표와 어떤 연계성을 가지는지 등을 스스로 평가해 보는 시간도 중요하다.

'난 내 자신이 무한한 잠재력과 능력을 가지고 있다고 생각해. 성적을 점수화하지 않으니 일단 지원해 볼까?'

이런 생각으로 무조건 지원부터 하고 보자는 식은 절대 NO 이다. 입학사정관전형은 학생들 각자가 그 잠재력을 어떻게 활용하고, 어떻게 준비해 왔느냐가 중요하다. 자신의 꿈을 위해 다양한 활동과 경험에 도전하면서 스스로의 삶을 만들어 나가며 자기관리를 철저히 하는 사람이 좋은 결실을 맺는다. 물론 입학사정관전형도 학교마다 매우 다양하므로 각 학교의 전형 요강을 꼼꼼히 살펴보아야 한다. 입학사정관전형의 자기소개서와 면접은 자신의 삶, 자신의 이야기를 입학사정관에게 얼마나 진실 되고 솔직하게 전달하는지가 중요하다.

기통찬 공부법 멘토링

봉사활동은 남을 돕는다는 생각보다는 자기 자신을 아름답게 가꾼다는 마음으로 시작해라. 입학사정관은 봉사의 자발성, 지속성, 진실성을 집중적으로 평가하기 때문이다.

나는 봉사활동을 왜 하려는가?

나는 봉사활동으로 무엇을 할 것인가?

나는 봉사활동을 어떻게 할 것인가?

나는 봉사하기 위해 무엇을 준비할 것인가?

나는 봉사활동을 통해 무엇을 얻을 것인가?

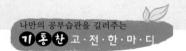

나만의 공부습관을 길러주는
기·통·찬 고·전·한·마·디

사람은 반드시 스스로 업신여긴 뒤에 남이 그를 업신여기며, 집안은 반드시 스스로 망가뜨린 뒤에 남이 그를 망가뜨리며, 나라는 반드시 스스로 공격한 뒤에 남이 공격하는 법이다. 그래서 '태갑太甲'에 '하늘이 만든 재앙은 그래도 피할 수 있지만, 스스로 만든 재앙은 피할 수 없다.'라고 했으니, 이것을 두고 한 말이다.

맹자 『맹자』

자신과의 약속은
반드시 지켜라

공부는 습관이다. 맞는 말이다. 그런데 습관은 누적의 무게가 있어서 한 번 마음먹고 했다고 해서 생기고 없어지는 것이 아니다. 그리고 사람은 기계가 아니다. 감정도 있고, 욕망도 있다. 아침에 일찍 일어나는 습관을 들이고 싶지만 잠과의 씨름에서 늘 판정패를 당하고 만다. 그러면 습관의 원천은 무엇인가? 인성이다. 그래서 입학사정관제는 인성전형이라고 말하기도 한다.

동양의 유학에서는 인성을 '청탁후박淸濁厚薄'으로 표현한다. 맑고 중후한 성품을 길러야 수신제가치국평천하修身齊家治國平天下 할 수 있는 인재가 된다고 보았다. 맑은 기운을 가진 사람은 시력이 좋아 주위를 잘 보는 사람이다. 잘 보는 사람은 자기습관을 단속할 수 있다. 무게가 있는 사람은 약속을 잘 지키는 사람이다. 약속을 잘 지키는 사람만이 좋은 습관을 만든다.

힘든 수험생활, 자신과의 약속으로

카이스트 합격한 **권나영** ✏

　지금 대학 입시를 준비하며 힘들게 공부하는 대한민국의 후배들에게 대학 입시가 중요한 이유는 좋은 대학, 또는 명문대라는 타이틀 때문이 아니라 자신의 인생 방향을 결정하는 데 대학은 공부를 하는 학교 이상의 영향을 미치기 때문이라고 말하고 싶다.

　단순한 좋은 대학의 의미를 넘어서서 앞으로 남은 인생의 방향과 진로를 결정할 수 있게 해준 이 곳, 카이스트에 진학하기까지 고민과 걱정으로 힘들었던 시간을 되돌려 조금은 오래 된 내 고등학교시절의 수험생활을 회상해 본다. 힘든 고3 시절에도 지치지 않고 버틸 수 있었던 마법 같은 비밀을 함께 공유하고 싶은 마음에 부족하지만 나의 이야기를 해보고자 한다.

　나는 수험생시절을 견뎌내기 위한 나와의 약속으로 첫째 Positive mind(긍정적 마음) 둘째 Strict rule(엄격한 규칙) 셋째 composure for me(나를 위한 여유)를 세워 놓았다. 어떻게 생각하면 '긍정과, 여유' 라는 말은 '엄격한' 이란 뜻과 반대되는 의미로 비춰지지만 사실 가장 밀접한 사이이기도 하다. 엄격하다는 의미는 시간에 쫓기고 초조해하는 것이 아닌, 자신과의 약속을 잘 지킨다는 의미이다. 그렇게 생각할 때 매 순간 낙담하지 않는 것과, 자책하지 않는 것을 지키는 것도 나와의 약속을 지켜나가는 것이 된다.

　자신에게 가장 맞는 방법을 찾고, 흐트러지기 쉬운 생활을 다잡는 방법을 알고, 긍정적인 자세로 매진한다면 힘든 시간도 얼마든지 견뎌낼 수 있을 것이라고 생각한다. 그리고 여유를 가질 타이밍을 아는 것도 중요하다. 나는 완벽하게는 아니지만 적어도 지치지 않고 그 시간을 버텨냈기 때문에 이 평범하지만 기적 같은 방법들로 대한민국에서 과학을 공부하는 학생들의 꿈이라고 불리는 카이스트에 입학할 수 있었다.

수험생활의 시작에는 반드시 나에 대한 가능성에 대한 '긍정의 믿음'이 있어야 한다. 나는 어떤 수험생활이든지 시작하기 전에 인생의 가능성에 대한 맹신을 해두는 것이 중요하다고 생각한다. 사실 이것은 내가 내 인생을 조명하는 관점이기도 하다. 입시를 준비할 때는 내가 오늘 본 문제가 내일 시험에 모두 출제되어서 내가 수석을 할 수 있을 것이라는 말도 안 되는 그림을 그리기도 했다. 쉽게 성적이 오르지 않는다거나 부정적인 생각이 연달아 떠오를 때에 좋은 응원이 되는 방법이다.

고등학교 3학년 1학기 때 성적이 계속 잘 나오지 않았었다. 수학을 중심으로 내신성적이 크게 떨어지고 모의고사는 언어영역과 외국어영역 이외에는 크게 두각을 나타내지 못했다. 이과인 나에게 수학성적의 부진은 큰 문제였으므로 성적이 떨어지는 것은 단순히 거기에 그치지 않고 자신감의 하락과 매너리즘을 부르게 되었다. 심지어 분명히 어제 푼 문제인데도 오늘 또 다시 모를 것 같다는 심리적인 압박 현상까지 겹쳐서 그 당시 십구 년을 살면서 한 번도 해보지 않은 내 두뇌에 대한 자책까지 했었다. 자신감이 사라졌을 때 발생하는 부수적인 매우 부정적인 문제들에 대해서는 너무도 잘 알고 있을 것이다. 그 모든 현상들이 나에게 나타나기 시작했다. 그렇게 1학기 기말고사까지 망치고 나서 여름방학을 이런 어두움 속에서 보내서는 안 되겠다는 생각이 들었다.

나는 당장 내 위치를 객관적으로 파악하고 차분하고 냉정하게 성적하락의 원인분석과 새로운 계획들을 세웠다. 수험은 시간 싸움이므로 비관하며 울 시간에 차라리 잠을 자는 것을 추천한다. 지나친 후회와 자책은 심리적으로 좋지 않으므로 스스로에게 '괜찮다'고 말하는 시간을 가지길 바란다. 여유를 가지고 내 자신을 돌아볼 때, 그만큼 객관적인 관점으로 보게 되고 그때 비로소 나에게 딱 맞는 계획을 세우게 되는 것이다. 지금까지 모르던 자신의 맹점을 파악하고 그것을 보안할 수 있다는 것은 얼마나 좋은 기회인지 모른다. 조금 방황하고 힘들었다면 그 시간을 아까워하기보다 역전의 기회로 삼을 줄 알아야 한다. 내가 허비한 한 시간이 너무나 아깝고 후회되더라도 남은 삼십 분마저 날리는 것보다는 그 남은 시간 동안 내가 할 수 있는 최선을 다하는 것이 현명한 행동인 것이다.

다음으로 나만이 알고 있는 '규칙'이 필요하다.

아침에 일찍 일어나기. 영단어 외우기. 예습, 복습 꼭 하기와 같은 누구나 알고 포괄적인 계획이 아니라, 내 생활의 낭비를 줄일 수 있는 맞춤형의 꼼꼼한 계획을 세워야 한다. 예를 들어 나는 잠들기 전에 단순 암기할 것을 꼭 보면서 잠자리에 들었다. 자기 전에 졸음이 오는 상태에서 외운 것이 오래 기억난다는 속설을 듣고 나서부터 만든 습관인데, 실제로 그때 외운 것들이 얼마나 기억나는지 실험해 본 적은 없지만 침대에서 잠들기 전에 허비하는 이삼십 분의 시간을 매일 아낄 수 있었다.

그리고 나는 내 공부방법의 특성을 고려해 양보다 '정확성'을 선호하기로 했다. 특히 수능시험이 가까워지면 일주일 만에 문제집을 한 권씩 풀었다느니, 이번 달에 수학 문제집만 다섯 권을 해치웠다느니 하는 친구들의 얘기에 내심 불안해했다. 하지만 나는 속도를 내는 스타일이 아니어서 공부의 양보다 충분한 이해로 푼 문제들을 확실히 기억하는 쪽을 택한 것이다. 나중에는 하루에 풀 수학 문제는 15개 내외, 물리 문제는 열 개 내외로 정해 버렸다. 대신에 풀어보지 못한 새로운 유형과 각 단원마다 중요한 문제를 뽑음으로써 효율을 높였다.

또한 자신의 호기심도 적당히 절제할 줄 알아야 한다. 나는 이유를 정확하게 알지 못하면 납득하지 못하는 공부방법을 가지고 있었으므로 단순 암기와 기계적인 풀이에 약했다. 갑작스럽게 닥친 쪽지시험이나 시간 내에 문제를 풀어야 하는 수능시험의 경우 불리할 수밖에 없다고 생각했다. 하지만 대신 꼼꼼히 한 번을 보면서 깊이 이해해 난이도가 높은 심화문제에서 고득점을 받을 수 있다는 생각이 들었다.

이외에도 내가 세우고 지켰던 나만의 고집(?)들은 나에게 실제로 많은 도움을 주었다. 수학의 경우, 답지를 보면 금방 이해가 되는 것 같지만 그렇게 외운 것은 결코 내 것이 될 수가 없어 다음에 풀었을 때에도 비슷한 곳에서 똑같은 실수를 하기 마련이었다. 그래서 나는 틀리거나, 모르는 문제는 세 번 유예 기간을 두고 공부했다. 그러는 동안 많이 지루하고 조바심도 나지만 내가 세 번 고민하는 동안 거듭 내 머리에 새겨진 문제의 유형과 푸는 방법들은 그만큼 잘 잊어버리지 않는다.

또한 공부하는 도구와 방법을 결코 유행에 맡기지 않았다. 이것은 내 오래 된 고집이었다. 중학교 때도 어떤 학원이 아주 잘 가르친다고 해도 나는 내가 흥미를 느끼지 못하면 단번에 그만두었고, 족집게 과외교사의 추천 방법이라고 해도 내 공부시간을 산만하게 한다면 과감히 버렸다. 이것이 곧 나에게 맞는 책 선택과, 필기법으로 이어졌고 언제든 내가 넘겨봤을 때 내 눈에 내 취약점을 쏙 들어오게 해주는 맞춤형 문제집들을 탄생시켰다.

또 내 스스로의 규칙은 과목별로 공부방법이 달랐다는 점이다. 마치 부모님이 각기 다른 성격의 자식들과 대화하는 것처럼 과목마다 다른 방법으로 접근했다. 우선 비슷한 성격으로 나누자면 국사, 사회, 경제, 도덕과 기술, 가정 부교과과목은 쉬는 시간과 벼락치기를 활용했다. 수업을 마치자마자 선생님이 수업한 내용 중에 중요한 것은 한 번 더 보고 간단히 메모해서 나중에라도 빠뜨리지 않게 했다. 그리고 긴 시간을 잡아서 공부하기보다는 하루에 한 단원 정도씩 시험기간 곳곳에 배치해서 큰 부담을 느끼지 않도록 했다. 또 요점만 정리한 암기장을 만들어서 시험이 가까워졌을 때는 늘 가까이 두고 수시로 외웠다. 과학 과목들은 이해를 우선시했다. 물리를 제외한 과목은 원리까지 이해해서 암기하기보다는 완전한 이해를 하는 것이 나에게는 편했다. 어려울 때는 매우 추상적이지만 자연의 신비를 상상하는 것도 좋다. 지구과학을 공부할 때는 정말 하늘에 떠 있는 별과 우주를 생각하고, 화학과 생물은 눈에 보이지 않는 것들이 나를 이루고 있다는 사실에 생기를 부여했다. 사실 과학이라는 학문 자체가 워낙 신비하기 때문에 조금만 생각해보면 그 미스터리를 온 몸으로 느낄 수 있으므로 공부에 대한 흥미를 유발하는 데 아주 좋은 방법이 될 수 있다.

언어영역과 외국어영역은 평소에 실력을 늘렸다. 꾸준히 보되 부담되지 않게 소설을 읽는 기분으로 공부했던 것 같다. 그리고 수학은 누구에게나 어렵듯이 나에게도 어려웠고 큰 부담이었다.

고등학교 2학년 시절, 수학성적을 큰 폭으로 올린 적이 있었다. 아이러니하게도 그 시기에는 수학 결과에 대해서 연연하는 것이 너무 싫어서 아예 '결과'에 대한 관심을 끊었다. 대신에 내가 택한 방법은 '무심한 듯 시크하게' 문제만 풀기로 한 것이다. 문제풀이 자체에 대한 부담도 너무나 싫어서 수학 문제집을 다섯 권쯤 쌓아 놓고 '난 이것만 푼다, 그 뒤는 하늘의 뜻이다.'라는 생각으로 공부했다. 말이 다섯 권이지 시중의 수학 문제집들은 교집합이 꽤 많아서 실제로는 그만큼 많은 양이 아니다. 처음에는 틀린 문제도 많고 시간도 안 가지만 두 권이 넘어가면 같은 문제가 겹쳐서 양이 줄어든다. 또 앞 권에서 틀렸던 문제를 지금은 잘 푸는 자신의 모습이 뿌듯하고 이번에 틀려도 다음 권에서 맞추면 된다는 이유 없는 여유도 생긴다.

시험기간이 되면 시험날짜와 역방향으로 공부하는 시험과목을 짰다. 첫째 날 수학, 둘째 날 국어, 마지막 날 영어를 본다면 공부는 거꾸로 맨 먼저 영어, 다음 날은 국어, 시험 바로 전 날은 수학을 공부한다.

나는 시험기간 공부계획을 3주 전쯤에 노트 한쪽이 다 차게 나만의 달력을 크게 그려서 할 일을 체크하고 하루가 지날 때마다 색칠을 하면서 보낸다. 시간가는 것이 눈에 너무 잘 보여서 빈둥거릴 수 없는 좋은 효과가 있었다.

마지막으로 나를 버티게 해주었던 힘! '여유'를 잃지 않는 것이 중요하다고 생각한다. "오늘이 좀 흐리면 어때, 내일이 있잖아." 수험서마다 적어 두었던 구절이다. 고3 초기에는 재수를 고려하고 있었다. 그때까지만 해도 서울 소재 의대에 진학하고 싶었던 나는 3학년 초반에 무너진 내신 때문에 수시모집에도 자신이 없었고, 더 이상 오르지 않는 모의고사 성적 때문에 수능으로 진학하는 것도 불가능하다고 느꼈기 때문이었다. 그 덕분에 마음에 시간적인 여유는 가질 수 있었다. 일 년이 더 있다는 생각 때문에 당장 눈앞의 결과에 조급해하지 않아도 되었던 것이다. 물론 100% 그런 생각을 갖고 있었던 건 아니지만 최소한 남들이 다섯 번 좌절할 때 나는 한 번으로 그 빈도를 줄일 수 있어서 정신적인 컨디션이 대체로 좋았던 것 같다.

그리고 틈만 나면 좋은 생각을 했다. 아주 유치한 상상. 대학가서 배낭여행을 가는 상상. 내가 작곡한 노래가 유명해지는 상상 등등. 긍정적인 에너지는 무한한 잠재력이 있기 때문에 스트레스 해소에 많은 도움이 되었다. 지금 생각하면 어떻게 그렇게 끊임없이 상상을 했을까, 싶을 정도로 나는 내 미래에 대해서 늘 생각하고 꿈꿨다. 주로 구체적이기보다는 유럽 여행을 가서 서양 역사의 메카에서 예술품을 통해 역사의 미스터리를 푸는 상상과, 사진 찍는 법을 배워서 아프리카 자연을 담는 상상처럼 멀고 뜬구름 잡는 것 같은 상상이었지만 실제로 떠나지 못하는 내 마음을 많이 달래주었다.

긍정적인 생각과 여유로운 자세로 꾸준한 공부를 하게 되었다면, 마지막으로 조금의 소스 더하기를 권한다. 요즘처럼 입학사정관제가 시행되고 대학에서 인성을 중요시하는 시대가 되면 갑자기 부딪혀서 해결할 수 없는 문제들이 생긴다. 바로 우리 부모님들이 그렇게 강조하던 '독서'와 '사색'의 중요성이다. 나는 언어영역은 따로 공부한 적이 거의 없다. 속독도 책을 읽으면서 배웠고 어휘력과 비문학의 과학, 역사, 예술에 대한 상식도 책에서 배웠다. 언어영역에서 고전문학과 사자성어는 어쩔 수 없이 암기의 힘을 빌려야 할 때가 있다. 하지만 과학이나 역사, 예술이 주제인 비문학의 경우 조금만 배경지식이 있으면 지문이 훨씬 잘 이해된다. 게다가 수시모집 면접이나 논술에서도 그런 주제들은 언제나 핫이슈가 되므로 될 수 있으면 삼 년 동안 천천히, 꾸준히 소화해 두는 것이 좋다.

시간은 빠르게 지나가기 때문에 매 순간에 집중해야 한다. 내가 꿈꾸는 미래에 다가가고 있다는 것은 멋진 일이다. 지금 힘들게 노력하고 있는 순간은 그 결과만큼 소중하다고 생각한다. 지칠 때는 내가 견뎌낸 이 시간이 결국 내 인생에 미칠 긍정적인 효과를 생각하고, 혹시 실수를 했다고 하더라도 크게 낙담하지 않고 다시 정상 궤도에서 노력하기 위해서 마음을 다잡으라고 말하고 싶다.

내가 카이스트 면접을 통과할 수 있었던 이유를 가끔 돌이켜서 생각해 보곤 한다. 단순히 내신성적과 종합면접의 결과 때문일 수도 있겠지만, 나는 그때 마지막 질문에 대한 나의 답변에 점수를 주고 싶다.

화학 심층 면접이 끝나고 나가기 직전에 세 분의 교수님들께서 물으셨다.

"우리 셋 중에 누가 제일 좋아 보이나?" 열아홉의 나는 뭐라고 대답했을까?

"그건 제가 내년에 배워 보고 말씀드리겠습니다."

오만하리만큼 당당한 태도가 아름다울 수 있었던 시기는 바로 고등학교시절이었던 것 같다.

기통찬 공부법 멘토링

리더십훈련은 자기경영에서부터 출발하라. 21세기 글로벌시대는 개별자들의 자기관리 역량이 곧 경쟁력이기 때문이다.

나는 리더십이 있다고 생각하는가?

나만의 리더십역량은 무엇인가?

우리 사회에서 요구하는 리더십역량은 무엇인가?

글로벌리더십을 기르기 위해서 무엇을 더 보완해야 하는가?

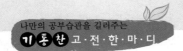

나만의 공부습관을 길러주는
기통찬 고·전·한·마·디

다른 사람이 마음속에 어떤 생각을 품고 있는지 유의하지 않는다고 해서 불행해지는 사람은 좀처럼 찾아보기 힘들다. 그러나 자기 마음의 움직임을 조심스럽게 지켜보지 않은 사람은 반드시 불행하게 될 것이다.

아우렐리우스 『명상록』

눈치작전은 금물이다

친구는 재산이다. 특히 학창시절의 친구는 마음을 여는 넓이와 깊이가 풍요로워 좋다. 그래서 좋은 친구를 많이 사귀는 것도 공부다. 그러나 '친구 따라 강남 간다.' 는 말이 있듯이 학창시절에 친구들과 잘못 어울려 후회하는 경우도 종종 본다.

친구親舊란 서 있는立 나무木 보기를見 오랫동안舊 지속할 수 있어야 진짜 친구다. 나무는 봄에 싹이 나고, 여름에 잎이 무성해져서, 가을에 풍성한 열매를 맺고, 겨울이면 앙상한 가지만 남긴 채 추위를 견딘다. 이러한 변화를 충분히 지켜봐야 비로소 그 나무를 제대로 볼 수 있다. 어느 한 단면만 보고 판단하는 것은 금물이다.

공부도 마찬가지다. 자신만의 원칙을 세워 하나하나 점검하면서 보다 견고한 나만의 노하우를 쌓아 나가야 한다. 다른 사람들 공부에 들러리서는 것만은 제발 하지 말자.

긍정적인 Self-Control로

성균관대 자연과학부에 합격한 **송경은**

저는 어렸을 적부터 부모님의 배려로 하고 싶은 것은 가능한 한 모두 경험할 수 있었고, 공부 또한 제 자율 의지에 따라 할 수 있었던 학창시절을 보냈습니다. 그래서 '공부'라는 것이 '의무'가 아니라 '날 위해 해야 하는 흥미로운 일'로 인식되어 왔는지도 모르겠습니다.

삼 남매 중 장녀로서 로드맵으로 삼을 수 있는 언니나 오빠가 없었기 때문에 그 당시 저는 입시라는 것에 대해 굉장히 무지했습니다. '대학 수학능력시험'에 대해서도 사실상 고등학교 때에는 어떻게 공부해야겠다는 방법론조차 잡혀 있지 않았습니다. 고1 때부터는 조금씩 고민이 되면서 부모님께 "수능은 도대체 어떻게 준비해야 될지 모르겠다.", "어떻게 하면 대학교에 진학할 수 있는지 모르겠다." 하고 푸념을 늘어놓기도 했습니다. 그러다 혼자 인터넷으로 여러 대학홈페이지에서 직접 입시요강도 찾아보고 고민하던 때가 생각납니다.

부모님의 간섭 없이 스스로 하는 자기주도학습은 좋았지만 대학입시에 대한 정보 등, 힘든 일까지도 어떻게든 제 스스로 헤쳐 나가야 한다는 것은 벅차기도 했습니다. 하지만 그런 환경이 제게 정보력과 체계적인 계획을 세울 수 있는 잠재력과 자립심을 길러준 것이겠지요.

입시공부를 위해 학원에 등록했다가 한 달도 다니지 않고 그만두겠다고 했을 때 학원선생님께서 이런 말씀을 하셨습니다.

"학원수업이 맘에 안 드는 게 조금 있더라도 자기관리를 위해 학원에

오는 거지. 신중하게 생각해라."

자신의 시간을 자기가 기획하고 그에 맞춰 생활하지 못한다면 일단 의지부터 다시 다져야 할 것입니다. 무엇보다도 공부하는 데 있어서 학원이든, 같이 놀자는 친구들이든, 항시 켜두는 메신저든 '이건 좀 아닌 것 같다.' 라는 생각이 스치는 순간 바로 그만둘 수 있는 용기와 결단력이 필요합니다. 그렇다고 모든 학원을 다닐 필요가 없다는 의미는 아닙니다. 혼자 공부하기 어려운 과목들은 많은 도움을 받을 수 있는 곳이 학원입니다.

학원을 그만두고 혼자 공부하기로 결심한 저는 부족했던 점에 대해 돌이켜보는 시간부터 가졌습니다. 먼저 생활적인 측면에서 반성을 해 보았습니다.

- 밤에는 하던 공부를 놓지 못하다 엎드려서 잠이 들거나 스트레스를 받으며 잔다.
- 수면이 부족하다 보니 아침 자습시간이나 야간 자율학습시간에 졸기 일쑤이며 아침식사는 거의 거르다시피 하고 생활리듬이 불규칙하다.
- 성공의 이미지를 구체적으로 떠올리지 않는다.
- 긍정적인 self-control이 부족하다.
- 과목별로 '무엇을', '어떻게' 공부해야 할지 보이지 않아 스트레스를 받는다.
- 대학별 입시전형요소에 대한 숙지가 불충분해 미리 그것에 맞춰 준비하지 못한다.
- 수능에 적합한 학습방법을 몰라 수능내신대비 공부법에서 벗어나지 못한다.
- 기본에서 심화까지 차근차근 학습하지 않고, 불안감에 문제풀이를 시작한다.
- 주변의 분위기에 휩쓸려 나의 학습상태와 스타일에 상관없이 시기마다 주

변 수험생들이 하는 것을 나도 해야 할 것 같은 강박관념이 있다.
- 내신은 내신대로, 수능은 수능대로 결단력 없이 질질 끌려가는 학습이다.
- 시중의 검증되지 않은 문제들을 선별하지 않고 무작정 푼다.
- 출제지침과 기출문제의 중요성을 간과하고 섭렵하지 않는다.
- 다른 사람의 성공수기를 가감 없이 받아들여 자신에게 맞는 공부법을 찾지 않는다.
- 교과서를 괄시한다.
- 우선순위 없이 전 과목에 같은 시간을 투자한다. 예) 수학 한 시간, 영어 한 시간 등.
- 의지만 불타올라 무리하게 계획을 세워두고 실천하지는 못한다.
- 학교 정규 수업시간 중에 선생님 몰래 수능공부를 한다. 결과적으로 효율이 떨어진다.
- 메신저와 미니홈피 등을 통해 시간을 허비하고 있다.
- 심리적인 불안감으로 쉬는 시간도 없이 책상에 앉아 있다.
- 시간관리를 포함해 페이스 유지에 필요한 실전연습이 부족하다.
- 공신력 없는 루머에 영향을 받는다. 예) 탐구과목은 막판에 해도 오른다, 언어는 공부를 하나마나 비슷해서 문제만 풀어보면 된다.

문제점을 파악한 후 과목별, 단원별 우선순위를 부여하기 위해 공부했던 학습량과 상태에 대해 생각해 보았습니다. 내신은 중학교의 연장선상에 있기 때문에 크게 어려움이 없었지만, 수능은 어떻게 해야 고득점을 할 수 있는지에 대한 방법론이 체계적으로 잡혀 있지 않았습니다. 그래서 우선 수능을 출제하는 한국교육과정평가원(KICE) 홈페이지에 접속해 수능 출제지침을 다운로드해 자세히 숙지했습니다. 그리고 과목별로 제가 이제까지 공부한 것들에 대해 노트에 적어 보며 수능이라는 시험에 적합한 공부법이었는지 출제지침과 비교 분석했습니다.

언어의 경우, 겨우 문제를 풀어본 수준이며 수학은 과외를 받았으나 역시 기본기 없이 세워진 문제풀이에 지나지 않았습니다. 하지만 제게 외국어는 득점과목이었기 때문에 문제가 되지 않는데 반해, 막상 수능에서 득점과목으로서 빛을 발하지 못했습니다. 이유는 고등학교 때 한 번도 제대로 문법을 정리하지 않았다는 것과 영단어 암기를 중학교 때 이후로는 하지 않았다는 것에 그 원인이 있었다고 봅니다. 또한 과학탐구는 아예 내용정리가 완성되지 않은 과목도 있었고, 수능의 탐구영역에 대한 인식이 제대로 되어 있지 않았던 탓에 수능문제를 접하기에 앞서 공부법에 문제가 있었다고 생각했습니다.

저는 우선순위에 따라 장기계획부터 세웠고 동시에 분기별로 꼭 학습해야 할 목록을 작성해 각 분기가 끝난 후 성취도에 대한 반성을 할 수 있도록 했습니다. 분기를 나눌 때에는 기본학습 / 기본복습+심화학습 / 기본 · 심화 총정리 / 기본 · 심화복습+실전연습의 4분기로 나누는 것이 좋습니다. 처음부터 내용정리와 실전연습을 병행하는 수험생이 많은데 이는 학습효과를 극대화하는 데 어려움이 따르게 되어 있습니다. 기본과 심화의 내용 총정리가 되어 있지 않은 상태에서 실전연습으로 문제를 풀게 되면, 알고 푸는 경우는 드물며 틀리고도 왜 틀렸는지 모르는 경우와, 맞고도 왜 맞았는지 정확히 모르는 경우가 더 많기 때문입니다. 이때 틀린 개수가 많으면 상당한 압박감을 받게 되고 더 풀어야 된다고 생각해 시험이 가까워질수록 문제풀이만 계속하게 됩니다. 이는 잘못된 학습방법입니다. 일단 자신이 어느 분기에 속해 있는지부터 파악하고 그 시기에 상관없이 기본이 안 되어 있다면 기본으로, 심화가 안 되어 있다면 심화로 돌아가야 합니다. 시험까지 남은 날짜보다 중요한 것은 자신이 속해 있는 분기입니다. 자신의 학습상태와 과목별, 단원별 우선 순위에 맞춰 자신에게 알맞게 분기를 나누고 각 분기에 꼭 학습해야 할 목록을 작성해 대략적인 윤곽을 그린 후 본격적인 학습에 임해야 한다는 것입니다.

　주週 단위의 단기계획을 세울 때에는 일주일 중 하루를 비워두는 것이 효율적입니다. 일주일의 칠 일이 모두 계획에 잡혀 있으면 하루의 계획된 학습을 완료하지 못할 경우 학습계획은 무한정 뒤로 미뤄지게 됩니다. 저 또한 과거에 이러한 경험을 했습니다. 이렇게 되면 분기별로 반드시 학습해야 할 항목들이 무의미해지며 한 번에 몰아서 학습하기도 어려운 상황까지 오게 됩니다. '나는 꼭 계획대로 실행하면 되지.' 라고 생각하실지 모르겠으나 언제든 불가피한 상황은 찾아올 수 있습니다. 체력적으로나 정신적으로나 예민한 수험생들은 컨디션이 좋지 않으면 학습 효율도 현저하게 떨어지게 되고 평소와 같이 계획한 학습을 제대로 수행하는 것은 어려울 수밖에 없습니다. 또한 공부를 하다 모르는 것을 이해하는 데 많은 시간이 소요되면 이 또한 하루의 계획을 완수하지 못하는 요인이 될 것입니다. 따라서 계획이 계속해서 밀리는 것을 막기 위해 일주일 중 하루를 계획을 세우지 않은 채로 비워 놓아야 합니다. 그렇게 작게는 한 주간 꼭 해야 할 학습을 그 주에 반드시 끝내고, 크게는 각 분기에 반드시 해야 할 것들을 그 분기 내에 끝냄으로써 효율을 높일 수 있는 것입니다.

　모든 계획이 완성되었다면 다음은 실천입니다. 실천의 원동력이 될 수 있는 것은 구체적인 성공의 이미지를 상기시키는 것과 강인한 의지라고 할 수 있습니다. 막연히 '명문대학에 가고 싶다.' 라는 것이 아니라 '내가 원하고, 하고 싶은 게 뭘까?' 부터 떠올려야 합니다. 즉, 부모님의 뜻이 아니라 내가 왜 대학에 가야 하고, 가서 무엇을 얻고 싶은지를 구체화하는 것이 우선되어야 합니다.

저는 후배들이 상담을 요청해 오면, 늘 가장 먼저 무엇을 하고 싶은지를 물어봅니다. 경영학과를 목표로 하는 고1이었던 후배의 진로상담을 한 적이 있습니다. 후배가 뭘 하고 싶은지 자신도 모르겠다는 얘기에 그럼 무엇에 관심이 있느냐고 물었더니 일본어와 패션이라고. 그렇다면 왜 경영학과를 가려 하느냐는 질문에는 취직하기 위해서랍니다.

목표가 없으면 방향을 잡을 수 없고 원동력이 없으면 앞으로 나아갈 수 없습니다. 그 후배는 상담 후 패션 잡지사의 일본 특파원을 목표로 지금은 이전과는 차원이 다른 원동력으로 열심히 공부하고 있습니다.

구체적으로 몇 년 후 원하는 것을 얻는 데 성공했을 때의 자신의 이미지를 상기시킴으로써 그 모습에 가까워지기 위한 힘을 얻을 수 있습니다. '믿는 대로 된다' 고 말하는 『긍정의 힘』도 이와 같은 맥락인 것입니다. 저는 당시에 대학에서 얻고자 했던 것이 대학 문화와 다양한 경험이었기 때문에 성공의 이미지를 구체화하기 위해 대학축제가 가장 크게 열리는 대학에 가서 축제도 구경하고 캠퍼스를 거닐며 제가 다니는 모습을 상상해 보았으며 항상 공부를 시작하기 전에 그 장면들을 떠올렸습니다.

자신이 원하는 것을 찾는 것은 결코 어려운 일이 아닙니다. 이렇게 성공의 이미지를 떠올리면서 자신의 의지를 튼튼하게 다져야 합니다.

저는 고3 수험시절 공부하던 것을 놓지 못해 밤늦게까지 책상에 앉아 있다 엎드려서 잠이 드는 날이 많았습니다. 수험생이라면 누구나 한 번쯤은 이와 같은 경험을 해봤을 것입니다. 그렇게 엎드려 잔 다음 날은 오전 내내 졸게 되고 결국 오전 시간에 해야 할 공부가 미뤄져 밤이 되면 갖은 스트레스를 다 받으면서 또 연필을 놓지 못하게 됩니다. 그날 공부한 내용을 머릿속에 정리하고 내일을 위한 활력을 얻으려면 일정한 수면시간이 확보되어야 합니다. 『아침형 인간』에 따르면 수험생에게 적합한 수면시간은 여섯 시간이지만 개인에 따라 차이는 있다고 합니다. 저의 경우 매일 새벽 한 시에 취침해 오전 여섯 시에 일어나지만, 다섯 시간보다 덜 자면 피곤하고, 다섯 시간보다 더 자면 늘어졌습니다. 만약 잠을 자도 피곤하고 늘어진다면 자신에게 적합한 수면시간부터 찾아야 합니다.

저의 가장 큰 수험공부 노하우가 있다면 수능 시험과 똑같은 페이스를 연습하는 것이라고 할 수 있습니다. 앞서 말씀드렸던 네 개로 나눠진 분기에서 3분기까지 모든 내용정리와 심화적용을 끝낸 후 마지막 파이널 4분기에서는 최근 삼 년간 기출문제와 교육청주관 학력평가, 6월과 9월 모의평가 문제만을 가지고 시간 배분부터 페이스 유지까지 한 달간 훈련기간을 가졌습니다. 고3 수험생의 경우 학교 정규수업으로 인한 제약이 있으므로 주말을 이용해 훈련하면 좋을 것 같습니다.

먼저 파이널 문제풀이에서 교육청주관 학력평가 문제와 평가원 문제만을 고집하는 이유는 공식적으로 인증받은 출제위원들께서 심사숙고해 내는 문제들이기 때문에 시중의 사설 모의고사보다 신뢰할 수 있으며, 수능에 가장 가까운 형태의 문제들로 수능에 근접하게 연습해 볼 수 있다는 것입니다. 최근 삼 년간 기출문제와 교육청문제, 평가원모의평가는 3월, 4월, 6월, 9월, 10월, 11월 수능 이렇게 한 해에 6회씩 됩니다. 여기에 올해의 수능을 제외한 교육청학력평가, 평가원모의평가를 더해 5회를 더하면 마지막 분기 문제풀이에 쓰일 모의고사는 총 23회가 됩니다. 저는 가장 가까운 연도의 것부터 차례대로 풀었습니다. 즉, 수능 당일과 같은 시험시간에 따라 실전처럼 언어부터 과학탐구까지 23일 동안 풀었습니다. 아침 여덟 시 사십 분 전까지는 자습을 하고 여덟 시 사십 분부터 네 시 오십육 분까지 실제 수능과 똑같이 문제를 풉니다. 그리고 집으로 돌아와 바로 채점을 한 뒤 틀린 문제에 대해 다시 풀어보고 모르는 문제에 대해 선택적으로 해설 강의를 들었습니다. 과탐의 경우는 출제된 단원의 내용에서 추가적으로 알게 된 것과 잘못 알고 있었던 것, 틀린 것 등을 저만의 노트에 다시 적고 읽어보는 것으로 마무리 지었습니다. 이 실전훈련에서 반드시 전제되어야 하는 것은 마지막 분기 전까지 모든 심화내용 정리가 끝나야 한다는 것입니다.

이렇게 페이스 훈련을 하고 수능까지 남은 일주일 동안은 이때 풀었던 기출문제들을 다시 한 번 훑어보고 기본내용들을 되새기며 마무리 지었습니다. 결국 수능에서의 페이스 유지는 아무런 문제가 없었고 시험에 늘 찾아오는 긴장감도 가라앉혀 차분히 시험에 임할 수 있었습니다.

꿈을 꾸는 자만이 꿈을 이룰 수 있습니다. 준비되지 않은 자는 "오르지 못할 나무는 쳐다보지도 말라."고 하겠지만 준비된 자는 "불가능이란 없다."고 말할 것입니다. 무작정 공부를 시작하기 이전에 반드시 자신의 문제점과 개선해야 할 점에 대해 충분히 숙고하기 바랍니다. 그렇게 장기에서 단기에 이르기까지 분기별로 체계적으로 계획을 세워 차근차근 성취해 나간다면 남들에게 끌려가지 않는 자신만의 성공의 길을 찾게 될 것입니다.

기통찬 공부법 멘토링

포트폴리오 작성을 생활화하라. 입학사정관전형에서는 나만의 내면세계를 입체다면적
으로 보여줄 수 있는 실증자료를 요구하기 때문이다.

과거 · 현재 · 미래가 한눈에 드러나도록 작성하라.

사건, 경험, 활동은 동기와 과정에서 자기변화를 중점적으로 어필하라.

강점과 약점, 성공과 실패를 균형 있게 기술하라.

관심분야의 주제는 구체적이면서도 이색적으로 잡아라.

자기선택 전공에 대한 도전과 열정이 드러나도록 작성하라.

작은 사건이나 경험도 '왜 그런가' 를 펼쳐서 의미와 가치를 부여하라.

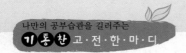

듣고, 보고 하는 관심을 바깥에 쏟아서 외부의 일을 즐겨 주관하는 사람은 실로 스스
로 나태한 것으로서 자신을 향상시키려 하지 않는 것이며, 단지 남의 장단점을 이야기
할 뿐, 자기 자신을 돌아보아 반성할 줄 모르는 사람이다.

주희 『근사록』

질문하고
또 질문하라

대화를 해보면 그 사람의 역량을 어느 정도 가늠해 볼 수 있다. 가장 호감 가는 사람은 상대방의 의견을 잘 들어주는 자이다. 그것은 관심, 부드러움, 포용, 관용, 사랑 등을 포괄하고 있기 때문이다. 그래서 잘 듣는 사람은 귀신(귀가 신의 경지에 이름)이다.

그러나 이보다 더 호감 가는 사람은 상대방에게 때에 맞는 질문을 해주는 사람이다. 그것은 교감, 존경, 가르침 등을 포괄하고 있기 때문이다.

따라서 최고의 호감형은 상대방의 의견을 적극적으로 경청하면서, 거기에 머무르지 않고 그때그때 알맞은 질문을 충분히 할 줄 아는 사람이다. 이것이 입학사정관제 면접의 비결이다.

수학 5등급에서 1등급으로 향상

동국대 한의대 합격한 **유송** ✎

   나는 고등학교 1학년 여름부터 나만의 자기주도학습으로 동국대학교 한의예과에 합격했다. 굳이 고등학교 1학년 여름부터 공부를 시작하게 된 계기는 1학년 1학기 중간고사에서 수학을 55.5점(5등급)이라는 충격적인 점수를 받았기 때문이다. 내가 남들보다 엄청나게 독하게 노력해서 한의과대에 들어올 수 있었다고는 생각하지 않는다. 다만 나는 쓰러지지 않기 위해 무던히도 많은 노력을 기울였고, 쓰러질 듯 쓰러질 듯 끝끝내 지탱한 덕에 지금 이 자리에 서 있게 된 것을 큰 자부심으로 가지고 있다.

   평일에는 네다섯 시간가량 혼자서 공부하는 시간을 가졌으며 주말에는 열두 시간 정도를 공부했다. 방학 중에는 시립도서관을 이용했는데 매일 아침 일곱 시에 가서 오후 열 시까지 공부했다. 혼자서 공부를 했기 때문에 모르는 것은 표시를 해두었다가 무조건 학교선생님께 이해가 될 때까지 물어보았다. 또한 내가 잘 못하는 과목의 수업은 선생님의 농담도 빼먹지 않고 모두 받아 적을 만큼 자세하게 필기를 했다. 나 같은 경우, 처음 접하는 개념 이해는 학교수업을 통해서만 이루어지기 때문에 학교수업에 충실할 수밖에 없었다. 문제집의 양은 혼자 하는 학습이라 다른 친구들보다 3~4배가 될 정도로 많이 풀었다. 특징이 있다면 문제와 풀이과정을 모두 직접 손으로 쓰는 오답노트를 작성했다는 것이다. 하지만 가장 추천하고 싶은 공부법은 수업시간에 질문과 발표를 많이 한 것이 큰 도움이 되었다는 점이다. 좀 더 자세한 나만의 수험 대비법을 몇 가지로 요약해 보았다.

🙂 수업시간에 적극적이 돼라!

공부가 이루어지는 장소와 대상은 상관이 없다. 공부를 배움에 있어서 항상 적극성을 가졌으면 한다. 나는 수업시간에 내가 알고 있는 문제에 대해서는 항상 가장 먼저 손을 드는 편이었다. 그런 경우 답을 맞히면 성취감으로, 틀리면 의구심으로 그 문제를 확실하게 공부할 수 있었다. 질문도 발표와 같은 맥락이다. 직접 의구심을 가지고 남에게 물어볼 때 그냥 강의를 듣는 것보다 더 잘 기억할 수 있다. 그리고 수업 중에 혹 선생님들이 질문을 던지는 경우가 있는데 이런 것들은 시험에 나올 확률이 높은 것으로 노트에 표시해 두면 시험준비에 도움이 될 것이다.

🙂 항상 체력을 관리하라!

"고3 때는 체력으로 승부하는 거니까 지금부터 체력관리 잘해야 한다." 고등학교 2학년이 되니 학교 선생님께서 자주하신 얘기다. 나는 고등학교에 입학할 때까지는 운동에 별다른 취미나 관심이 없었기에 운동을 거의 하지 않았었다. 따라서 체력도 별로 좋지 않았다. 워낙 운동을 하지 않다 보니 내가 체력이 좋은지 안 좋은지도 몰랐었다. 하지만 매일같이 학교에서 열두 시까지 자율학습을 하다 보니 이만저만 피곤한 것이 아니었다. 그런데 취미삼아 매일 점심·저녁시간에 삼십 분씩 배드민턴을 치기 시작했는데 엄청나게 체력에 도움이 되는 것이었다. 물론 튼튼해진 체력은 공부를 하는 집중력 유지로 이어졌음은 당연하다. 중간ㆍ기말고사 기간에 하루, 이틀씩 밤을 지새워도 다음 날 정상적인 컨디션으로 시험을 볼 수 있었다. 적절한 유산소 운동이 체력의 유지 및 증진에도 도움이 되지만 면역 체계의 강화 및 기분 전환에도 도움을 주므로 무작정 공부만 하지 말고 반드시 운동과 병행해서 하도록 하자.

스스로 공부하는 시간을 늘려라!

내가 독학을 했기 때문이기도 하겠지만 주변과 비교해 보아도 확실히 스스로 공부하는 것이 가장 중요하다. 학생이라면 누구나 선생님에게 공부를 배운다. 학교, 학원, 인터넷 강의, 과외 등. 무엇을 통하든지 선생님을 통하는 것은 마찬가지다. 그러면 한번 생각을 해보자. 학원에서 선행학습한 것을 다시 학교에서 듣느라 지루해하고 결국 모르는 부분을 제대로 짚지 못해서 과외 선생님에게 물어봐야 할 필요가 있을까? 당연히 없다!

그런데 내가 공부를 가르쳤던 많은 학생들이 이런 우를 범하고 있는 것 같아 안타깝다. 무슨 과목이든 가장 공부를 잘하는 방법은 그 단원의 요지를 꿰뚫고 그 요지에서 분지되어 나오는 공식이나 단어 같은 것들을 모두 암기한 뒤에 단원의 기본문제를 풀고 그 다음 응용문제를 풀고 오답노트를 통해 총체적 복습을 이루어내는 것이 중요하다.

학원을 다니거나 과외를 하는 학생들은 대부분 학교보다 훨씬 빠른 진도로 선행학습을 한다. 선행학습을 하긴 하는데, 이상하게도 그때 배우는 것은 머릿속에 잘 들어오지 않는다. 어떻게 보면 당연한 일이다.

한 학기 동안 배워야 할 정규 교과과정을 학원에서는 두 달 만에 끝내 버리는 것이 문제인 것이다. 요지를 꿰뚫는 것이 공부의 가장 핵심인데 우선은 요지부터가 꿰뚫어지지 않으니 뒤의 과정은 그저 순간적인 기억력으로 모두 해치워 버리고 마는 것이다. 하지만 사실 더 큰 문제는 학생들의 마음가짐에 있다.

"어? 학원에서 배웠던 거네. 졸린데 잠이나 좀 자야지. 한 시간 정도 자도 다 내가 아는 범위일 거야."

이런 학생들은 학교를 다니는 게 아니라 학원을 다니는 것이다. 물론 학원을 다녀서 성적이 높게 나오면 좋겠지만 아쉽게도 본인이 노력하지 않는 한 그런 일은 드물다. 혼자 하는 자습이 좋은 점은, 분명 들을 땐 이해가 되었는데 나중에 보면 모르는 부분들이 있다. 그럴 때 이런 부분을 혼자 공부하면서 모두 찾아낼 수 있다는 것이다. 잊어버린 부분에 대해서 본인이 스스로 자습서와 문제집을 뒤져 해석을 추가하다 보면 자신이 어디를 모르고 그것이 어떻게 도출되는 것인지 기억해 낼 수 있게 된다. 또 스스로가 자신에게 맞는 난이도와 양을 가진 문제집을 골라 풀고 그것에 대해 오답노트를 작성하면 그야말로 '맞춤식' 공부를 할 수 있게 되는 것이다.

내가 합격한 동국대학교 한의예과의 수시 1학기 전형에서는 1차 전형은 서류전형(내신)+논술이고 2차 전형은 1차 전형 성적+구술면접이었다. 대학입시를 준비하며 느낀 수리, 외국어영역공부법과 논술, 구술 준비에 대해 간략하게 소개해 보도록 하겠다.

::수리영역 : 고1 때 수리영역 5등급을 1등급으로 올리기까지 옹골차

게 노력했던 내 수학공부의 핵심은 그 단원의 개념을 완전히 파악하는 것이었다.

문제를 푸는 양으로 수학점수를 올리려고 하는 학생이 생각보다 많은데 나도 그 중의 한 사람이었다. 처음에는 '내가 문제를 적게 풀어서 노력이 부족한가 보다.' 라는 생각으로 냅다 문제만 죽어라고 풀었다. 열심히 한 문제풀이로 다소 성적이 오르긴 했지만 그래도 고등학교 1학년 1학기 수학은 4등급이었다.

'다른 영역은 모두 1등급인데 왜 수학만 이렇게 못하는 걸까?'

고민하며 원인분석을 한 결과, 여태까지 정석에 나오는 증명이란 증명은 모두 귀찮다고 그냥 지나가 버리고 굵게 표시된 공식들만 획 외운 채 기본문제와 핵심문제들을 풀고 넘어간 게 문제인 것 같았다.

그래서 조금 쉬워 보이는 개념원리를 사서 차근차근 개념과 그 증명을 확인하며 공부했더니 2학기부터는 수학시험에서도 1등급을 받을 수 있었다. 나처럼 정석만 봐도 기가 질린다고 하는 학생의 경우, 개념원리나 바이블이나 내용을 봐서 쉽게 이해가 되는 책을 사는 것이 좋다.

개념과 그 증명 및 기타 원리에 대해서 이해를 마쳤으면 그것을 응용할 줄 알아야 한다. 그것이 바로 문제풀이 단계이다. 앞서서 문제를 무작정 많이 풀면 안 된다고 했지만, 문제는 많이 풀어야 하는 것이 맞다. 다양한 유형의 문제를 접하면서 개념의 응용 각도를 알아가는 것이기 때문이다.

자기 나름대로 핵심을 다 파악했고 문제도 많이 풀었다면 입시 성공으로 한 걸음 다가서기 위해 필요한 것이 성실한 오답노트 작성이다. 오답노트에 대해서는 신문 등의 매체에서도 그렇고 선생님들도 굉장히 많이 얘기하고 강조하는 부분인데 살펴보면 막상 작성하는 학생들은 별로 없다. 심지어 문제와 답을 오려 풀로 붙여 놓고도 다시 읽어보지 않는 학생들이 대부분이다. 그렇게 해서는 절대로 오답노트의 효과를 기대할 수 없다.

내가 해본 결과, 오답노트는 문제를 손으로 직접 쓰면서 문제의 유형을 외우고, 그 뒷장에 해설을 쓰면서 해설의 구조를 파악한다. 시간이 지난 뒤에 그 문제를 다시 풀어본다. 이때 또 틀리면 맞을 때까지 풀어보는 것이 오답노트의 목적이자 핵심이다.

참고도서 : 『개념원리 수학 10-가,나』(이홍섭 저) 수학이 어려워 멀리하고 싶던 때, 다시금 도전할 수 있도록 용기를 주었던 책이다. 정석보다 쉬워 보이고 내용 또한 더욱 자세하고 쉽게 설명되어 있는 것 같다.

『수학의 정석 I, II, 미분과 적분』(홍성대 저) 1학년 때는 내용이해가 어려웠지만 2학년부터는 정석으로 공부하는 것이 더 쉽고 재미있었다. 아마 원리를 이해하는 공부법을 익힌 효과일 것이다. 고등학교 2, 3학년 동안 공부한 시간의 1/3 정도는 정석과 함께 했던 것 같다.

:: 외국어영역 : 고등학교 때, 친구들이 영어공부법을 물어보면 나는 늘 말했다.

"하루에 단어 60개씩을 외운다. 이렇게 영단어 책을 처음부터 끝까지 3번 반복한다. 그리고 매일 열 개 이상의 독해 지문을 풀고, 매일 똑같은 영어듣기파일을 집중해서 3번씩 듣는다."

참고도서 : 『알짜 핵심 영단어』(장봉진 저) 중학교 3학년 겨울방학 세 달간을 함께 했던 나의 유일한 단어장이다. 매일 정해진 만큼 30일을 하면 책 한 권을 외울 수 있게 되어 있다. 고교 수준에 딱 맞는 1800단

어를 고른 단어장의 왕이다.

『리딩튜터 시리즈』(이찬승 저) 입문, 기본, 도약, 마무리로 수준별로 구성되어 있다. 마무리까지 쉽게 풀 수 있다면, 고교 동안 독해 공부는 굳이 시간 내서 하지 않아도 될 듯하다.

::논술 : 우선 논제에 대해서 정확히 이해해야 한다. 어떤 방식으로, 얼마나 되는 양으로, 어떤 근거를 가지고 쓸 것인지에 대한 것들이 선행되어야 한다.

논술의 기초를 꼼꼼히 읽고 자신의 것으로 만들려면 매우 많은 시간이 걸린다. 새로운 지식을 자신의 것으로 만드는 데만도 많은 시간이 걸리는데, 하물며 그 지식들을 이용해서 자신의 생각을 논리적으로 남에게 전달하는 데에는 얼마나 더 많은 시간이 걸리겠는가. 절대로 성급히 하려 하지 말고 천천히 해나가야 한다.

그러기 위해서 추천하는 방법은 매주 '신문사설'에 대해 두 편의 글을 쓰는 것이다. 매일 신문사설을 살펴서 그 중 가장 논술에 적합하다고 생각되는 주제를 다룬 것을 고른 후 분석한다. 사설을 문단으로 나누고 문단별 핵심 문장을 고르고 사설 전체의 주제와 핵심 단어를 뽑아내는 것이다. 그렇게 주제까지 뽑아내고 나면, 사설의 필자와 반대되는 입장으로 글을 써본다. 그리고 사설의 필자와 같은 입장에서의 글도 써보자.

세 달 정도 사설공부를 하고 나면 찬성과 반대 양면을 모두 생각하는 습관이 들게 된다. 글쓰기에도 익숙해져 자신의 생각을 논리정연하게 드러내는 것에도 적응이 되고 점점 글이 다듬어지게 된다. 이후, 자기가 지원하고자 하는 학교의 이전 논술문제 유형을 연습하는 것이 논술에의 올바른 공략일 것이다.

참고도서 : 『AZac 독서논술』(박학천 저) 다양한 주제를 가진데다가 논술 방향의 설정도 도와준다.

:: 구술 : 구술은 말로 자신의 생각을 표현하는 것으로, 가장 중요한 것은 역시 자신감이라고 생각된다. 나의 경우에는 수업시간에 적극적인 발표를 하면서 내 생각을 말하기도 하고 또 그에 대한 반문이 들어왔을 때 거기에 대응하는 것도 익숙해져 있다 보니 특별히 구술 준비가 필요하지는 않았다. 다만 구술 면접의 상황에 대한 것을 점검해 보았다. 소수의 면접관과 면접을 보는 연습으로 입장 및 퇴장 연습과 거울을 보고 말하는 연습이었다. 생소한 장소와 낯선 사람에 익숙해지기 위해 수업을 맡지 않는 선생님들께 면접관 대행을 부탁드리기도 했고, 생소한 교실을 면접실 삼아 면접을 보는 연습도 했다. 면접 당일 면접관들이 도착하기 전에 면접실에 미리 들어가 면접실의 구조와 입·퇴장을 연습했다. 면접실에 미리 입·퇴장해 보는 것만으로도 상당히 긴장을 가라앉히고 안정감을 되찾을 수 있다.

기통찬 공부법 멘토링

면접준비를 위한 대화와 토론훈련은 일상생활에서 습관화하라. 나만의 이야기를 다른
사람들에게 자연스럽게 표현하는 능력은 하루아침에 길러지지 않기 때문이다.

입학사정관제 면접은 어디에 초점을 두고 준비해야 할까?

서류전형에서 유리하다고 판단되는 부분은 무엇인가?

학교생활기록부와 자기소개서 내용이 서로 일치하지 않은 부분은 무엇인가?

자기소개서와 포트폴리오에서 보충적으로 설명할 부분은 무엇인가?

지원한 학교와 인재상 그리고 전공에 대해서 충분히 알고 있는가?

시사적인 문제를 관심분야와 전공관련해 설명할 수 있는가?

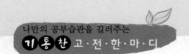

나만의 공부습관을 길러주는
기통찬 고·전·한·마·디

공부습관은 비유하자면 산을 만드는 데 한 삼태기가 모자라서 완성하지 못하고 중도에
그쳤더라도 그것은 자신이 그치게 한 것과 같다. 비유하자면 땅을 고르게 하는 데 한
삼태기를 붓는 것만으로도 나아가게 만들었다면 그것은 자신이 가도록 한 것과 같다.

공자 『논어』

스파르타식 학습보다
방목형 학습이
더 낫다

　인간에게 주어진 특권 가운데 하나는 시간과 공간의 자유로운 사용권이다. 사람에게 주어진 수명은 일정량 정해져 있지만, 역사라는 도구를 활용하면 과거의 시간과 공간을 끌어다 재사용이 가능해진다. 그런가 하면 공상과학 작품에서 흔히 사용하는 방법처럼 가상세계를 활용하면 미래의 시간과 공간도 빌려 사용할 수 있다. 그러면서도 시간이 부족하다고 하며, 내 공간이 부족하다고 투덜대는 것을 보면 사람의 욕심은 끝이 없나 보다.

　경쟁시대에서는 시간과 공간도 경쟁이다. 여유는 낭비로 인식되기 쉽다. 이렇게 바쁘게 살다 보면 자연적인 시간과 공간의 지각능력이 떨어진다. 즉 시간적으로 때에 맞는 정서적 판단을 하지 못하거나, 공간적으로 새로운 환경에 적응하는 능력이 떨어진다. 또한 과거와 현재와 미래의 개념을 혼돈해 과거의 화려했던 모습이 마치 현재에도 진행되고 있을 거라는 착각을 하며 사는 사람이 있는가 하면, 미래의 화려한 꿈이 마치 현재인 것처럼 사는 사람도 있다. 이것은 시공간에 대한 착시현상이다. 대개 청소년들은 미래에 치우치기 쉽고, 노년기에는 과거에 쏠리기 쉽다. 그래서 세대와 세대가 함께 어울려 사는 모양이다.

성적만 올리면 무엇이 될 것 같다. 목표 대학에 합격만 하면 그때부터는 내가 하고 싶은 것을 마음껏 하며 살 수 있을 것 같다. 취업만 하면 정말 공부에서 해방될 수 있을 것 같다. 승진만 하면 내 세상이 될 것 같다. 돈만 어느 정도 있으면 더 이상 바랄 것이 없을 것 같다. 현재 건강한 나의 모습으로 과거를 이야기해야 사람들은 아름다운 추억으로 듣고, 현재 실력을 갖추고 미래의 꿈을 말해야 사람들은 박수를 친다.

대안학교에서 길러진 자기주도학습으로
한동대 국제어문학부에 합격한 **송예슬** ✎

나에게 있어 고3 시절은 자아를 찾기 위해 고민했던 여정이었다. 그 어느 때보다 치열하게 '나는 누구인가? 나는 무엇을 해야 하는가?' 라는 질문을 끊임없이 했던 때가 바로 고3 시절이었다.

그렇기에 내가 기억하는 고3 시절은 아름답다. 수능을 준비하고, 면접을 준비하고, 대학을 결정하는 모든 과정 내내, 내가 무엇을 원하는지, 무엇을 좋아하는지 나를 아는 기회가 되었고, 나를 움직이는 건강한 자극이 되었다. 물론 당시 모든 과정의 일차적인 동기는 '대학교에 잘 들어가기 위함' 이었지만, 모든 과정을 마치고 난 후 나는 '송예슬'에게 한 걸음 더 가까워져 있었다.

나는 기독교 대안학교인 '꿈의학교'에서 중고등학교시절을 보냈다. 충청남도 서산시에서도 사십 분 정도 구불구불 산속으로 차를 타고 들어가야 보이는 학교. 버스도 몇 대 다니지 않아서 가장 가까운 읍내를 나가기 위해서는 큰맘을 먹어야 한다. 인생 중 가장 여리고 민감한 시기인 청소년기를 아무것도 없는 산으로 둘러싸인 곳에서 학창시절을 보낸다는 것은 요즘 중고등학생들이 경험하기 힘든 기회일 것이다. 그곳에서 보낸 육 년 동안의 생활은 내게 대학 진학의 결정적인 영향을 끼쳤다.

꿈의학교는 초등학생 5년부터 고등학생 3년까지 다 함께 기숙사생활을 한다. 또한 선생님들의 사택도 기숙사 옆에 있어서 큰 가족공동체 같은 느낌이 강하다. 그런 교육환경 덕분에 나는 사람들과 진실 되게 관계하는 방법과 그 소중함을 비교적 어렸을 때부터 경험할 수 있었다.

학교에서 얻은 소중한 기억들 중에는 많은 체험활동 경험들이 있다. 꿈의학교에서는 커리큘럼에 따라 중학교 2학년과 고등학교 1학년 때 각각 캐나다와 중국으로 5개월 동안 어학연수를 다녀와야 한다. 이외에도 캄보디아, 태국, 키르기스스탄 등 다양한 나라로 선교여행을 다녀올 수 있다. 이러한 해외경험은 다양한 문화를 접하면서 내가 세상을 바라보고 미래를 계획하는 데 적지 않은 영향을 미쳤다.

그리고 학생회나 미디어부 같은 학생자치문화들이 일반 학교에 비해

규모는 작아도 훨씬 활성화되어 있다. 학생 수가 적다 보니 오히려 학생들이 참여하고 책임지는 부분이 늘어나는 것이다. 이러한 경험들은 내가 독립적으로 일을 수행하고 문제를 해결하는 데 큰 도움을 주었다. 이 모든 활동들은 내가 꿈의학교라는 특별한 공동체에 속해 있었기 때문에 가능했던 것은 아니다. 어디에 있든지 자신이 원하는 것과 필요한 계획에 따라서 다양한 문화를 경험하고 적극적으로 활동에 참여할 수가 있는 것이다.

요즘에는 학생들에게 제공되는 프로그램과 체험활동의 기회가 많다. 어떤 활동에 참여하든지 사진으로 기록을 정리해 놓는 습관을 길러야 한다. 나는 활동사진과 글, 비디오 같은 기록을 포트폴리오 형식으로 만들었는데 면접 시 그 자체만으로 아주 매력적인 요소가 되었다.

나는 고등학교 내내 과외를 받거나 학원을 다닌 적이 없었다. 유명한 강사나 족집게 과외 선생의 명강의가 큰 도움이 될 수도 있겠지만 어차피 공부는 혼자 하는 것이라고 생각했기 때문이다. 감사하게도 나는 공부에 흥미가 없는 편은 아니었다. 그렇다고 공부를 특별히 잘하는 것도 아니었지만 적어도 공부할 때 지겹거나 참기 힘든 적은 없었다.

이런 나의 공부습관은 누가 강요하거나 길러준 건 아니다. 단지 시골학교에서 생활하면서 책상 앞에만 앉아 있기를 강요하는 우리나라 교육의 영향을 덜 받은 탓이라고 생각한다. 공부의 억압이 덜 하다 보니 오히려 스스로 공부하고 관리하는 습관을 기를 수 있었다. 또한 선생님과 친구들과 친밀한 관계를 유지하다 보니 자연스럽게 수업 분위기도 즐겁고 능률이 오를 수 있지 않았나 생각한다.

대학진학을 준비할 때 선생님께 늘 들었던 얘기가 있다.

"치열하게 고민하고 살아라."

나는 이 말에 깊이 공감한다. 고3 시절은 특히 모두가 인정하는 공부해야 할 시기임과 동시에 아무 걱정 안 하고 오직 나의 미래와 '나'에 대해서 고민할 수 있는 시기인 것이다.

고3 생활을 마친 후, 깨달은 세 가지의 가치가 있다.

첫째, 자신을 파악하라. 자신을 아는 것보다 강한 강점은 없다. 특히 이 가치는 구술 면접 때 빛을 발했다. 나는 대안학교 수시전형으로 대학에 입학했는데 상당수의 수시전형은 구술면접의 비율이 합격 당락을 결정지을 만큼 매우 중요한 것 같다. 구술 면접 때 내가 가장 심혈을 기울인 부분은 자기소개와 포트폴리오였다. 포트폴리오만큼 자신을 강하게 보여줄 수 있는 무기는 없다. 수많은 학생들과 짧은 만남으로 결정을 내려야 하는 대학 교수들에게 포트폴리오는 면접에 임하는 학생들을 잘 파악해 낼 수 있는 친절한 단서가 될 것이다.

포트폴리오를 작성할 때는 무조건 자신의 활동내역과 사진들만 넣는 것이 아니라, 일정한 형식과 콘셉트를 가지고 깔끔하게 꾸미는 것이 좋다.

이외에도 자신이 새벽형인지, 오전형인지, 밤유형인지 확실히 아는 것이 매우 중요하다. 새벽형이 좋다고 굳이 자신의 생활패턴과는 전혀 맞지 않는 새벽형 인간이 되려 하지 말고 자신의 패턴을 고려해 공부하라.

둘째, 생각만 해도 위로가 되는 자신만의 취미생활을 가져라. 고3이 돼서 무조건 문제집만 파고 공부만 해야 한다는 것은 너무 어리석다.

내 경우에는 영화 보는 것을 참 좋아해서 일주일에 한두 편씩 영화 보는 것을 거르지 않았다. 그 시간들은 위로가 되는 시간이었고 힘을 얻는 시간이었다. 가끔은 공부목표량을 정해 놓고 달성했으면 영화 한 편을 보여주기로 나 스스로에게 약속을 했는데 효과는 기대 이상이었다.

셋째, 자투리 시간을 활용해라. 언제나 마찬가지지만 시간은 늘 부족하다. 계획표를 짤 때, 시간을 정하는 것이 아니라 오늘 공부할 양을 정해야 한다. 시간을 짜다 보면 그 시간 안에 반드시 마쳐야 할 것 같은 압박감 때문에 오히려 집중력이 흐트러질 수도 있다. 공부의 양을 정하면 그러한 압박감이 덜하다. 나의 경우에는 자투리 시간 중 가장 좋은 시간이 샤워시간이었다. 샤워시간마다 자기소개와 면접 예상문제를 연습했다. 그리고 영어뉴스를 외워 연습하기도 했다. 샤워시간 이외에도 등하교시간과 잠들기 전 시간 등을 이용해서 구술연습을 했는데 효과가 좋았다. 자투리 시간을 활용해 말하는 연습을 반복하다 보면 나의 언어에 익숙해져서 자신감을 가질 수 있다. 그리고 시간 활용을 최대화할 수 있기 때문에 여러 모로 유익하다.

기통찬 공부법 멘토링

진로탐색은 일상생활 속에서 발견하라. 나만의 역할은 시시각각 변화하는 현실의 환경을 바르게 통찰하는 힘에서 찾을 수 있기 때문이다.

신문, TV, 인터넷, 잡지 등 주변에서 일어나는 일 가운데 관심분야를 스크랩한다.

스크랩 내용을 일목요연하게 정리한다.
(육하원칙. 서론 본론 결론. 원인, 결과, 대안 등.)

정보(사건)를 통해 더 관심을 가지게 된 분야(대상)는 무엇인지 서술한다.

그 관심분야를 나만의 꿈, 진로, 전공과 연관지어 글을 써보자.

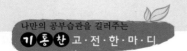

나만의 공부습관을 길러주는
기통찬 고·전·한·마·디

남을 아는 것이 지혜라고 한다면, 자기를 아는 것은 밝음이다. 남을 이기는 것을 힘 있음이라고 한다면, 자기를 이기는 것은 진실로 강함이라고 한다. 스스로 만족할 줄 아는 사람은 부유하며, 매 순간순간 자기 자리를 잃지 않는 사람은 영원한 승리자이다.

노자 『도덕경』

나만의 성취감을
체험하라

초등학교에서 중학교로, 다시 중학교에서 고등학교로, 고등학교에서 대학교로 대부분의 학생들이 나아가야 할 길이다. 우리나라는 3월이 학기의 시작이니 3월은 첫 마음을 다듬는 중요한 시기이다. 그래서 학생들에게 3월 2일은 설날이다.

한 학년을 올라가는 것은 무엇을 의미할까? 그것은 전 학년보다 나아진다는 뜻이다. 그렇다! 학년이 올라가면 나아져야 한다. 물론 여기서 '나아진다' 는 것은 단순히 지식만을 의미하지 않는다. '낫다' 는 어느 대상과 비교할 때 우위를 지칭하는 말이다. 그런가 하면 '낫다' 는 병이나 상처가 치유되어 몸이 정상적으로 되었을 때 쓰는 말이기도 하다. 그런데 이 둘은 서로 통한다. 병든 상태보다 정상인 상태가 더 '낫기' 때문이다.

병은 저절로 낫지 않는다. 치열한 싸움을 통해서 이겨야 낫는다. 따라서 '나아진다' 는 것은 학년에 걸맞게 고쳐야 할 습관과 싸워 이기는 것이다.

재수를 통해 얻은 뼈저린 교훈으로

고려대 언어학과에 합격한 **박지수**

불과 일 년 사이에 내 삶은 송두리째 바뀌었다. 생활방식, 함께 지내는 사람들, 지식의 범주, 외모와 씀씀이는 물론 가치관까지. '이게 과연 내가 원하던 삶인가.' 치열하게 고민하는 동안에 혼란스러움을 견디지 못하고 방황도 했지만, 보이지 않는 길을 천천히 손으로 더듬으며 지금에까지 왔다. 그리고 합격한 게 도저히 믿기지 않는다는 심정으로 고려대학교 언어학과에 입학한 지 벌써 일 년 하고도 반이 지났다.

고등학생시절, 그때는 왜 그렇게 공부하기가 싫던지 학교 울타리 안에서 선생님과 부모님의 눈을 피해 신나게 놀기만 했다. 난 입시만을 위해 수험생들을 일제히 한 곳으로 달려가게 만드는 교육 행태가 마음에 들지 않았다. 또한 경쟁에서 이기는 것만이 의미 있게 여겨지는 세태를 참을 수 없어 했었다.

내가 잘하는 것이 무엇인지, 내가 이 땅에서 해야 할 일이 무엇인지, 이 세상에 내가 아니면 할 수 없는 일이 무엇인지 찾고 싶었다. 눈앞에 있는 언어영역, 수리영역, 외국어영역, 사회탐구영역은 그런 내 이상과는 관련이 없어 보였다. 그래서 친구들에게 말을 걸고, 나무에, 바람에, 하늘에, 별에, 달에 말을 걸어보았지만 그러면서 나 자신에게 끊임없이 물었지만 답을 찾기는 쉬운 일이 아니었다.

물음에 대한 답을 찾아 헤매는 사이 최상위권은 못 되어도 상위권은 유지하던 내 성적이 곤두박질치기 시작했다. 하지만 대수롭지 않게 여겼다. 당연히 다시 오르리라고 생각했기 때문이었다. 여태껏 노력하지 않았기 때문에 언제든 노력만 한다면 성적이야 가뿐히 오르리라는 안일한 생각을 하며 여전히 방황을 일삼았던 것이다.

그렇게 고등학교 삼 년이라는 시간을 흘려보내고, 수능이 코앞으로 다가왔다. 수능 전날, 애써 감춰왔던 불안감이 내 온몸을 휘감으면서 머리끝부터 발끝까지 떨려왔다. 아뿔싸! 헛되이 보낸 지난 시간들에 대한 후회가 마구 밀려오는 것이었다.

결과는 생각했던 것보다 더 참담했다. 나는 분당의 유명한 재수전문 학원부터 찾았다. 그리고 다음해 수능 날까지 그 전과는 전혀 다른 사람으로 일 년을 살아야 했다.

일곱 시면 일어나 명상음악을 틀어놓고 요가로 몸을 푸는 것으로 하루를 시작했다. 아침을 먹고 책가방보다 더 큰 도시락을 싸들고 학원으로 향한다. 학원에 다니면서 매일 단어는 50개씩 외웠다. 1, 2교시 오전 강의를 마치면 점심시간인데 처음엔 혼자 밥 먹는 게 왜 그리 서럽던지. 친구들과 재잘거리며 점심, 저녁을 먹곤 하던 고등학교시절이 자꾸만 떠올랐다. 그래도 이를 앙 다물고 밥은 될 수 있으면 혼자 먹었다. 밥 먹는 동안이나 먹은 후에 서로 수다 떠느라 보내는 시간들이 아깝게 여겨질 정도로 나는 절박했기 때문이었다. 십 분 만에 밥을 먹고, 이후에는 영어듣기를 한다. 학원 전체 방송으로 들으면서 문제를 풀고, 다시 한 번 들으면서 풀이를 하고 받아쓰기를 하는 건 저녁시간에 했다. 실제 수능 시험장에서 외국어영역 듣기평가를 할 때를 대비해 시간과 상황에 익숙해지기 위해서였다. 밥 먹고 졸음이 올 때도 있었지만 그 시간에 나가 쉬거나 잠을 잤던 적은 없다. 고등학교 삼 년 내내 나태하게 지낸 것이 내 실패의 원인이라는 생각 때문에 재수하는 동안은 나 자신에게 엄격하자는 것이 나의 목표였다. 나는 고등학교시절 내내 오십 분 수업을 다 들은 기억이 없다. 대부분 졸든지, 몰래 낙서하든지 아님 친구들과 소곤거렸었다. 그런데 재수학원에 다니는 동안에는 단 한 강의도 놓치지 않고 열심히 들었다. 고3 때의 습관대로 행동해서는 또 실패할 거라는 두려움 때문에 내 습관과 가치관 모두를 바꾸고자 노력했다. 나와 맞지 않는다고 생각되는 강의라 하더라도 참고 들으며, 단 한 가지라도 내게 보탬이 될 만한 것을 찾으려 애썼다. 그것이 강의내용이든, 공부방법이든 상관하지 않았다. 도움이 될 만한 것들은 언제 어디서나 유심히 듣고 적어서 내 것으로 만들었던 것이다.

3, 4, 5교시까지 강의를 듣고 나면 자율학습 시간이 시작된다. 중간에 저녁을 먹고, 그날 세워둔 계획에 따라 공부해 나가는 방식이다. 자율학습 시간은 그 어떤 강의 시간보다도 중요하다. 갖가지 지식을 한꺼번에 머릿속에 넣는 것보다는 단 한 가지라도 확실하게 알아두는 것이 더 낫다는 걸 이미 난 한 번의 실패를 통해 알고 있었다. 난 그날 배운 건 그날 다 소화하겠다는 일념으로 3월부터 12월 합격발표가 날 때까지 하루도 빠짐없이 계획표를 짰다. 노트 하나에는 3월부터 12월까지 공부해 나가는 흐름을 볼 수 있는 월간 계획표를 짰고, 학원에서 만들어

준 수험생용 플래너에는 일 년치, 한 달치, 한 주치 계획을 더 세세하게 세워서 지켜나갔다. 한 달의 시작, 한 주의 시작, 하루의 시작을 플래너와 함께 하고 또 함께 마무리했다. 언어, 수리, 외국어, 사회탐구 각 영역을 어떤 문제집으로, 어떤 방식으로, 어느 시간대에 얼마 동안 공부할 건지 계획을 세웠다. 그리고 그것을 다시 한 달 분량, 한 주 분량, 하루 분량으로 나눠서 공부했다.

계획은 세우는 것에서 그치는 것이 아니라 세운 계획을 지키고, 그 과정을 평가하고, 평가한 뒤에 부족한 부분을 고쳐나가는 것까지 해야 끝이 난다. 시간대별로 빼곡하게 세워진 내 계획표에는 날마다 동그라미, 돼지꼬리표, 엑스표가 그려졌고 하루를 보내고 나면 일기를 쓰듯 그날의 잘한 점과 못한 점을 적어두었다. 또한 나 자신에게 격려하는 편지도 많이 썼으며, 힘을 돋우는 글귀를 만나면 꼭 플래너에 적어두고 보며 공부했다.

재수생활에서 가장 중요한 것을 한 가지 꼽으라면 내 플래너라고 말하고 싶다. 나의 가장 가까운 친구였고, 멘토였으며 지금까지도 소중한 내 보물목록 1호에 올라 있다. 그만큼 이 플래너가 내 재수생활의 마지막을 성공적으로 마무리하는 데 큰 역할을 한 것이다. 날마다 똑같이 돌아가는 일상에 파묻히지 않도록 나아갈 길을 제시해 주었고, 공부한 성과가 당장 점수로 나타나지 않더라도 반드시 수고한 만큼의 열매를 얻으리라는 믿음을 주었다. 그때 몸에 밴 계획하는 습관은 대학에 와서 학과공부를 하는 데도 도움이 될 뿐 아니라, 장기적인 인생 계획을 세우는 데도 한 몫을 하고 있다.

기통찬 공부법 멘토링

자격증(인증)은 진로전공 목표에 맞추어 주도적으로 획득하라. 맹목적으로 그때그때 획득한 자격증은 스펙쌓기를 위한 스펙으로 평가받을 수 있기 때문이다.

국어능력인증시험에 대해서 아는 대로 설명해 보라.

한국사능력검정시험에 대해서 아는 대로 설명해 보라.

한자능력시험에 대해서 아는 대로 설명해 보라.

외국어공인시험에 대해서 아는 대로 설명해 보라.

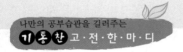

나만의 공부습관을 길러주는
기통찬 고·전·한·마·디

사람이 비록 공부에 뜻을 두었다고 해도 용맹스럽게 앞으로 나아가고 전진해서 성과를 이루지 못한다면 옛날의 습관이 살아나서 그 뜻을 막아버리고 말 것이다.
옛날의 묵은 습관이란 대체 무엇인가? 일신이 편안하게 지낼 것만 생각하는 것, 어지럽게 드나들면서 쓸데없는 말만 하고 세월을 보내는 것, 이상한 것을 좋아하고 사람의 눈치를 보는 것, 남의 글을 따다가 제 글인 체하는 것, 허풍과 과시를 일삼는 것, 남의 부귀영화를 부러워하고 탐내는 것 등이다. 자나깨나 구습을 맹렬히 반성하기에 힘써서 마음에 한 점이라도 구습에 더럽혀짐이 없게 한 뒤라야만 비로소 흔들림 없이 공부를 할 수 있을 것이다.

이이 『격몽요결』

하루하루가
실전이다

"올바르게 살아라. 올바른 습관을 길러라. 옳은 것을 골라라." 귀가
따갑도록 들은 말이다. 그러면 무엇이 '옳은 것'일까? '옳은 것'과 반
대개념은 '그른 것'이다.

여럿이서 함께 산을 오르는데 잘 오르는 사람이 있는가 하면, 잘 오
르지 못하는 사람도 있다. 등산에서 산을 잘 오르는(옳은) 행동은 지
극히 당연하다. 그런데 산을 오르다 발을 헛디뎌서 데굴데굴 구르면
(그른) 실패다.

사람이 마땅히 해야 할 것이 '옳은 것'이다. 그런데 실천은 말처럼
쉽지 않다. 그래서 거의 매일 밥 먹듯이 이 말을 배우고 익히며 습관
화하려는 것이다. 나만의 경험을 통해서 다져진 실력은 어떠한 상황
에서도 인정받는다.

모의고사를 실전처럼 꼼꼼히 준비해

고려대 경영학부에 합격한 **오상준** ✎

　나를 무척이나 사랑하고 아껴주셨던 할머니. 할머니는 공부하느라 옆도 돌아볼 사이가 없던 고등학교 3학년 때 돌아가셨다. 허전하고 아픈 마음에 나는 그만 공부에 리듬이 끊겨버려 평소의 모의고사성 적에 훨씬 못 미치는 수능점수를 받고 말았다. 어쩔 수 없이 재수생 활을 시작하게 되었다. 결정적으로 재수를 결심하게 된 계기는 모 입 시 사이트에서 보게 된 '또 하는 것이 아니라 더 하는 것이다.' 라는 글 때문이었다. 덕분에 재수라는 길이 지금까지 해왔던 일을 반복하 며 일 년을 버리는 것이 아니라, 지금까지 해왔던 것에 일 년의 노력 을 더해서 좀 더 나은 결과를 얻기 위한 길이라고 생각했다.

　결국, 재수의 노력 끝에 언어 100, 수리 97, 외국어 95점을 받아 목 표로 삼았던 고려대학교 경영대학에 합격할 수 있었다.

　나는 중1 시절 수학시험에서 무려 35점을 받은 적이 있다. 그리고 수능에서 참담한 실패를 겪기도 했다. 여러분은 나와 같은 시행착오 를 거치지 않고 원하는 목표를 이뤄낼 수 있길 바라는 마음으로 이 글 을 쓴다.

　수능 날은 극도의 긴장감으로 평소에는 생각하지도 못했던 많은 일 이 발생할 수 있다. 이런 모든 상황을 대비하는 데 가장 적합한 날이 바로 '모의고사' 다. 모의고사는 말 그대로 모의로 수능을 한번 겪어 보는 것이다. 따라서 모의고사 날은 정말 '수능 날을 대비한다' 는 기

268

분으로 임해야 한다. 집에서 단지 모의고사 문제만을 받아서 풀기보다는 학원, 학교 등의 지정된 장소에서 감독원의 지시에 맞춰 모의고사를 행하는 것이 훨씬 많은 경험을 할 수 있을 것이다. 그리고 그 경험을 더 효율적으로 만들기 위해서 모의고사 날을 문제시간 배분, 쉬는 시간, 여러 가지 준비물, 아침 및 점심 식사까지 전부 수능 당일의 계획과 동일하게 해서, 한번 수능 당일을 예비로 겪어보고 그에 따르는 '시행착오'를 수정하며 임하길 권한다. 자신이 먹을 아침, 가져갈 물품 등, 미리 생각해 놓은 수능 당일의 계획이 적합할지 않을지 확인할 수 있는 방법은 오직 모의고사 날밖에 없기 때문이다.

내 공부법을 소개하자면 나는 언어영역 문제를 풀 때에는 늘 비판적으로 보는 자세를 가졌다. 그리고 답안지의 해설이 있는 문제는 맞춘 문제이든, 틀린 문제이든 해설을 모두 읽었다. 그 중에서도 '다음 중 맞는 것(or틀린 것)을 고르시오.'라는 유형의 문제는 답을 알더라도 내가 나머지 지문이 맞다고(또는 틀리다고) 생각한 이유가 정말 타당한 이유인지 아닌지 알고 넘어갔다. 그리고 단순히 '이것일 것 같다.'는 감으로 찍는 것이 아닌, '이러이러하므로 이것이 답이다.'라는 확신을 가질 때까지 문제를 본 뒤에 답을 확인했다.

특히 쓰기영역은 점수 변동이 심했기 때문에 많은 시간을 투자해 쓰기영역의 각 유형별 문제풀이 방법을 정리하고 최대한 많은 기출문제를 풀며 그 풀이방법을 적용했다. 다소 시간은 걸렸지만 고3 때까지만 해도 언어영역 문제의 절반은 거의 '감'으로 풀던 태도를 재수 중반쯤엔 대부분 '구체적 확신'으로 풀 수 있도록 바꿔나갔다.

수리영역은 단순히 공식을 외우는 것만이 아니라 그것을 활용해 실전에서 문제를 봤을 때 '이 문제는 이 공식을 사용해야 한다.' 라고 떠오를 수 있는 것이 중요하다. 따라서 문제를 보고 그저 푸는 것이 아니라, 이 문제는 어떠한 내용 때문에 이 공식을 사용해야 한다는 것을 구체적으로 정리했다. 그리고 틀린 문제는 반드시 답안지의 풀이과정에 있는 식을 처음부터 끝까지 그대로 써보았으며, 맞춘 문제라도 배점이 4점인 중요한 문제들은 내가 도출해 낸 식과 답안지에 있는 풀이과정의 식을 철저히 비교해 보았다.

하지만 수리문제에서 답을 도출해 낼 수 있는 방법은 한 가지가 아니다. 따라서 단순히 답안지에 있는 정석적인 풀이를 아는 단계에서 더 나아가 자신이 도출해 낼 수 있는 새로운 방식의 풀이법을 생각해 내는 것 또한 중요하다. 이를 위해 평소에 문제를 접할 때에도 그저 정형화된 풀이법을 아는 데 만족하지 않고, 다각도의 사고를 통해 되도록 여러 가지 풀이법을 생각해 보는 태도를 취했다. 이렇게 답안지와는 다른 풀이법을 생각해 낸 뒤 과연 그것이 정말 타당한 풀이법인지 꼼꼼히 따져본 뒤 채택하는 사고과정을 거쳤다. 결과적으로 단순히 여러 가지 문제를 빠르게 풀어나가는 것이 아닌, 질 좋은 하나의 문제를 오랫동안 잡고 생각해 보는 방식으로 수리문제를 풀어나갔다.

외국어영역은 첫 수능 때 5등급을 받아, 가장 자신감을 잃어버렸던 과목이다. 결국 재수 초반 몇 개월은 외국어를 공부하는 데 대부분을 투자했다. 그 덕분에 나만의 공부방법과 기본 베이스를 가장 많이 마련할 수 있었던 과목이기도 하다. 외국어영역을 공부하면서 가장 많은 시간을 투자한 부문은 '어휘'였다. 어휘 실력이 너무 부족해 불과 고3 때까지만 해도 소위 말하는 '상상독해'를 했었다. 그래서 어휘력 향상이 다른 무엇보다도 우선적으로 끝내야 할 과제였다. 이를 위해 크게 세 가지 특징으로 요약되는 단어암기 방법을 택했다.

첫째, 가장 근본적으로 고려한 사항은 '단어를 안다'는 것의 기준이다. 먼저 내가 정한 기준은 '단어를 봐서 일 초 만에 뜻이 떠오르지 않는다면 모르는 것'이다. 이는 '수능'이라는 시험의 특성을 고려해 정한 규칙이다. 다른 시험과는 달리 수능 외국어시험은 짧은 시간 안에 여러 독해 문제를 풀어야 하므로 시간적 여유가 부족한 것이 사실이다.

둘째, 단어 노트를 만든다. 시중에서 구입하는 단어장은 자신이 모르는 단어와 아는 단어가 섞여 있다. 그래서 매우 비효율적이다. 나는 단어장에 있는 단어 중 모르는 것들과 문제를 풀던 중 나온 모르는 단어들만을 모아 만든 '단어 노트'를 만들었다. 그리고 '다 외운 단어'와 '조금 외운 단어', 그리고 '아직 못 외운 단어'로 구분했다.

셋째, 단어를 '가끔씩 많이' 외우기보다는 '자주 조금씩' 외운다는 점이다. 이는 쉽게 말해 일주일에 한 번 네 시간 동안 단어를 외우는 것보다는 네 번에 걸쳐 한 시간씩 단어를 외우는 것이 더 효율적이기 때문이다. 많은 연구 결과에 따르면, 기억의 절반 이상을 잊을 때쯤에 다시 한 번씩 반복해서 암기하면 기억이 잘 된다고 한다. 따라서 나는 적어도 외우고 있는 모든 단어를 이틀에 한 번씩은 반복할 수 있도록 노력했다. 그리고 몇백 개 이상의 외운 단어가 쌓이면 시간을 들여 처음부터 다시 모든 단어를 한 번씩 훑었다. 이런 방법으로 암기를 했더니 오랫동안 기억할 수 있었다. 이렇게 단어를 '자주' 접하기 위해서는 휴대하기 편리한 단어장이 필요하다. 길을 걷다가, 대중교통을 이용하다가, 또는 밥을 먹는 중에도 습관적으로 한 번씩 훑어볼 수 있기 때문이다.

어휘력 다음으로 중요하게 익혀 나간 것은 수능 외국어라는 시험의 특이성이다. 수능 외국어영역은 다른 토익, 토플 등의 영어시험과는 다른 고유의 특성을 지니고 있다. 따라서 그 특성을 파악해 수능 외국어 문제에 특화된 문제 풀이법을 익히는 것이 중요하다. 특히 나의 경우에는 안정된 1등급에 도달하기 전까지 문제의 '시간 배분'이 가장 큰 문제점이었다. 안정된 상위권에 들어가기 위해서는 독해속도 향상을 위한 '문제유형'의 파악과 그에 맞춘 어느 정도의 '스킬'이 필요하다. 외국어영역은 다른 영역에 비해 문제의 유형이 좀 더 고정되어 있는 편이다. 즉 몇 년에 한 번 나오는 새로운 유형의 문제 한두 개를 제외하면, 수능 외국어영역에 출제되는 모든 문제가 몇 가지 문제 유형들로 분류될 수 있다. 따라서 이 '문제 유형'을 파악한다면 각 유형별로 다른 문제 풀이법을 적용해 좀 더 쉬운 독해가 가능해질 것이다.

기통찬 공부법 멘토링

대회참여는 기능이 아닌 관심분야에 대한 도전과 열정에 초점을 맞춰라. 입학사정관은
대회의 규모나 결과보다는 그 학생의 잠재 가능성을 평가하기 때문이다.

나는 나 자신에 대해서 정직한가?

내가 정한 꿈은 나의 행복을 위한 것인가?

내가 정한 목표대학이나 전공학과는 내 몸에 맞는다고 보는가?

나는 내 길을 선택할 때 다른 사람의 눈치를 본 적은 없는가?

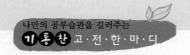

나만의 공부습관을 길러주는
기 통 찬 고·전·한·마·디

슬퍼라! 우리나라 사람들. 주머니에 든 것처럼 갇혀 있네. 삼면은 너른 바다가 둘러싸
고 북쪽은 높은 산이 겹겹이 둘러 사지를 항상 웅크리고 있으니 뜻과 기상을 어찌 채
우리. 성현聖賢은 저 멀리 있으니 뉘라서 이 어둠을 밝혀 주려나. 고개 들어 세상을 보
니 환한 모습 보려 해도 눈앞이 어둑하네. 남 따라 하기 급급해서 좋은 걸 가려낼 틈
이 없고 바보가 멍청이를 받들면서 떠벌려 함께 받들게 하니 단군檀君 때만도 못하구
나. 순박한 풍속이 있었던 그때.

정약용 『정약용 선집』

정독하는
습관을 길러라

　독서력은 학습력이다. 어릴 때부터 꾸준하게 책을 읽어온 학생은 자기주도학습의 기초가 마련된 셈이다. 그러나 다독이나 속독이 독서력의 기준은 아니다. 더구나 앞으로 입시에서 평가하려는 독서면접은 기존과는 차원을 달리해야 할 것이다.

　이제는 자기주도독서법이 필요한 시대이다. '자기주도독서법'이란 무엇인가? '나'를 중심에 두고 책을 읽으라는 말이다. 기존의 독서는 '책(지식)'이 중심이었다. 보다 많은 지식을 확보하거나, 그럴 수 있는 능력을 요구했기 때문이다. 그러나 입학사정관제에서는 책의 내용자체보다는 그 책 읽기를 통해 변화된 나의 모습을 평가한다.

　영역에 구애받지 말고 폭넓게 독서를 하되, 그 책이 '나의 꿈'과 어떤 연계성이 있으며, 또 '나의 진로 전공적성'과는 어떻게 관련지을 것인지를 고려하며 읽자는 것이다.

독서습관의 변화로

고려대 국제어문학부에 합격한 **이재민** ✎

저는 고3 수험생, 재수생활을 거쳐 한국외국어대학교 스페인어과에 입학했습니다. 하지만 한 학기를 다니고 다시 수능을 쳐 고려대학교 국제어문학부에 입학한 좀 수험생활을 많이 경험한 학생입니다. 그래서 고3, 재수, 반수의 수험생활에 대한 경험을 함께 나누고자 합니다.

수학능력시험은 변수가 많은 시험입니다. 제가 수능 언어영역을 풀 때 민가의 닭이 몇십 분간 목청껏 울어댔고 외국어영역을 풀 때에는 운동장에서 아이들이 노래를 불렀습니다. 재수하는 시절 만났던 친구는 시험장에서 앞에 앉은 수험생이 코를 골며 자는 통에 듣기문제를 망쳤다고 했습니다. 학교 내에 음향시설이 좋지 않아 손해를 보는 경우도 있습니다.

수험생 자신의 변수도 있기 마련입니다. 수능 전날 먹은 찹쌀떡에 체해서 시험을 망치거나, 빙판길에서 넘어져 팔이 부러지거나 감기 등 가벼운 질병에 걸리거나 하는 종류의 것들입니다.

한국교육과정평가원은 개개인의 사정을 용인하지 않습니다. 따라서 저는 수능은 남들보다 '점수를 더 따내기 위한 것'이 아니라, 자신의 점수를 '최대한 지켜내는 시험'이라고 생각합니다. 수능은 '더 잘 봐야 하는 것'이 아니라 '덜 못 봐야 한다는 것'입니다. 통제할 수 없는 외부 변수에 흔들리지 않고 자신의 컨디션을 최적의 상태로 최상의 점수를 이끌어내야 합니다.

제 공부법을 조금 소개하자면, 언어영역은 제가 가장 자신 없어 했던 영역입니다. 통독으로 빨리 책을 읽는 스타일이어선지 비문학 지문이 문제였습니다. 이에 대한 해결책은 독서습관의 변화였습니다. 정독으로 책을 읽으며 이해하는 연습을 오랫동안 했습니다. 뜻을 새겨가며 자세히 읽기 때문에 책을 읽는 동안에 이미 어느 정도는 머릿속에 요점이 정리가 됩니다. 다독으로 많이 읽기보다는 한 권을 읽더라도 깊이 생각하면서 그 내용을 내 것으로 만들었을 때 온전히 책의 맛을 느낄 수 있으며 감동 또한 두 배로 받을 수 있습니다. 정독하는 습관은 빠르면 빠를수록 좋습니다. 개인적으로 늦어도 고등학교 1학년 때부터는 길러야 한다고 생각합니다.

문학지문은 일반적으로 배우는 추가적인 작품들은 학원 또는 인강을 통해 학습하는 것이 기본입니다. 이후 지속적으로 문제풀이를 하며 문학작품을 분석하는 감을 키우는 것이 중요합니다. 교과평이나 수능에 나올 문학작품들은 시험 이전에 모두 배울 수는 없습니다. 또한 줄곧 출제되는 낯선 작품들 또한 마찬가지입니다. 결국 문학은 외부에서 떠먹여 주듯이 이해시켜 주는 데 기댈 것이 아니라, 스스로 찾아 해결하는 능력을 길러야 합니다. 어법문제는 범위가 한정되어 있기 때문에 인강이나 학원을 통해 개념을 잡은 후 문제풀이를 해야 합니다. 몇 문제 나오지 않는다고 소홀히 해서는 절대 안 됩니다.

외국어영역은 어휘관련 인강을 듣고 단어장을 작성해 통학하는 중에 또는 여유가 날 때마다 외웠습니다. 물론 공부해도 잊어버리는 부분이 많지만 밑 빠진 독에 물을 붓듯이 계속해서 암기해야 합니다. 특히 철자가 비슷한 영단어 또한 연관된 영단어들을 따로 정리해 외우는 것이 좋습니다. 독해는 처음에 '리딩스킬'을 수강하고 주제를 잡아 빠른 시간 내에 풀어내려 노력했지만, 결국 중요한 것은 자기 자신의 방법을 찾는 것입니다.

이후에 리딩스킬의 적용을 포기하고 지문을 정독하되 문제집의 난이도를 높여 정독하는 독해의 속도 자체를 빠르게 했습니다. 주어, 동사, 목적어, 수식어구 등 성분을 분석해 간단히 표시하면서 읽는 것도 도움이 되었습니다. 듣기는 주말을 제외하고 매일 하는 게 좋습니다. 시험장에서의 적응이 쉽도록 점심 전후에 연습을 하는 것도 바람직합니다.

사회탐구영역은 삼 년 내내 '메가스터디강좌'를 수강했습니다. 국사 심화편, 국사 400제, 국사 파이널, 문화사편, 근현대사 심화편, 근현대사 300제, 근현대사 파이널 등.

국사는 분량도 많고 난이도도 높습니다. 문제 내에서 지엽적인 내용을 묻는다거나 제시문을 낯설게 표현한다든가 하는 방식 등이 있습니다. 지엽적인 문제의 해결책은 다른 데에 있지 않습니다. 국사 교과서를 몇 번씩 정독하는 것입니다. 근현대사는 양이 적은 듯하지만 확실히 하려면 만만하지 않습니다. 기본서를 통해 내용을 파악하고 지속적으로 읽으며 교과서를 정독하는 것이 근현대사에서도 필요합니다. 또한 근현대사 같은 경우 범위연도가 짧은 편이기 때문에 주요 사건, 사소한 사건들의 연도를 외워두면 많은 도움이 됩니다.

재수를 하는 학생들은 초반부터 너무 전력질주하지 않기를 바랍니다. 재수생이 막판에 성적이 떨어지는 이유 중 하나가 열심히 공부해서 6월에 정점을 찍고 9월쯤 회의감이 들고 심신이 지쳐가는 것입니다. 수험공부는 장기 레이스입니다. 한 번 더 공부하는 내용들이니 여유를 가지고 천천히 스퍼트를 내야 합니다. 그리고 학원 강의가 도움이 않는다고 생각될 때는 시간낭비하며 학원수업에 앉아 있지 마세요. 과감한 결단력이 필요합니다.

또한 가장 필요한 것은 휴식입니다. 휴식이 학습만큼 중요합니다. 주말에는 쉬십시오. 쉬지 않고 달리기만 하면 재수생들은 지쳐서 쓰러집니다. 자기 조절 꼭 하기 바랍니다. 마지막으로 수능 당일 재수생은 더 긴장되기 마련입니다. 한 번 아파보았기 때문에 또 다른 아픔을 두려워하는 것은 생물학적으로 당연합니다. 그래도 부담감과 긴장감은 위험합니다.

글을 쓰기 전에 좀 망설였습니다. 여러분이 가고 싶어 하는 최고의 학교, 최고의 학과에 진학한 것이 아니기 때문입니다. 그래서 종종 매체에 소개되는 공부가 제일 쉬웠다는, 혹은 교과서 중심으로 공부했다는 수능 선배가 아니라, 정말 고생했고 아팠던 수능 선배로 여러분께 말하고 싶었습니다.

기통찬 공부법 멘토링

입학사정관제에서 독서는 자기역량을 입증하는 이력서이다. 나만의 독서이력철은 눈에 보이지 않는 잠재력과 성장 가능성을 눈에 돋보이게 하는 가장 객관적으로 검증할 수 있는 스펙이기 때문이다.

나만의 독서습관을 이야기해 보자.

어릴 때부터 관심 있게 읽었던 분야의 책은 무엇인가?

나는 속독타입인가, 정독타입인가?

내가 보완해야 할 독서습관은 무엇인가?

나만의 공부습관을 길러주는
기통찬 고·전·한·마·디

대체로 글을 읽는 자는 반드시 단정하게 손을 마주잡고 반듯하게 앉아서 공손히 책을 펴놓고 마음을 오로지 하고 뜻을 모아 정밀하게 생각하고, 오래 읽어 그 행할 일을 깊이 생각해야 한다. 이렇게 해서 그 글의 뜻을 깊이 터득하고 글 구절마다 반드시 자기가 실천할 방법을 구해 본다. 만일 이렇게 하지 않고 입과 눈으로만 글을 읽을 뿐 자기 마음으로는 이를 본받지 않고 또 몸으로 행하지 않는다면 책은 책대로 있고 나는 나대로 있을 뿐이니 무슨 유익함이 있겠는가?

이이 『격몽요결』

담력을 키워라

평가방법이 세련되고 있다. 이제는 면접전형이 일반화되고 있는 추세다. 내신과 서류만으로 확인되지 않는 다양한 능력을 평가하겠다는 취지다. 늦은 감이 있지만 환영할 일이다. 왜냐하면 면접은 지필과 달리 사람과 사람이 서로 눈을 마주보고 그 사람만의 특수한 상황을 고려하며, 과거와 현재 그리고 미래를 함께 나누는 인간적인 평가 방식이기 때문이다. 그러나 여기에도 문제가 없는 것은 아니다. 핵심은 '사람은 믿을 수가 없다' 는 것이다. 서글픈 일이다.

대안은 내공을 쌓는 길밖에 없다. 교사든, 학생이든, 학부모든 내공이 깊으면 누구나 인정한다. 어설픈 전시적 스펙은 도리어 짐이다. 면접은 스펙 안에 숨어 있는 자신감을 평가하기 때문이다. 그러면 자신감은 어떻게 기를 것인가? 정직이다. 정직이 최대의 무기이다.

당돌한 면접으로
연세대 외국어문학부에 합격한 **홍지수** ✏

　내 인생에서 가장 떨리는 날이 드디어 다가왔다. 연세대 글로벌리더 전형 시험 날. 나는 군살 때문에 터질 것 같은 몸을 춘추복으로 감싸고, 논술학원에서 뽑아준 예제 노트를 들고 자리에 앉았다. 하지만 내 지정석에 앉자마자 난 순간 울고 싶어졌다. 아니, 외국어문학부에 지원한 사람들이 왜 이렇게 많아! 옆 통로 건너에 앉아 있는 사람들의 얼굴이 조그맣게 보일 정도였고, 내 앞에 있는 해외파들은 시끄럽게 영어로 떠들면서 깔깔대고 있었다. 내 오른쪽에는 대원외고 학생들이 주르륵 앉아 있었고, 뒤에는 용인외고의 특이한 리본을 단 교복을 입은 여자애들이 빠른 속도로 자신의 필기를 읽고 있었다.
　설상가상으로 내 면접 순서는 우리 조의 마지막에서 두 번째.
　'아, 내 면접이 끝날 때쯤이면, 분명 해가 백양로에서 사라졌겠지.'
　여기까지 노력해서 달려왔지만, 순간 모든 것을 다 던져버리고 시험 대기장에서 도망치고 싶었다. 평소 친구들한테 "소심하고 새가슴이다."라고 놀림당할 때는 아니라고 반박했지만 인정할 수밖에 없었다.

　지금의 대학교를 입학한 것은 2학기 수시를 통해서였다. 하지만 나는 처음부터 수시를 노리고 수험공부를 한 것은 아니었다.
　"지수야, 너는 영어로 수시 안 써?"
　어릴 때 잠깐 유학을 다녀온 경험으로 영어만은 자신 있었다. 때문에 내 주변 사람들은 서강대 알바트로스전형이나 이대 스크랜튼 등을 추천했다.

그렇지만 내가 뭘 수시에 대해서 제대로 알아야 도전해 보겠다고 하지. '수시는 어떻게 준비하는 건데? 내신은 몇 퍼센트고, 서류는 몇 퍼센트?' 이런 나를 두고 사촌 오빠는 연세대 글로벌리더전형을 추천해 주었다.

연세대 글로벌리더전형은 내신이 인문계에서는 1~4% 안, 외고에서는 중·상위권 이상의 아이들이 지원하는 전형이라고 한다. 외국어를 잘하는 것은 물론이고, 자기소개서와 그 이외의 서류를 매우 중요시하는 전형으로, 단순히 공부만 잘하는 아이들을 뽑는 전형이 아니었다. 나는 여름방학 동안 내 서류를 찬찬히 정리해 보며 처음으로 학교 정책에 감사했다. 외국어고등학교에서는 삼 년 동안 외국어와 관련된 자격증을 딸 수 있도록 지도한다.

학교에서 일본어를 전공했기 때문에 JLPT 2급과 JPT 720점이라는 자격증을 갖고 있었고, 영어 역시 학교에서 필수로 한 SEPT, 텝스 그리고 토익 점수가 있었다. 그리고 나는 꼼꼼하게 기록을 하는 편이라 봉사활동일지, 강의표를 모은 노트, 수업 일기, 그리고 그 이외에 내가 만든 수업자료 묶음 등을 잘 정리해 놓았다.

하지만 이것만으로는 다른 아이들과 차별화를 시킬 수 없겠다는 불안함이 있었다. 그래서 이제 한국 사회에서는 거의 필수가 되어버린 토플 시험도 준비했지만 내 욕심은 좀 더 서류에 뭔가 더 특이한 이력을 넣고 싶었다.

'무엇을 더 준비하지? 내가 잘하는 게 뭘까?'

내가 좋아하고 잘하는 것을 생각해 보았다. 나는 문학을 좋아하고,

꼼꼼하게 기록하는 것을 좋아해 고등학교 삼 년 내내 일기를 썼었다. 그래서 영어로 단편 쓰기에 도전해 보기로 했다. 야간자습을 한 후, 집으로 돌아오는 길에 지하철이나 버스 안에서 내용을 구상하고, 하루에 한 시간씩 글쓰기에 매달렸다. 드디어 노력의 결과로 15페이지짜리 단편을 두 편 완성할 수 있었다. 제본해서 얄팍한 책으로 만들어 냈을 때 느낀 성취감이란!

이것으로 수시준비는 완벽하게 끝난 것일까? 하지만 세상은 언제나 마음먹은 대로, 이상적인 방법으로 돌아가지 않는다. 진지하게 수시에 한 번 발을 담근 후로 내 수험계획은 원래 계획 이상으로 무거워졌다. 열심히 수능 준비도 해야 했지만, 수시용 면접 준비 역시 중요하기는 마찬가지였다. 마음 편하게 둘 중 하나를 포기하면 인생이 더 편하겠지만, 나는 마지막 순간까지 두 개를 다 포기할 수가 없었다. 둘 다 잘하고 싶다는 고집이 있었기도 했지만, 나로서는 정시와 수시, 어느 쪽이 더 가능성이 있는지 도저히 알 수가 없었기 때문이었다. 결국 9월이 되고 나서 나는 오후 다섯 시까지는 수능 모의고사 10개년과 EBS 문제집들을 하나하나씩 풀고, 그 후에는 다시 집 근처의 논술학원에 가서 두 시간씩 면접을 연습했다. 밤에는 또 수학문제에 매달렸다.

연세대 글로벌리더전형 1차 서류전형 합격!

이제 내가 정말 두려워하는 면접이 남았다. 전날 밤 새가슴인 나는 도저히 잠들 수가 없었다. '문제가 너무 어려우면 어쩌지.' 끙끙 앓으면서 그 밤을 어찌 보냈는지 지금도 생각하면 아득해진다.

드디어 공포의 면접날.

"우리 둘 다 합격해서 만나자."

면접장에서 가슴 졸이며 내 차례를 기다리고 있을 때, 빵을 건네며 긴장을 풀게 해줬던 친구가 손을 흔들며 나한테 행운을 빌어주었다.

"그래, 꼭 이 학교에 입학해서 다시 만나자."

일단 십오 분 동안 지문 세 개를 읽고, 유추를 해서 대답해야 하는 문제가 주어졌다. 주제는 '진정한 교양이란 무엇인가?'로 내가 논술학원에서 준비했던 내용과는 전혀 관련이 없는 주제였다. 언제나 시사문제와 철학만 달달 외우다가 직접 새로운 내용을 생각하려니 얼마나 속이 답답하던지. 비록 내 앞에 먼저 들어간 학생이 흐느껴 울면서 나오는 것을 보았지만 나는 포기할 수 없었다. 면접 대기실에서 약속한 그 친구와 다시 당당하게 만나겠다는 생각 하나를 구명줄처럼 잡고서 내 머리에 나오는 생각이란 생각은 모두 적어 내려갔다.

면접실로 들어갔을 때는 논술학원에서 배운 대로 정중하게 인사를 했지만, 면접관 두 분 다 우리는 이미 충분히 지쳤다란 표정으로 눈도 마주치지 않았다.

'왜 피곤하지 않겠어. 한 시부터 여섯 시까지 십오 분 간격으로 학생들 면접을 봤을 텐데…….'

"왜 외국어문학부에 지원했어요?"

나를 위한 질문을 해주시다니! 교양에 대해서 내가 할 수 있는 말은 도저히 없었지만 내가 원하는 것에 대해서는 몇 분이 걸려도 이야기할 자신이 있었다.

"제가 일단 문과대학을 지원한 이유는, 제가 글쓰는 것을 무척 좋아하고 언젠가 동화작가가 되는 것이 꿈이기 때문입니다. 그리고 그 중에서도 영문이나 불문으로 들어갈 수 있는 외국어문학부에 지원한 까닭은, 저의 동화를 외국어로 쓰고 싶기 때문입니다. 우리나라의 좋은 책들이 해외에 번역되는 경우는 너무 적기 때문에, 차라리 제가 직접 외국 언어로 우리나라에 대한 재미있는 이야기를 써서 해외에 알리고 싶습니다. 저의 꿈을 이루기 위해서 연세대학교 외국어문학부에 지원하게 되었습니다."

내가 생각한 것보다 말이 더 멋지게 나왔지만, 한 점 티끌 없는 진심이었다. 내가 좋아하는 것이 무엇인지 잘 알고 있었기 때문에, 그것을 진심으로 이루고 싶었다. 그리고 그런 기회를 더 많이 얻을 수 있는 곳이 연세대 외국어문학부라고 내 말로, 내 눈빛으로 설명했다.

"지문1에서 나온 내용이, 교양의 어떤 면을 보여준다고 생각합니까? 그 예로 어떤 것을 들 수 있지요? 우리 실생활에 있는 예로 들어주세요. 지문 2번과 1번의 차이는 무엇이라고 생각하죠?"

대답 중에 긴장이 될 때마다 허벅지를 몰래 꼬집으면서 목소리의 톤을 고르게 했다. 침착, 침착! 그런데 가만히 듣고 계시던 교수님이 갑자기 폭탄을 터뜨리셨다.

"조금 전에 한 대답과 지금 한 대답은 모순이군요. 그렇다고 생각하지 않나요?"

'어머나 세상에. 망할!'

그리고 난 삼십 초 동안 진심으로 할 말을 잃었다. 머릿속이 하얗게 변하면서 턱의 힘이 풀렸다. 이런 실수를 할 수가. 정말 생각해 보니 내가 방금 한 말과 바로 전 대답이 맞물리지가 않았다. 삼십 초 동안 있는 대로 잔머리를 굴려보았지만 어떻게 도망갈 구멍이 보이지 않았다. 결국에는 체념하고 최대한 예쁜 미소를 지어 보였다.

'정말 모르겠다. 이젠 될 대로 되라지!'

"죄송하지만, 교수님이 잘못 들으신 것 같습니다. 제가 말씀드리고 싶었던 것은……."

뻔뻔스럽게도 나는 잘못을 교수님한테 씌우고, 재빨리 개선한 대답으로 마무리를 지었다.

총 십오 분의 면접시간 중에서 내가 채운 것은 구 분. 문 밖을 나오니 왜 내 앞의 학생들이 눈물을 흘리며 나왔는지 이해할 수 있었다. 이렇게 허탈하고 죄책감이 들 수가. 좀 더 제대로 된 대답을 내놓지, 그런 식으로 대답을 바꾸었는데 점수나 줄까 걱정이 되기도 했다.

10월 24일 날 밤. 친구가 다급한 목소리로 전화를 걸었다.

"야, 지금 글로벌 결과 떴대. 너 집에 가서 당장 찾아봐!"

연세대학교 글로벌리더전형 홍지수. 합격! 그때의 감정은 내 어휘로는 설명할 수가 없다.

수시전형에 합격을 하고 나니 갑자기 지난 고등학교 삼 년이 너무 아까웠다. 만약에 가능하다면 더 높은 곳을 향해서 도전하고 싶었다. 내 마음속에는 삼 년간의 증거가 필요하다는 욕구가 뭉게뭉게 자라기 시작했다.

'그래, 수능시험도 보는 거야.'

그 해 수능은 언어와 외국어, 제2외국어는 그전 해보다 어렵게 출제되었다.

나의 점수는 언어 2등급, 수리 2등급, 외국어 1등급, 그리고 국사 3
등급을 제외하고 나머지 과목들은 다 1등급이었다. 결국 나는 수시로
하든, 정시로 하든 연세대 외국어문학부에 들어갈 수 있었던 것이다.
　다른 아이들이 빈정거리는 것처럼 유학을 갔다 왔으니까 합격한 것
이 아니라, 열심히 노력한 방법으로도 합격이 가능했다는 사실이 자
랑스러웠다.

기통찬 공부법 멘토링

동아리활동도 학습이다. 관심분야 동아리활동은 눈에 보이지 않는 나만의 잠재가능성을 실전감각으로 보여줄 수 있는 증거이기 때문이다.

전공관련 동아리활동은 무엇을 어떻게 하고 있는가?

외국어관련 동아리활동은 무엇을 어떻게 하고 있는가?

리더십관련 동아리활동은 무엇을 어떻게 하고 있는가?

기타 특수재능관련 동아리활동은 무엇을 어떻게 하고 있는가?

그 밖에 내가 해보고 싶은 동아리활동은 무엇이 있는가?

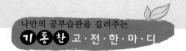

나만의 공부습관을 길러주는
기통찬 고·전·한·마·디

언젠가 날기를 원하는 사람은 먼저 서는 것, 걷는 것, 달리는 것, 뛰어오르는 것, 기어오르는 것, 춤추는 것을 배우지 않으면 안 된다. 처음부터 날기를 배울 수는 없다.

니체 『짜라투스트라는 이렇게 말했다』

나만의
학습일기를 써라

저 사람은 언제나 철이 들까? 제 나이에 비해 자기역할을 제대로 하지 못할 때 하는 말이다. 철은 무겁다. 그래서 '철이 든 사람'은 자기중심이 있어 주위 환경에 쉽게 휘둘리지 않는다. '철이 없는 사람'은 가벼워서 외풍에 쉽게 휘말린다. 사실 철드는 것은 나이의 무게와 비례하지는 않는다. 비록 나이는 어리지만 어른보다 더 철든 이도 많다. 반면에 나이는 많지만 철이 없는 어른들도 많다.

문제는 자기지각능력의 유무이다. 지금 나는 내 나이에 맞게 철이 들었는지, 부족한지, 없는지를 점검하는 능력이 있느냐 없느냐가 관건이다. 자기지각능력이 있는 사람은 건강한 사람이다. 왜냐하면 이들은 가치 판단 기준이 서 있어 언제든지 제자리로 되돌아올 수 있는 가능성이 열려 있기 때문이다. 따라서 자기지각능력이 약한 사람은 가치관을 먼저 정립해야 한다.

제대로 철이 들려면 하루하루 자신을 돌아보는 습관이 필요하다. 그 속에서 다듬고 또 다듬어 나만의 진주를 간직하는 것, 그것이 올바른 가치관이고 내공이기 때문이다.

꼼꼼한 자기관리 능력으로
성균관대 전자전기공학과에 합격한 **이승우** 🖊

성공한 사람들의 이야기를 듣는다는 것은 즐거운 일이다. 지난날을 돌이켜 생각해 보면, 성공한 이들의 삶은 나의 가슴을 간질이는 열정이 되었고 목표가 되었다.

입시를 앞둔 수험생들에게 소문처럼 퍼지던 공식이 있다. "하루에 세 시간 자면 붙고, 네 시간 자면 떨어진다." 이처럼 떠도는 다양한 말이 수험생들 사이에서 농담이 되기도 하고, 때로는 비결이 되기도 한다. 어쩌면 대입시험을 준비하면서 좌우명처럼 새겨진 명언일 수도 있다.

대체 잠은 얼마나 자야 될까. 나는 대입준비를 앞두고 일 년 정도는 자정에 취침해 다음 날 여섯 시에 일어나는 편이었다. 가장 중요한 것은 일정한 수면시간을 규칙적으로 유지하는 일이다. 수면은 공부하는 데 결정적인 영향을 미치는, 몸의 컨디션을 일정하게 유지하는 데 도움을 주기 때문이다. 인간의 신체·감정·지성에 주기가 있다는 학설이 있는데 공부에도 이와 비슷한 흐름이 있다. 바이오리듬을 간단하게 컨디션이라고 한다면 공부의 흐름은 그것에 큰 영향을 받는다.

왠지 공부가 잘 되는 날이 있고, 그렇지 않은 날이 있다. 또 시험성적이 올라서 열의를 더할 때가 있고, 감기로 인해 공부하기가 어려울 때도 있다. 따라서 우리가 할 수 있는 성공적인 수험생활 중의 한 가지 실천이 바로 컨디션 조절인 것이다. 꾸준히 공부를 잘했던 친구가 있었는데 컨디션에 큰 주기가 없다는 것을 알았다.

컨디션을 일정하게 유지하는 가장 좋은 방법은 규칙적인 생활을 해야 한다는 것이다. 규칙적인 생활을 하면 하루의 패턴이 생긴다. 몸 상태가 좋지 않을 때라도 평소 일어나던 시간대로 일어나고 공부가 잘 되지 않더라도 늘 공부하던 시간까지 책상에 있다가 잠에 들면 몸이 원상태로 돌아오는 회복 속도가 더 빠르다고 한다. 일정하게 생활하던 패턴을 잃고 푹 쉬게 되면 공부의 흐름이 끊어진다. 책상에 앉아 멍하니 있다거나 무엇을 해야 할지 모르는 상태를 경험했다면 쉽게 이해할 수 있을 것이다.

공부의 흐름에 대해서 이야기해 보자. 누구나 처음에 공부를 하고자 마음을 먹고 책상에 앉아도 삼십 분 정도는 집중이 잘 되지 않고 진도도 더디기 마련이다. 그리고 두 시간 정도는 집중이 잘 되다가 그 이후에는 조금씩 떨어진다. 개인마다 정도의 차이는 있지만 크게 다르지는 않을 것이다. 공부할 때 흐름을 온전하게 유지할 수 있다면 집중력을 높일 수 있고, 그것은 곧 학업 효율을 높이는 데 기여할 수 있다.

흐름을 잘 이용해 공부하는 사람, 즉 일정한 시간에 집중해서 공부한 사람은 상대적으로 적은 시간을 공부해도 학업 성적이 우수한 경우가 많다. 그리고 그들은 흔히 머리가 좋다는 말을 듣기도 한다. 집중해서 공부한 시간이 진짜 공부한 시간이다. 집중을 못 하며 새벽까지 공부한 두세 시간은 다음 날 진짜 공부한 한 시간에 비할 바가 못 된다. 오히려 다음 날 컨디션에 영향을 주거나 장기적으로 만성피로를 일으키기도 한다.

공부의 전체적인 흐름에 대해서 다뤘다면 이제부터는 개인적으로 공부했던 과목에 대한 노하우를 이야기해 볼까 한다.

공부의 시작은 암기이다. 무엇을 암기해야 될까. 수학에서는 공식과 풀이방법, 영어에서는 단어와 문법, 탐구영역에서는 전반적인 내용을 들 수 있겠다. 컴퓨터처럼 한 번에 이 모든 것을 저장할 수 있으면 좋겠지만, 우리는 길게는 삼 년이라는 기간 동안 꾸준히 저장을 한다. 그 사이에 잊어버린 것은 다시 외우기를 반복하면서 습득해 나간다. 암기를 할 때는 과목의 내용을 천천히 읽으면서 이해를 하되, 되도록 내용을 기억하려는 노력이 필요하다. 때로 이해가 되지 않는 내용이 있더라도 일단 암기를 하는 것이 도움이 된다. 암기한 내용의 문제가 나오면 이해하고 있지 않더라도 낯설지가 않아 문제에 대한 두려움이 덜 하다. 그것이 암기가 갖고 있는 힘이다.

어느 정도 내용을 숙지했다면 다음에 필요한 것은 문제의 적용이다. 사실 내용을 아는 것과 문제는 푸는 것은 좀 다르다. 내용은 잘 이해하지만 문제를 잘 풀지 못하는 사람, 그리고 문제는 잘 풀지만 사실 내용은 잘 알지 못하는 사람들이 있다. 문제를 푼다는 것은 이해의 마침표를 찍는 것과 같다.

학교 수업시간에는 충실해야 한다. 수업을 듣는다는 것은 배우기에 좋고, 혼자 학습하는 것은 익히기에 좋다. 충분히 배워서 습득했다면 자습을 통해서 익히는 것이 중요하다. 이런 관점에서 학원이라는 곳은 당연히 선택사항이 된다. 학교의 수업이 충분하다고 생각되면 그 부분에서는 학원이나 과외를 할 필요가 없다.

복습은 모든 과목에서 필요한데 그것은 익히는 영역이기 때문이다. 배우는 것으로써 단기적으로는 성적을 유지할 수 있을지 모르지만 그것을 익히지 않는다면 결국 허점을 보이고 '아는 것 같으면서도 모르는' 애매모호한 상황을 초래하게 된다. 배우는 것이 흙을 얹는 것이라면 익히는 것은 얹은 흙을 다지는 것과 같다.

책상에 앉아 있는 모든 시간을 공부를 위해 사용하지는 않는다. 때로는 앞으로의 미래를 떠올리기도 하고, 하루를 돌아보기도 하고, 쓰고 싶은 글을 쓰기도 한다.

나의 습관들 중의 하나는 공부를 하기 전에 일기를 쓰는 것이다. 일기는 꼭 하루 일과를 적는 것이 아니라, 머릿속을 떠돌았던 그 어떤 것이라도 적는다. 기록을 한다는 것은 그 자체만으로도 참 의미가 있다. 간결한 정리도 도움이 된다. 날짜별로 칸이 나누어져 있는 다이어리에 하루에 한 것을 간략하게 적는다.

'9/19 – 개념원리 34~50p. 영어단어 200개. 물리 1단원 내용.'

단순하지만 한 달 정도의 시간이 지나고 보면 감회가 다를 것이다. 분량이 적더라도 조금씩 해놓은 게 눈으로 보이면 자신감도 생기고 그만큼 동기부여도 된다. 또 문제집을 끝낼 때마다 끝낸 문제집의 리스트를 적어가는 것도 좋다. 앞으로의 목표를 구체적인 것에서부터 작은 것까지 세부적으로 짠다. 생각보다 별 것 아니라고 생각되는 일들을 하나씩 해나가면서 얻는 자신감은 결코 작지 않다. 사소하지만 노력의 결실들이 눈에 보이는 것이 적잖은 동기부여를 일으키기 때문이다.

다만 수단이 목적이 되는 것을 주의해야 한다. 학업 성취내용을 정리하는데 지나친 의미를 두거나, 일기를 쓰거나 다이어리를 꾸미는데, 너무 많은 시간을 소비해서는 안 된다. 실례로 책상에 앉아 다이어리를 펴고 일기를 쓰면서 보내는 데 두어 시간을 보내는 경우가 생기기도 하기 때문이다.

공부하는 방법은 마치 옷을 입는 것과 같아서 자신에게 가장 어울리는 것을 고르는 것이 좋다. 또는 지금까지 어떻게 해야 할지 갈피를 잡지 못했다면 어떤 방법이든지 먼저 시작해 보자. 막다른 길이라도 그곳에 다다르지 않았다면 그곳이 막혀 있다는 것을 알지 못한다. 양갈래 길에서 한쪽을 택하는 사람에게는 50%의 확률이 있지만 도전하지 않는 사람에게는 확률조차 생기지 않는다.

목표를 이루었다는 것은 단순히 운이 좋았거나, 특출난 능력 때문일 수도 있지만, 목표를 이루려는 노력이 있었기 때문에 가능한 것이었다.

지금 기존의 방법을 유지하고자 한다면, 또는 새로운 방법을 적용하고자 한다면, 혹은 어떤 방법이든지 시도하고자 한다면 지금 바로 시작하라.

기통찬 공부법 멘토링

입학사정관제에서는 지식 그 자체를 묻기보다는, 그 지식을 통해 변화된 역량을 평가한다. 남의 지식과 나의 지식은 다르기 때문이다.

'배우는 것이 흙을 얹는 것이라면, 익히는 것은 얹은 흙을 다지는 것과 같다.' 는 말의 의미를 생각하며 나의 공부습관을 점검해 보자.

'수업을 듣는 것은 배우기에 좋고, 스스로 학습하는 것은 익히기에 좋다.' 는 말의 의미를 생각하며 나의 공부습관을 점검해 보자.

'문제를 푼다는 것은 이해의 마침표를 찍는 것과 같다.' 는 말의 의미를 생각하며 나의 공부습관을 점검해 보자.

나만의 공부습관을 길러주는
기통찬 고·전·한·마·디

배우기만 하고 생각하지 않으면 얻는 것이 없다. 생각만 하고 배우지 않으면 위태롭다.

공자 『논어』

머리보다 엉덩이로
공부습관을
들여라

목표가 뚜렷하게 잡혀 있는 사람이라면 누구나 공부를 잘하고 싶어한다. 그러나 잘하고 싶다고 해서 모두 좋은 결과가 나오는 것은 아니다. 잘하고 싶다는 희망과 실제로 잘하는 것 사이의 거리를 어떻게 좁혀 나갈 것인가?

우선 집중력의 점검이 필요하다. '집중'은 '집착'과는 다르다. 둘모두 나의 필요에 의해서 대상과 관계하는 행위라는 면에서는 같다. 그러나 집중은 내가 중심이 되어 대상과 관계하는 것이고, 집착은 대상이 중심이 되어 나와 관계하는 것이라는 데 커다란 차이가 있다. 그래서 게임은 집중이 아니라 집착이다.

따라서 공부에 오랫동안 집중하기 위해서는 내가 중심이 되어 모든것과 관계하는 습관이 필요하다. '내가 배우고자 스스로 학교에 간다.

내가 부족한 부분이 있기에 가르침을 받으려 교사가 필요하다. 다양한 교과지식은 나를 확장시키기 위한 도구이다. 시험은 나를 객관적으로 알아보기 위한 자기점검이다.

엉덩이로 공부해
동국대 윤리문화학과에 합격한 **유민석** ✏️

개구리 올챙이 적 생각 못 한다고 대학 새내기가 된 지금, 고3 생활의 치열함과 삭막함을 말해 주던 말들이 아주 오래전의 이야기처럼 느껴집니다. 하지만 대학에 입학한 지금도 역시 계속되는 학점경쟁, 입사전쟁, 스펙쌓기 열풍, 토익과 토플, 논문 등에 치이다 보면 공부라는 것은 끝이 없는, 학생이라면 평생 함께 가지고 가야 할 삶의 일부분이 아닐까 싶기도 합니다.

공부는 '머리로 하는 것이 아니라 엉덩이로 하는 것'입니다. 누구나 인간의 지적 능력은 비슷비슷합니다. 만유인력의 법칙을 발견한 천재 물리학자 뉴턴은 자신을 '진리로 가득 찬 바닷가에서 아름다운 조개나 매끄러운 조약돌을 찾아 헤매는 소년과 같다.'고 말했습니다. 에디슨은 '천재는 99%의 노력과 1%만의 영감'으로 이루어진다고 말했습니다. 모차르트 또한 그렇게 위대한 피아니스트가 되기 위해 하루에 여덟 시간씩 피아노 연습을 했다고 합니다. 공부는 명석한 두뇌와 천재성으로 하는 것이 아니라, 노력과 끈기 그리고 시간을 투자하는 총량에 비례합니다. 따라서 '공부는 머리로 하는 것이 아니라 엉덩이로 하는 것'입니다.

저는 중학교 때 똑똑하다는 이야기를 듣고 자만심에 공부를 안 하고 놀기만 하다가 갑자기 어려워진 수학공부에 절망감에 빠졌던 적이 있습니다. 수학에 흥미를 못 붙이다 보니 수업시간에는 딴 짓을 하기 일쑤였고, 시험을 볼 때면 아는 것을 제외하고는 모조리 찍기도 했습니다. 하지만 수학을 못 하고서 좋은 대학에 간다는 것은 상상도 할 수 없기에, 수학을 포기할 수가 없었습니다. 저는 문제집을 자기 키만큼 풀면 어느 정도 개념이 잡힌다는 공부를 잘했던 친구의 말을 듣고선, 제 키만큼은 못 풀었지만 그래도 수십 권은 푼 것 같습니다. 그리고 『수학의 정석』을 5회독은 했던 것 같습니다. 너덜너덜해질 정도로 보기도 하고, 나중에는 단원별로 집합과 명제, 수와 식, 방정식과 부등식, 함수, 삼각함수, 도형의 방정식, 삼각함수와 같은 큰 단원들로 분철을 해서 소단원별로 일주일씩 끊어서 풀었습니다. '수10의 가/나'라고 생각하면 숨이 막히고 갑갑할 정도의 양이지만, '그래, 이번 주에는 꼭 함수를 끝내겠어!'라고 생각하면 난이도가 상대적으로 쉽다고 느껴졌습니다. 이런 식으로 수학에 시간을 절대적으로 투자해 6개월 정도 수학만 파고들었더니, 하위권이었던 수학실력이 어느새 2등급으로 올라가 있었습니다. 제가 추천하는 방법은 수학 기본서는 반드시 한 권만 풀어야 한다는 것입니다. 그리고 반복을 하는 것이 중요합니다. 기본서를 여러 권 본다는 것은 '자살골'을 넣는 행위입니다. 개념이 잡히지도 않을 뿐더러 괜히 과욕을 부렸다가는 시간낭비를 하는 셈입니다. 기본서를 한 권 정했으면 그것만 수험생활 내

내 성경처럼 반복해서 공부하고, 문제집은 보충하는 개념으로 공부해야 합니다.

　'영어는 입으로, 수학은 손으로' 라는 말이 있습니다. 우리가 말을 배울 때 달달 암기하면서 하거나, 공책에 계산문제를 풀 듯 외우면서 습득한 것이 아니듯, 영어는 아이가 언어를 배우는 것처럼 그렇게 자연스럽게 공부해야 합니다. 영어를 학문이라고 생각하면 결코 늘지 않습니다. 그냥 언어라고 생각해야 합니다. 어린 아이가 자연스럽게 언어를 터득하는 것처럼, 자꾸 입으로 말하고 또 귀로 들어야 합니다. 자신이 말하고 있는 발음이 정확한 것인지, 교정해 보면서 말하다 보면 영어가 입에 붙게 됩니다. 그냥 머릿속으로만 독해하는 영어는 죽은 영어이고, 별 소용이 없는 영어입니다. 소리 내어 영어문장을 읽다 보면 스피킹과 리스닝 능력이 증대됩니다. 저는 영단어도 손으로 적으면서 외우는 것보다 소리 내어 몇 번 외우고, 안 외워지면 수십 번씩 말하며 외우는 것이 훨씬 효율적이었습니다. 하지만 수학은 손으로 하는 학문입니다. 원이나 삼각형 같은 도형 역시도 개략적인 모양을 그려보고, 무조건 공책에 손으로 풀어야 합니다. 선생님들을 너무 의지하거나, 유명 학원강사를 쫓아다니느라 시간 허비하지 말기를 바랍니다. 수학은 나의 '손' 이 교사이며, 영어는 나의 '입' 이 강사라고 생각하길 바랍니다. 아무리 좋은 강사라 하더라도 학생들의 성적을 올려줄 순 없습니다. 공부는 결국에는 얼마나 자기 것으로 소화시키고, 스스로 학습을 했느냐에 달린 것이기 때문입니다. 만일 인터넷 강의나 학원 강의를 듣게 되더라도, 종합반보다는 자신이 취약한 과목의 단과를 하나만 끊어서 공부하는 것을 추천합니다. 저 같은 경우는 과학과 수학 위주로 듣고 방학 때 주로 특강을 이용해서 정리하는 방법을 택했습니다. 하지만 제가 성적을 향상시킬 수 있었던 것은 혼자 스스로 문제집을 많이 풀었던 까닭이라고 생각합니다.

암기과목은 교과서를 여러 번 정독하면서 큰 흐름을 잡고, 대단원을 끝냈으면 단원별로 문제집을 많이 풀어 보면 도움이 됩니다. 특히 국사과목처럼 양이 방대한 경우에는 시대적인 흐름을 잡는 것이 중요합니다. 왕조별로, 국가별로 큰 줄기를 잡고 이해한 후에는 세세한 가지를 봐야 합니다. 혹은 정치사, 경제사, 문화사와 같은 '미시사'를 파는 것도 도움이 됩니다. 역사스페셜과 같은 다큐멘터리나 사극을 시청하는 것도 좋습니다. 참고서로는 저 같은 경우에는 『독학국사』나 『누드교과서』처럼 서술식으로 풀어서 설명해 주는 책이 흐름을 잡고 이해를 하는 데 도움이 되었습니다. 압축되어 있는 문제집들은 비추천입니다. 왜냐하면 국사나 윤리과목은 흐름을 잡는 것이 중요하고 서술방식으로 이해를 해야 자연스러운데, 암기식으로 하다 보면 나무만 보고 숲을 보지 못해 쉽게 잊어버리기 때문입니다. 절대 주요 용어를 나열하고 도표화시키는 책들보다는 서술식으로 되어 있어서 흐름 잡기도 좋고 사료도 많이 나온 참고서들을 선택하기 바랍니다. 제 경우에는 『살아있는 한국사 교과서』처럼 그림과 사진이 많고, 만화로 되어 있어 보는 즐거움도 있는 책들이 교과서에서 주지 못했던 더 많은 지식들을 접할 수 있어서 좋았습니다.

언어영역은 평상시에 많은 책들을 읽고 사회문제나 세상일에도 관심이 많은 학생들이 언어감각도 탁월해 잘 풀 것입니다. 언어영역 문제집은 『블랙박스』, 『신사고』 등을 거의 열 권도 넘게 풀었던 기억이 납니다. 그러나 언어영역이 전국 상위 1%가 나올 수 있었던 비결은 무엇보다 책 읽는 습관이었다고 생각합니다. MBC 느낌표의 지정도서들을 다 읽었고, 그 외에도 다양한 책들을 가리지 않고 골고루 읽었던 것이 특히 비문학에서 어려운 지문이 나와도 당황하지 않고 풀 수 있었던 것 같습니다.

고등학교 때 담임선생님이 금요일 종례시간마다 했던 말이 있습니다.

"주말은 뭐 하는 날?"

"취약과목 보충하는 날이요."

이것이 은근히 마인드컨트롤 효과가 있어서, 정말 주말은 취약과목을 보충해야 할 것처럼 느껴지고, 괜히 다른 짓을 하면 불안감을 느끼곤 했지요. 그래서 주말에는 꼭 취약과목을 보충했습니다. 특히 저는 수1의 수열과 극한, 확률과 미적분이 약해서 이 부분에 많은 시간을 투자했습니다. 주말은 물론 피곤한 심신을 쉬게 하는 날이지만, 수험생활에는 주말이야말로 취약과목을 보충하며 역전의 기회를 노릴 수 있는 소중한 시간들입니다.

토끼와 거북이의 우화에서 자기 능력만 믿고 여유를 부린 토끼를 꾸준하고 우직한 거북이가 결국 이겼습니다. 수험생활이 '토끼와 거북이의 경주'라면, 여러분들은 거북이가 되어야 합니다. 포기하지 않고 꾸준히, 부지런하고 묵묵하게 제 갈 길을 갔던 거북이는 마침내 완주할 수 있었습니다. 또 한 가지는 친구들을 경쟁자로 생각하는 것이 때로는 자극이 되어 발전할 수 있는 계기가 되기도 하지만, 그렇다고

적으로 생각하는 것도 금물입니다.

　그리고 다가올 겨울을 차근차근 준비하는 '개미'가 되어야지, 게임이나 TV, 인터넷이나 친구 등에 빠져서 공부라는 훨씬 중요한 것들을 놓치는 '베짱이'와 같은 어리석음을 저질러서는 안 됩니다. 건강 관리에 유념하면서 개미처럼 미래에 대한 걱정을 하고, 거북이처럼 우직하게 공부한다면 분명 원하는 결과를 얻을 것입니다.

　"머리 좋은 사람이 열심히 하는 사람을 따라갈 수 없고, 열심히 하는 사람은 즐기는 사람을 이길 수 없고, 즐기는 사람은 고민하는 자를 능가하지 못하는 법이다."

『페미니즘의 도전』 중에서

기통찬 공부법 멘토링

자기소개서는 나만의 꿈과 비전을 한 폭의 그림처럼 디자인하라. 입학사정관은 소개서에 쓰인 사실의 결과만이 아니라, 그 속에 담긴 동기와 과정의 일관성을 중점적으로 평가하기 때문이다.

나는 정직하게 자기소개서를 작성했는가?

나는 자신의 강점을 잘 살려서 소개서를 작성했는가?

나만의 꿈과 비전을 일관성 있게 작성했는가?

사실보다 의미와 가치를 충분히 살려서 작성했는가?

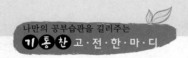

나만의 공부습관을 길러주는
기 통 찬 고·전·한·마·디

배움에 있어서는 항상 아직 미치지 못한 듯이 할 뿐만 아니라, 나아가 오히려 배운 것조차 잊어버릴까 두려워해야 한다.

공자 『논어』

◉ 입학사정관제형 기통찬 공부법 멘토링

나만의 공부습관 노트 note

❋ 나의 좋은 공부습관 칭찬하기
자신의 좋은 공부습관을 스스로 찾아보고 나에게 칭찬하는 글을 써보자.

_____

_____

_____

_____

❋ 나의 나쁜 공부습관 고치기
자신의 고쳐야 할 공부습관은 무엇인지 구체적으로 목록을 적어보고, 일주일에 한 가지씩 고쳐 나가도록 계획을 세워 실천하자.

_____

_____

_____

_____

❋ 나의 공부습관 일기쓰기
공부는 습관이다. 매일매일 자기 자신의 공부계획과 실천과정 그리고 평가를 일기형식으로 글을 써보자.

_____

_____

_____

_____